돕는 전문직을 위한 로고테라피

돕는
전문직을
위한
로고테라피

데이비드 구트만 지음
강경아 편역

Logotherapy For The Helping Professional

돕는 전문직을 위한 로고테라피

Logotherapy For The Helping Professional

초판 1쇄 2020년 9월 10일

지은이 | 데이비드 구트만
편역자 | 강경아

펴낸이 | 김영남
편집 | 공윤조
펴낸곳 | (주)눈출판그룹

출판등록 | 2015년 7월 31일 제399-2015-000017호
주소 | 경기도 남양주시 수동면 외방로 135번길 24
전화 | 1661-4310
팩스 | 031-511-4749
이메일 | nungroup@daum.net
홈페이지 | www.nungroup.co.kr

값 28,000원
ISBN 979-11-88466-16-0 (93180)

파본이나 잘못된 책은 바꿔드립니다.

이 도서의 국립중앙도서관 출판예정도서목록(CIP)은 서지정보유통지원시스템 홈페이지(http://seoji.nl.go.kr)와 국가자료종합목록 구축시스템(http://kolis-net.nl.go.kr)에서 이용하실 수 있습니다. (CIP제어번호 : CIP2020036196)

차례

추천사

이 책의 출판과 더불어 저자는 로고테라피 적용의 새로운 지평을 열었다. 그 새로운 지평이란, 로고테라피가 적용될 수 있는 수많은 가능성을 내다보기엔 통찰력이 부족한 나로서는 아직은 예상하기 힘든, 로고테라피 적용 후 이루어질 중요한 결과들을 말한다. 그러기에 나는 데이비드 구트만의 본 저서를 주저함이나 망설임 없이 추천한다. 나의 판단으로는, 구트만은 개인적인 인품뿐 아니라 과학자로서도 전적으로 신뢰할 수 있는 사람이다.

1994년 11월 비엔나에서

빅터 프랭클Victor E. Frankl, MD, PhD

한국 독자에게

내 책의 한국어판을 내야겠다는 생각은 2018년 가을, 모스크바에서 개최된 로고테라피 세계 학회international congress에서 처음 하게 되었다. 그곳에서 나는 매우 매력적이며, 대단히 독실하며, 영적으로 풍부한 사람인 강경아 교수를 만났다. 그녀가 이 책을 번역하고 싶다는 바람을 표했을 때 나는 깊이 감동했다. 나의 개인적인 경험에 비추어 볼 때, 한 권의 책을 번역하는 일은 매우 섬세하고도 어려운 작업이기 때문이다. 그것은 무엇보다도 해당 주제에 대해 전념할 것을 요구하고, 명석하고 예리한 감각과 현명한 감수성을 지닌, 저자가 뜻하는 바를 이해하며 느끼고 이를 한국어로 재창조할 수 있을만한 사람을 필요로 한다. 그녀와 이야기를 나누던 순간, 나는 강 교수가 이 과업의 적임자임을 즉각적으로 느낄 수 있었다. 그녀의 과업이 완료되었고, 이제는 강 교수에게 나의 진심어린 감사를 표할 차례이다. 나는 그녀의 작업을 전적으로 신뢰한다.

나는 나의 책이 오늘날에 시의적절하며, 돕는 전문직업군에서만이 아니라 한국인 모두에게 의미가 있기를 소망한다.

2020년 8월

데이비드 구트만, PhD.

감사의 글

이 책을 쓰게 된 주된 이유는 내가 가장 존경하는 친구이자 정신적 스승인 빅터 프랭클 교수의 여러 해에 걸친 요청 때문이었다. 이 과제가 완료된 지금이 프랭클 교수와 그의 아내 엘레너Eleanor에게 그들의 지지와 우정, 정신적 지원에 대해 감사할 기회인 듯하다. 두 번째 이유로는, 나에게는 돕는 전문직과 그들을 교육하는 분야에 존재하던 오랜 공허함 – 일례로 휴먼 서비스 전문직들이 자신의 영적 차원을 돌보는 일에는 무관심함 – 이 있었다. 나는 이 책의 완성을 통해 이러한 공허함을 채울 수 있었다. 이 저서의 목적은 이 공허함을 수많은 로고테라피 문헌에 담겨 있는 지식과 지혜로 채우고자 함에 있다. 세 번째로, 오랜 기간 스승들, 교수진, 학생들과의 잦은 교류가 이러한 책의 필요성을 절감하게 했다. 이는 로고테라피가 고통과 스트레스 상황에서의 위로, 생존을 위한 영적인 힘spiritual strength, 그리고 무의미한 존재로서의 괴로움 경감, 그 이상의 것을 제공하는 까닭이다. 로고테라피는 이 세계에서 존재 의미를 찾고자 갈망하는 수많은 이들이 그들의 외침에 대한 무관심에 짓눌리는 것을 방지한다. 로고테라피는 우리에게 고통, 슬픔, 좌절, 질병, 심지어 죽음까지를 극복해낼 수 있도록 행동하는 방법을 가르쳐준다. 그러므로 로고테라피는 정신질환을 예방하는 이론이며, 건강하거나 아프거나, 부유하거나 가난하거나, 전문가이거나 아니거나, 길에서 마주할 수 있는 '누구에게나' 적용할 수 있는 이론이다.

또한 이 책의 출간을 위해 자신들이 쓰거나, 개발하거나, 편집한 모든 자료를 제공해준 나의 동료들과 로고테라피 학자들에게 감사를 표한다. 로고테라피 국제 포럼Internaional Forum of Logotherapy의 유명 편집자이자 여러 중요한 책들의 저자인 조셉 B. 파브리 박사Dr. Joseph B. Fabry와 현시대의 가장 중요한 로고테라피 학자인 엘리자베스 루카스 박사Dr. Elisabeth Lukas의 지지와 격려는 나에게 큰 도움이 되었다. 또한 세계 각국의 로고테라피 기관과 사회의 대표들이 제공해준 그들 국가의 로고테라피 교육, 훈련, 연구와 출판물, 그리고 다른 전문적 활동들에 대한 정보에도 깊이 감사한다.

하이파Haifa 대학의 친구와 동료들, 특별히 슐로모 브레즈니츠Shlomo Breznitz 교수, 가브리엘 워버그Gabriel Warburg 교수, 우리엘 라파포트Uriel Rappaport 교수는 나에게 헌신적인 정신적 지지자가 되어주었다. 이 작업을 위해 아낌없이 지원해주신 알리사 셴하르Aliza Shenhar 총장과 다른 많은 교수진, 과거 학생들에게도 동일한 도움을 받았다. 그들 모두에게 이 책을 빌어 감사를 전한다.

특별히 헝가리에 위치한 미국 유대인 공동분배 위원회American Jewish Joint Distribution Committee의 책임자인 모셰 야호다Moshe Jahoda가 책의 전 집필 과정에서 보여준 믿음과 관심, 그리고 지치지 않는 도움에 깊이 감사한다. 동일한 기관의 가보르 바다즈Gabor Vadasz는 기술적 도움을 주었다. 수사 카르도슈Zsuzsa Kardos와 가보르 리게티Gabor Ligeti 두 사람 모두 그들의 지식과 시간을 아낌없이 나눠주었고, 출판사의 기술적 요구를 충족시키는 데 늘 도움을 주었다. 이 책이 실제로 세상에 나올 수 있도록 도와준 다른 모든 이에게도 감사한다. 더욱이 부다페스트에 위치한 헝가리 국립 의료정보기관 및 도서관의 단체장인 알렉산더 페디네츠 박사Dr. Alexander B. Fedinecz에게 감사하며, 특별히 조르지 라틴 박사Dr. Gyorgyi Latin와 티바다르 야캅 박사Dr. Tivadar Jakab에게는 관련 문헌을 찾는 데 기꺼이 도와준 것에 대해 감사한다.

마지막으로, 나의 친구이자 동반자이며 헝가리 국립 의료정보기관 및 도서관의 부단체장인 주자 세케레스Zsuzsa Szekeres는 길고 긴 집필 과정 내내 애정 어린 친절함과 격려를 아끼지 않았다. 그녀의 헌신과 지원이 아니었더라면 이 책은 완성되지 못했을 것이다. 그녀의 격려는 사랑이 담긴 이 작업을 완성하기 위해 필요한 힘을 주었고, 따라서 나는 그녀에게 가장 감사한다.

나는 '로고테라피의 아버지'인 빅터 프랭클 교수에게 그의 열의에 대해 영원한 감사의 헌물로 이 책을 바친다. 나의 작은 소망이 있다면, 그것은 많은 이의 마음 속에 그가 비춰준 로고테라피에 대한 열의가 식지 않는 것이며, 세계 각지에서 더 많은 이가 프랭클 교수의 통찰을 통해 그들의 영혼이 한층 더 따스해지길 바란다.

편역자의 글

로고테라피를 처음 접한 때는 빅터 프랭클의 절친한 동료이자 유명한 로고테라피 치료자인 조셉 파브리Joseph B. Fabry의 저서 『의미 요법The Pursuit of Meaning』(고병학 역, 1985)을 통해서였습니다. 첫 인상은 낯선 개념들로 인해 어렵다는 느낌이었으나 이미 고인이 된 고병학 교수의 열망(로고테라피를 한국인들에게 전하고 싶어하는)이 느껴질 때마다 뭔가 저항할 수 없는 흥미로운 세계 속으로 빠져들게 되었습니다. 때마침 그 시점은 저에게 삶의 공허함이 찾아왔던 시기였습니다. 우연히 책을 통해 알게 된 로고테라피의 철학과 개념 및 치료 기법들은 저의 삶에 새로운 목표와 열정을 심어주었고, 용기를 갖고 삶을 낙관적으로 살아가게 해준 실질적인 안내자가 되었습니다.

그 후 20여년간 로고테라피에 대해 연구해가며 저의 삶은 더욱 영적으로 풍요로워질 수 있었습니다. 2018년 모스크바에서 개최된 제4차 로고테라피와 실존 분석 국제학회International Congress on Logotherapy & Existential Analysis에서 아직 살아있는, 프랭클의 몇 안되는 동료인 데이비드 구트만David Guttmann 교수를 만나는 기쁨과 더불어 로고테라피에 대해 학문적 수준에서 체계적으로 정리한 그의 책을 한국어로 번역할 기회를 갖게 되었습니다. 번역 과정이 쉽지는 않았지만 그때마다 구트만 교수님의 따스한 격려는 이 번역 작업에 순수한 열심을 갖게 했습니다.

현재까지 한국어로 번역된 로고테라피 관련 번역서들을 읽으면서, 저는 빅터 프랭클의 로고테라피의 철학, 주요 개념 및 기법을 한 책으로 좀 더 명확하게 정리한 교과서 같은 책이 있었으면 좋겠다는 생각을 많이 하게 되었습니다. 구트만 교수의 이 책은 그러한 저의 소망을 충족하는 책이었고, 이에 더해 로고테라피 연구에 대한 비전까지 포함하고 있어 로고테라피에 관심 있는 한국의 대학원생 및 전문직들에게 도움이 될 수 있다는 점이 번역에 흥미를 더했습니다.

원저의 부제는 '의미 있는 사회복지Meaningful Social Work'로 되어 있으나 책의 전체적인 내용이 모든 돕는 전문직에게 적용되고 있어, 저자와 상의해 사회복지의 특성만을 설명하는 부분은 삭제했습니다. 3부는 로고테라피 연구의 비전을 제시한 부분으로서, 본서가 출간된 이후 현재까지 진행된 연구 결과에 대해서는 저자와 상의하여 추가했습니다. 로고테라피가 치유의 힘이 있는 이유는, 개발자인 프랭클이 죽음 앞에서 본인의 체험을 통해 검증된 사실을 정립한 이론이자 치료법이라는 데 있습니다. 편역자인 저 또한 로고테라피의 정수를 독자들에게 꼭 전하고 싶었는데, 그 이유는 로고테라피가 지난 20여년 동안 제 삶과 가정의 치유제였고, 앞으로도 삶을 낙관과 믿음에 근거한 희망으로 바라보도록 바꾸어주는 **'의미 안경'**이기 때문입니다.

인간이라면 누구나 피할 수 없는 삶의 난관에 봉착한 분들을 돕는 전문직들과 그 외 모든 관심있는 분들이 이 책을 통해 삶을 바라보는 새로운 통찰력을 얻게 되기를 바랍니다. 그래서 직업 및 활동 분야에서 주어진 소명을 이루어냄으로써 일과 삶에서 위로와 용기, 열정과 진정한 기쁨을 갖게 되기를 소망합니다.

마지막으로 이 책의 번역작업을 격려하고 도와준 사랑하는 남편과 자녀 그리고 두 조카(김재민, 김재원)에게 감사의 마음을 전합니다.

2020년 8월

강경아

서문

몇 해 전 돕는 전문직helping professions에 종사하는 한 사람이, 치료자들이 내담자client들을 잃는 이유에 대한 통찰력 있는 설명을 했던 적이 있다(Strean, 1986). 계획된 목표에 도달하기도 전에 치료가 종료되는 것에 대해 안타까움을 금치 못한 그는 때이른 치료 중단의 잠정적 이유로 다음의 범주들을 제시했다.

1. 내담자 자신의 이야기가 치료자에게는 그다지 중요하지 않다는 인상을 받게 하는 치료자의 경청 실패 또는 상습적인 개입과 같은 지나친 활동.
2. 내담자가 치료, 치료자, 시술 등에 대한 자신의 견해를 결정하기도 전에 내담자의 질문에 대한 명확한 답을 제시해버리는 행동.
3. 내담자의 화를 두려워하거나, 내담자의 역경을 과다 식별해 내담자가 좌절감이나 분노를 느끼게 하거나, 자신의 공격성을 내면에 숨기도록 해서 종국에는 치료의 종결에 도달하게 하는 것.
4. 특별히 내담자에 대한 반감을 겉으로 표현할 수 없을 경우에 간접적으로 내담자에게 적대감을 드러내는 행동. 이러한 내담자에 대한 반감이 흔히 내담자를 진단명으로 표현하거나, 한

치료법에서 다른 치료법으로 바꾸는 방식으로 표출됨으로써 내담자가 치료를 아예 중단해버리기에 이르게 하는 것.

5. 내담자가 치료자에 대하여 성적 욕망을 품거나 표현하는 것을 치료자가 두려워함으로 인해, 내담자 자신이 성적 욕구를 가진 하나의 인격체로서 존중받지 못했다고 오해하는 경우.
6. 내담자의 전이 환상transference fantasies을 이해하지 못하여, 치료자가 내담자의 감정적 투사, 환상, 두려움, 방어기제 등의 표현을 오해함으로써 잘못된 인식을 갖는 경우.
7. 내담자의 문제를 치료자의 문제로 인지하는 것. 다시 말해, 내담자가 치료자보다 정서적으로 더 성숙한 경우, 치료자가 자신의 갈등, 두려움, 어색함을 해결하지 못함으로 인해 내담자가 치료를 중단하는 경우.

스트린Strean(1986)은 대부분의 때이른 치료 중단은 내담자의 문제라기보다는 치료자의 문제인 경우가 많음을 강조하고자 했다. 그는 아래와 같이 말한다.

> 이타적이며 헌신적인 전문가가 되도록 교육받은 사회복지사들은 내담자가 치료를 조기에 종결하는 것에 대해 분노, 실망감, 박탈감 등을 느낄 때 지나치게 자아도취적이고 자기중심적인 태도를 취한다(Strean, 1986, p. 7).

물론 스트린은 정신치료psychotherapy에 종사하고 있던 일부 사회복지사들에 대해 특정적으로 말하고 있었지만, 동시에 그는 자신의 주장을 치료자의 태도와 행동, 그것의 결과, 그리고 돕는 전문직업군 전체로 확장하고자 했다. 또한 그는 이 문제에 관한 공식적인 논의가 거의 다루어지지 않음을 지적했다. 실제로 1920년 이후 출간된 여러 문헌에서 대부분의 저자들이 치료 실패의 책임을 내담자에게 돌렸음이 확인되었다. 불쌍한 내담자들이 아닐 수 없다. "그들이 감내해야 했던 명예훼손! 동기의 부족, 역량의 부족, 성장발달 과정에서의 어려움, 그리고 치료 전문가와의 협력 불능 등이 치료가 성공하지 못한 이유로 자주 언급되었다"(Richmond, 1922; Ripple, Alexander & Polemis, 1964). 1960년대에는 돕는 전문직과 내담자가 기대하는 치료 목표에 가장 영향을 주는 요인은 사회경제적 수준으로 여겨졌고, 1980년대 이후에서야 잘못된 치료법이 주요한 문제로 거론되었다(Aronson & Overall, 1966; Siporin, 1985).

돕는 직업군에서 자기 비판은 대체로 건강한 태도인 것이 사실이다. 그러나 그 대상이 다소 규정하기 힘든 사안이라는 점에서 볼 때, 특히 사안이 믿을 만하고 유효한 측정치를 제공해주는 것이 아니고 또한 치료의 성공을 가져오는 구체적인 요인이나 이와 관련된 개인과 단체 또는 지역사회가 명확하지 않은 경우라면, 잘못된 치료법만을 비판적 관점으로 보는 것은 그리 바람직한 태도가 아니다(Chaiklin, 1987; Geismar & Lagay, 1985; Gurman, 1974; Leighninger et al., 1987; Sheppard, 1986). 따라서 이미 많은 논의가 되었지만 여전히 계속될 논쟁에 스트린이 다른 관점으로 새로운 시각을 제공한 점은, 미래 발전에 저해가 되는 견해를 극복하거나 줄일 방법에 대한 조언을 제공하고 있다는 점에서 참 신하며 반가운 일이다.

우리는 스트린이 제시한 것과 같은 논평들이 받아들여지던 체제를 잊어서는 안 된다. 프로이트Freud, 에릭슨Erikson, 그리고 설리반Sullivan의 이론을 토대로 한 임상적 접근은 특별히 돕는 전문직의 업무 분야에서 대부분 적용되고 있지만, 이와 동시에 해당 전문직종 자체의 전통적 배경에 근거하고 있기도 하다. 따라서 치료에서 치료자의 실패가 정신분석 문헌들에서 비롯된 개념들로 자주 설명된 것은 놀라운 일이 아니다. 치료 결과에서 치료자의 행동이 매우 중요한 요소라는 사실을 축소하지 않는 선에서, 실패의 잠재적 요소로 언급된 일곱 개의 이유에 대한 실례로 제시된 서술을 토대로 볼 때, 치료에 있어서 내담자의 태도는 스트린이 제시한 것보다 훨씬 큰 문제와 연관되어 있다는 것을 추론할 수 있다. 그리고 그 문제는 의미의 결핍 – 그것이 내담자의 삶에서든, 치료 자체에 있어서든 – 이다. 사실 스트린 본인도 의미의 중요성을 다음과 같이 기술했다.

> 만약 치료자들이 진정으로 내담자들이 갈등을 해결하는 것을 돕고자 한다면, 먼저 내담자들의 요구의 본질과 의미를 깊이 탐구하기 전에는 내담자들에게 조언을 하거나, 그들의 질문에 답하거나, 그들의 환경에 개입하지 말아야 한다(Strean, 1986, p. 12).

그러나 여기서 언급한 의미는 내담자의 요구에 대한 탐구에 제한되어 있다. 반대로, 로고테라피적 관점에서 받아들여지는 의미는 완전히 다른 함축된 의미를 가지고 있다. 즉, 이것은 인간행동이론의 지지자들에게 치료자와 내담자를 포함한 모든 인간관계에서 결정적인 요소로 수용되고 있는 의미를 말한다.

대부분의 돕는 전문직들은 자아 심리학에서 제시된 것과 다른 관점에서 문제를 바라보도록 배우지 않는다. 신경증적 불안이 표현되어 발생하는 행위적 질병은 지그문트 프로이트의 이론에 의하면 과거 내담자의 성생활의 좌절감에서 비롯되고, 이에 상충하는 무의식적 동기의 결과로 설명된다. 그 결과, 제시된 치료법은 프로이트와 그의 제자들에 의해 개발된 치료법에 기반을 둔다.

'제3 비엔나 정신치료 학파'로서, 로고테라피의 창시자인 프랭클 – 프로이트와 아들러의 학파를 전임자로 둔 – 역시 비록 그것이 다른 접근에서이지만, 신경증의 본성과 치료에 관심을 두고 있다. 그는 신경증의 기원을 개인의 영적 차원의 좌절감, 특별히 개인 존재의 의미의 결핍, 다른 말로는 '의미에의 의지'의 좌절에 둔다. 프랭클은 인생을 책임의 여정으로 인식하기 때문이다.

로고테라피와 돕는 전문직은 특별히, 그 가치와 목표에 있어 많은 유사성이 있다. 두 분야는 모두 인간 존엄, 자유, 자기 결정권, 그리고 다른 이에 대한 존중이 문화적 구조에 강하게 녹아들어간 사회를 만들고자 노력한다. 가치는 인생이 어떻게 되어갈지에 대한 각 개인의 생각의 중심이 되는 문제이기 때문에, 우선은 돕는 전문직들이 어떤 가치를 중요하게 생각하는지 주목할 필요가 있다.

모랄레스Morales와 셰퍼Sheafor(1986)는, 모든 돕는 전문직들은 거의 비슷한 윤리강령을 가지고 있으며 따라서 선행하는 가치들이 하나의 돕는 전문직군에 한정된 것이 아니라는 것을 지적했는데, 그들은 이 가치들을 다음의 3개의 범주로 분류했다.

1. 사람들이 선호하는 가치들
2. 사람을 위한 좋은 결과로서의 가치들
3. 사람을 대하기 위한 적절한 도구로서의 가치들

돕는 전문직군에서, 모든 사람의 내재된 가치와 존엄성에 대한 믿음, 변화를 향한 인간의 역량과 추진력, 자신과 동료 인간들에 대한 책임responsibility, 소속되어야 하는 필요와 지나친 고립을 피하고자 함, 그리고 개개인의 유일성은 첫 번째 범주에 포함되어 있는 가치들이다.

두 번째 범주에서 표현되는 가치들로는, 각 사람이 최대한의 잠재력을 깨달을 수 있도록 성장과 개발의 기회를 제공하는 것, 각 사람이 그들의 필요를 채울 수 있도록 자원을 제공하는 것, 각 사람에게 자신의 성장과 개발에 참여할 수 있는 동일한 기회를 제공하는 것이다. 사람을 대하기 위한 적절한 도구로서의 가치들인 세 번째 범주에 대해 말하자면, 로고테라피와 돕는 전문직 두 영역에서 사용되는 방법들은 모두 기본적으로 인도주의적이고 평등주의적인 접근을 반영한다.

로고테라피의 원칙과 철학은 로고테라피에서 추구하는 가치진술(가정)에 표현되어 있다. 이 가치진술(가정)은 다음과 같이 요약될 수 있다.

1. 삶은 의미를 가지고 있다(사람이 의식을 가지고 있는 한 모든 상황에서).
2. 의미에의 의지will-to-meaning는 삶의 주요한 동기부여 요소이다.
3. 사람들은 삶에서 의미를 찾을 자유가 있다.

4. 인간 영human spirit의 도전적 힘defiant power은 생존의 투쟁을 위한 잠재적 힘이다.
5. 선택은 모든 상황 속에 존재한다. 선택은 어떤 결정을 할 때 우리가 선택하는 대안에 대한 우리의 태도에서 나타난다.
6. 인간은 '3차원적' 존재 – 생물학적, 정신적, 영적 – 이고, 이 모두가 어떤 치료에서든 고려되어야 한다.
7. 사람은 절대로 '단지 …일 뿐'이라고 언급되어서는 안 될 것이다. 즉, 그들은 리스트에 적힌 단 하나의 측면으로 간소화되거나 보수가 필요한 기계로 보이면 절대 안 될 것이다.
8. 인간의 영spirit은 모든 아픈 사람에게 건강의 핵심 자원이 된다.
9. 인간은 사랑의 미덕으로(도움이 필요한 다른 사람을 위해) 자신을 초월할 수 있다.
10. 인간은 웃음과 유머로 지속적인 자신에 대한 집착에서 벗어나 자신과 거리를 둘 수 있다.
11. 현재의 인간 존재는 자신의 과거뿐만 아니라 미래에 자신이 되고 싶은 무엇으로부터 결정된다.
12. 개개인 각각은 유일하며 대체될 수 없다.
13. 의미는 매순간 그리고 모든 순간에 존재한다. 어떤 상황에서도 의미를 발견할 기회를 선택하는 것은 개인의 몫이다.
14. 순간의 의미는 항상 분명하지 않다. 우리는 그것을 발견하기 위해 인내해야 한다.
15. 책임은 주어진 순간에 삶의 요구에 반응할 수 있는 능력이다.
16. 긴장과 스트레스는 인간 존재의 한 부분 또는 국면이다. 영적

긴장은 사람의 '영적 근육'을 강화시키고 지금보다 더 나은 삶으로 인도하는 여정에서 도움이 된다.

17. 삶의 의미를 발견하는 것은 선물이 아니라 성취이다. 인간은 삶이 그들을 시험하지 않는다면 자신의 한계를 알지 못한다.
18. 성장과 발달은 변화의 결과이다. 변화가 성장과 함께 일어나지 않을 때만 치료가 필요하다.
19. 삶은 우리에게 기쁨을 빚지고 있지 않다. 단지 우리가 찾아야 하는 의미를 빚지고 있을 뿐이다. 행복과 기쁨은 삶의 의미를 찾는 과정의 부산물이다. 위대한 시인이자 철학자인 괴테의 말을 빌리면, "삶은 어떤 것이 아니라, 어떤 것을 위한 것이다."

요약하자면, 이 책의 목적은 로고테라피를 돕는 전문직을 위한 대안으로서 소개하고자 하는 것이 아니다. 오히려, 돕는 전문직군에서 사용되어온 전통적인 정신치료 방법들에 대한 보완적 접근법으로 로고테라피를 사용하고자 한다. 사람들의 문제를 해결하기 위한 추가적인 방법을 찾으려는 노력을 통해, 돕는 전문직의 휴먼 서비스의 질은 더욱 높아질 수 있고, 그로 인해 돕는 전문직이 대상으로 하는 사람들의 삶 역시 풍요로워질 수 있다.

[1부]

로고테라피의 주요 개념들

1부에서는 빅터 프랭클과 로고테라피를 심리학, 교육학, 신학, 간호학, 사회복지, 의학, 정신의학, 정신치료 등의 분야에서 현재의 위치로 확대한 그의 제자들의 철학적, 이론적, 방법론적인 저서들에 포함된 주요 개념들을 소개했다(로고테라피는 특히 영적 관점에서 인간행동을 주목한다). 또한 세계적으로 로고테라피의 역사적 발전과 확장에 대해 다루었다. 더 나아가 인간에 대한 이해와 인간이 살아가면서 겪는 어려움을 해결하는 방식에 대해 정신분석과 로고테라피 접근의 유사점과 차이점을 개념적으로 비교, 설명했다.

1장

로고테라피의 발전

로고테라피의 기원은 1921년으로 거슬러 올라간다. 창시자인 프랭클 교수가 고등학생이었을 때다. 그 당시를 회상하는 프랭클 본인의 표현을 그대로 옮기면 이러하다. 어느 날 수업 중 프랭클의 스승 중 한 사람이, 인간을 '그저 내적 연소가 일어나는 기계 정도에 불과한 존재'로 비유했다. 프랭클은 그런 의견에 반발하며 인간은 분명히 그보다 더 상위의 의미를 갖는 존재임을 강력히 주장했다. 인간을 '단지… 일 뿐'인 존재로 격하시키는 주장에 대한 프랭클의 반발은, 비록 다른 상황과 시대에서지만 에릭슨Erickson이 자신의 고전인 『청년 루터Young Man Luther』에서 묘사하는 마틴 루터의 반론을 투영한다. 이 서로 다른 두 젊은이의 반론이 그 자신과 주변 세계를 변화시켜온 점은 주목할 만하다. 에릭슨의 표현을 빌리자면, 루터의 유명한 외침인 '나는 저항한다!'는 특히 그 시대에 성직자들 사이에 깊숙이 자리잡은 부정부패를 비롯해 교회에 만연한 비인간화에 대한 전면적인 저항이었다. 루터의 저항만큼 지축을 뒤흔들 정도는 아니었지만 프랭클의 저항은 로고테라피의 발전을 이끌었고, 로고테라피는 인간행동에 대한 이론이자 철학으로서, 화학, 심리학, 생물학 등 어느 분야에서든 인간을 그 이하의 어떤 존재로 격하시키는 모든 시도에 반발한다.

프랭클은 어린 시절 그가 장차 의학도로, 특히 정신의학도로서 성장하는 데 영향을 끼친 심리학계의 저명한 거장인 프로이트와 아들러 모두를 넘어섰다. 그럼에도 프랭클은 기꺼이, 인간 심리에 대한 이해를 완전히 바꾼 이론의 창시자인 그들에게 자신 역시 배움의 빚을 졌음을 밝히며, 자신을 거인들의 어깨 위에 서있는 난쟁이에 비유하기를 즐긴다. 그러나 그는 그 거인들보다 멀리 볼 수 있었다. 그는 프로이트의 정신분석을, 건축 과정에는 필수적이지만 동시에 건물이 완공된 후에는 겉으로 보이지 않게 되어야 하는 건물의 주춧돌이자 기초에 비유한다.

나치에 의해 아우슈비츠 수용소로 추방된 1942년, 프랭클은 실존분석(후에 '로고테라피'로 변경)의 초고를 완성했고, 나치에게 빼앗기지 않으려고 그것을 겉옷 안주머니에 숨겼다. 그는 비밀리에 동료 재소자 중 한 명에게 아래와 같이 말했다. "보세요, 이것은 과학도서의 원고입니다. 나는 당신이 지금 그저 목숨을 부지한 것만으로도 감사해야 하고, 그것이 우리가 운명에 기대할 수 있는 모든 것이라고 생각한다는 것을 압니다. 그러나 나는 그럴 수 없습니다. 이것은 내 필생의 과업이고, 무슨 일이 생기더라도 이 원고만은 지켜내야 합니다. 이해하시겠습니까?"(Frankl, 1962, p. 12). 물론 그 재소자는 이해했고 단 하나의 단어로 대답했다. "헛소리군!". 원고를 무자비하게 빼앗긴 프랭클은 "그 순간 나는 있는 그대로의 진실을 보았고, 정신적 반응의 첫 단계의 최고점에 이르는 경험(자살 충동)을 했다. 나는 내가 과거에 살아온 삶과 완전히 다른 상황에 있음을 알았다"(Frankl, 1962, p. 12)고 했다. 이러한 상황에서도 프랭클은 자신의 이론을 종잇조각들에 다시 재현해냈고, 수용소에서 석방된 후인 1946년 오스트리아에서 『강제수용소를 경험한 심리학자Ein Psycholog erlebt das Konzentrationslager』라는 제목의 책으로 출판했다.

1921년 그저 하나의 항변으로 시작했던 것이 1930년대에는 온전한 하나의 이론으로 정착된 것이다. 1938년 프랭클이 자신의 논문 「정신치료의 재인간화에 대한 사례The Case for a Rehumanizaion of Psychotherapy」(in Zeitschrift fur Psychotherapie)를 출판한 해에, 그의 '상층 심리학height psychology'은 그 당시 지배적인 지그문트 프로이트와 그의 제자들의 '심층 심리학depth psychology'의 보완물로서 상정되었다. 그의 논문에서 프랭클은 특히 의미 지향적 특성이 있는 인간의 영적 차원을 강조해 당시의 정신치료의 범위를 확장시켰다. 프랭클은 책임의 문제를 정신치료의 중심 원리로 보았다. 그의 관점에서는, 자신이 무엇을 책임져야 하고, 주어진 순간에 삶이 요구하는 것을 어떻게 인식하는지를 결정하는 것은 내담자의 몫이라고 보았다. 그는 내담자의 책임감을 높이고 '로고테라피'를 의미 중심적 접근을 강조한 정신치료로 만드는 방법론에 대해 다루었다. 프랭클은 인간 존엄성human dignity과 정신치료 간의 분리가 필요함을 인식했고, 이 두 가지 요소를 다시 결합하기 위한 방법으로 책임의 개념을 사용했다.

루카스Lukas(1984)도 비슷한 견해를 보였다. 그녀는 로고테라피만이 인간의 자유를 인간적인 의학humanized medicine과 심리학psychology의 개념으로 도입하는 것에 성공한 치료라고 주장한다. 나치 강제수용소에서 살아나온 지 20년 후에, 프랭클은(1962) 인간 존엄성에 대한 자신의 신념을 「재인간화된 정신의학psychiatry rehumanized」이라는 짧은 논고에서 다음과 같이 재차 확언했다. "인간은 다른 것들 중 하나가 아니다. 인간은 근본적으로 스스로 결정한다. 그가 되는 것은 (재능과 환경의 한계 안에서) 그가 스스로 만든 것이다. 예를 들어 우리는 나치 강제 수용소라는 살아있는 실험실에서 어떤 동료들은 돼지처럼 행동하는 반면 다른 동료들은 성자처럼 행동하는 것을 목격했다. 인간은 내면에 두 종류의 잠재력을 모두 지니고 있다. 어떤 것이 실현되는지는 환경이 아니라 결정에 의해 좌우된다"(Frankl, Man's Search for Meaning, 1962, p. 134-135).

로고테라피의 발달은, 1920년대 발생 시점부터 현재까지 기본적으로 역설적이라고 파브리(1981)는 말한다. 프랭클이 나치 강제 수용소에서 개인적 경험을 하기 전, 로고테라피는 인간의 영적 차원noetic dimension이 주된 주제였던 의학의 한 분야였다. 그 당시 프랭클은 의미없이 살아가는 삶의 위험성에 대해 사람들을 설득시키고자 헛되이 노력하고 있는 한 선각자였을 뿐이다. 수용소 경험 이후, 프랭클의 인간 행동에 대한 이론과 개념이 최악의 환경에서 입증되었을 때, 프랭클은 더 이상 선각자가 아니라 인간의 비인간적 행위man's inhumanity에 대한 산 증인이었다. 이로 인해 그는 개인적 경험으로부터 말할 수 있었고 그의 증언은 큰 반향을 불러오는 설득력이 있었다(현재까지도 여전히). 그는 사람이 살아가기 위해서는 살기 위해 가치 있는 무언가가 필요하고, 의미는 사람이 이 세상에서 생존하기 위한 가치가 된다고 했다. 그는 또한 로고테라피를 의학치료에서 상담 관련 학문과 전문직으로까지 그 경계를 넓혀 놓았다. 따라서 다양한 돕는 전문직종에 있는 사람들도 해당 분야에서 특별한 훈련을 받으면 로고테라피 치료자가 될 수 있으며, 사람들이 좌절감, 절망, 실존적 공허를 극복할 수 있도록 도움을 줄 수 있다.

로고테라피는 그 자체만으로 하나의 철학이나 다른 확립된 학문과는 독립된 정신치료의 한 분야가 아니다(Kovacs, 1985). 오히려 이것은 내담자들이 삶에서 의미를 발견할 수 있도록 하는 것에 목적이 있으며, 이 과정에 사고하는 방식과 방법론이 합해진 것이다. 1959년 미국에서 출간된 『죽음의 수용소Man's Search for Meaning』는 미국 사회에 큰 지평을 열어주었고 엄청난 인기를 가져왔다. 1960년대에 이르러 로고테라피는 세계적인 인정을 얻었다. 이는 다음의 네 영역에서 새로운 변화를 가져왔다. a) 내담자clientele, b) 치료자therapist, c) 적용 분야areas of application, d) 지리적 확대geographical expansion(Fabry, 1981)가 그것이다.

내담자 개념의 확대

내담자의 개념에서 볼 때, 로고테라피 치료자logotherapist들은 모든 내담자를 단순히 내담자로 보기보다는 믿음과 희망을 잃은 사람, 좌절한 사람, 도움과 구제의 손길 없이 함정에 빠진 것 같은 느낌을 받는 사람, 그리고 우울증을 겪는 사람으로 대한다. 프랭클은 상상할 수 있는 최악의 상황에서조차 이 한 가지만큼은 한 개인에게서 빼앗을 수 없다는 것을 보여주었다. 바로 자신의 삶에 주어진 상황에 맞설 자유 의지이다. 건강 – 의학적 관점 이상의 철학적 관점에서의 건강 – 에 대한 그의 태도는 세계 각지에 사는 사람들의 수많은 개인적 경험을 통해 입증되었다. 오늘날에는 총체론적 관점이 의학을 비롯해 다른 돕는 직업군에서 핵심적인 개념으로 받아들여지고 있다. 또한 건강이 신체적, 정신적, 영적 영향과 상호작용의 결과라는 사실은 대개 당연한 것으로 여겨진다. 그렇지만 사람의 건강에 있어 영적 차원noetic dimension이 결정적인 힘이자 요소가 된다는 개념을 도입한 것은 프랭클이었다. 따라서 우리는 로고테라피를 내담자를 위한 치료(신체적), 고통받는 이들을 위한 지지(심리학), 혼란스러워하는 이들을 위한 교육법과 좌절한 이들을 위한 철학(삶의 의미)으로 이해할 수 있다.

로고테라피의 적용 대상은 다양하다. 영적 차원에서 기인한 신경증, 즉 다양한 영적 신경증으로 고통받는 사람들뿐 아니라, 성행위와 관계된 공포증에 시달리는 이들, 불치병이 있는 이들, 그리고 공허하고 의미 없는 삶을 영위하는 이들을 대하는 방법으로까지 발전했다. 더 나아가 로고테라피는 중독자들, 사고의 피해자들, 사지를 잃은 장애인들, 그리고 특별히 자신이 겪은 상실이 삶의 의미 상실과도 연관되어 있는 이들에 대한 전통적 정신치료의 보완법이자 보조적인 치료법이 될 수 있다.

치료자의 확대

로고테라피가 과학과 종교 간의 다리 역할을 함으로 인해, 로고테라피는 종교 영역에서 목회 상담가들에게 하나의 자연적인 치료 방법으로 받아들여졌다(Leslie, 1985; Stones, 1983). 인간에게는 극한의 스트레스 상황에서조차도 선택할 수 있는 고유의 능력이 있다는 로고테라피의 신념, (정신분석적 기법에서는 치료자는 그저 수동적인 경청자에 불과한 것과는 반대로) 치료자를 능동적인 도전자라고 보는 관점, 그리고 자기 초월self-transcendence의 개념은 자연스럽게 목회 상담의 교리와 통합될 수 있다.

간호학 역시 로고테라피의 방법과 생각을 간호 실무에 매우 유용하게 적용할 수 있다. 스탁Starck(1985, 1993)은 현대 간호학의 네 가지 분야에서 로고테라피가 적용 가능하다고 보았다. a) 예방, b) 건강 증진, c) 질병 간호, d) 재활이 그것이다. 그녀는 로고테라피적 사고의 세 가지 차원(신체, 마음, 영)은 간호 전문직의 인간에 대한 총체론적 관점과 호환된다고 기술했다. 따라서 내담자를 돌보는 간호사들은 돌봄의 각 단계마다 로고테라피적 방법을 사용해 그들의 간호 결과를 향상시킬 수 있다는 것이다. 그 단계는 사정, 의미 있는 대안의 결정, 생활 방식의 변화 이행, 그리고 내담자의 가장 적합한 선택이다. 간호학과 로고테라피는 그 목표에 있어 여러 유사점이 있지만 그중에서도 한 개인이 의미 있는 삶을 살 수 있도록 돕기 위한 목적은 간호학 전반에 더욱 더 적용할만하다. 또한 간호학과 로고테라피는 모두 '고통받는 인간homo patiens'에게 위로와 치유를 제공하는 것을 목표로 하기 때문에 둘은 서로를 보완할 수 있다.

로고테라피는 또한 노인병학에도 적용될 수 있다. 노인병 전문의들은 그 치료에 로고테라피의 개념과 방법을 적용함으로써 노인들이 노년기의 문제들, 특히 불치병과 관계된 트라우마의 극복을 도울 수 있다. 노인들은 생존하기 위해 겪는 어려움과 특히 남은 시간이 점점 줄어드는 상황에서 의미를 찾는 일에 도움이 필요하다. 노년기가 사람들에게 가져다주는 수많은 상실감을 로고테라피의 관점으로 대하면서 노인들이 자신의 삶에서 새로운 의미를 탐색함으로써 불가피한 고통을 극복하도록 도울 수 있다(Boschemeyer, 1982).

적용 분야의 확대

워스Wirth(1985)는 현대 사회에서 노동과 교육이, 사람들이 직면한 문제들이 기술적인 방법으로 해결되리라는 가정에 의해 '오염'된 두 분야라고 말했다. 이 오염된 철학은 인간에게 기계적인 이미지를 부여했고, 인간의 존엄성은 실추되었다. 이 체계는 개인의 역량을 최고로 이용하게 하는 교육을 통해 회복되고 변화되어야 할 필요가 있다. 프랭클의 로고테라피는 이러한 목표를 이루기 위한 하나의 방안으로 여겨진다.

대학 교육은 다시 인간화되어야 할 또 다른 분야라고 아이젠버그Eisenberg(1985)는 말한다. 학생들은 자신의 정신적 재원을 재차 확인하고 진실된 감정을 위한 공간을 마련할 수 있도록 교육되어야 한다. 마찬가지로, 사회복지 분야 역시 실무와 교육 현장에서 내담자들과 일할 때 공감의 중요성을 강조한다.

호스피스 완화의료 영역에서 일하는 돕는 전문직들은 로고테라피의 기술과 철학을 업무에 적용함으로써 자신의 정체성을 탐색할 때 도움을 받을 수 있고, 또한 힘든 일을 하면서 직면하는 압박감에서 조금이나마 벗어날 수 있다. 로고테라피는 다른 무엇보다도 죽어가는 이들과 고통받는 이들에게 위안과 영적 위로를 제공하는 하나의 방법이라는 점에서 호스피스 업무에 적절하다(MacDonald, 1993).

루카스(1985)에 의하면, 때때로 내담자들의 정신적 문제를 더 악화시키는 결과를 초래하는 임상심리학의 치료 기법과는 다르게 로고테라피의 기본적 지침은 자립을 격려하고 내담자들로부터 책임을 완전히 제거하지는 않는다. 이 때문에 임상심리학자들은 로고테라피에 대한 보충적인 지식이 필요하다. 루카스(1985)는 독일 뮌헨의 부인과 의사들이 직면했던, 종국에는 실패한 딜레마를 예로 든다. 이 의사들은 한 부부에게 그들의 아이가 장애를 가진 상태로 태어나리라는 것을 알려야 했다. 로고테라피 치료자들은 동일한 상황에서도 부모의 인생에 의미가 있음을 재차 확인하도록 하고, 특정한 로고테라피의 치료 기법인 태도 수정attitude modulation을 이용해 이 부부가 운명을 받아들일 수 있도록 했을 것이다.

산업 분야에서 일하는 전문직들은 직원들뿐 아니라 종종 경영 간부들까지도 자신의 일에서 불만족을 토로하는 것을 보게 된다. 로고테라피는 한 사람의 개인의 성장, 자아 발견, 의미 발견을 돕는 치료법이기 때문에, 주로 자신의 일에서 느끼는 무의미함과 관련된 어려움을 겪는 사람들에게 매우 도움이 되는 치료법이다(Neikrug, 1982). 경영 간부들이 자신의 일에 대해 열정이 식고 매너리즘을 경험하는 것은 무관심, 무료함, 무력함, 모호함, 위축감 등의 형태로 나타나는 기능 장애다. 이러한 행동은 자신의 가치와 자아 존중감을 잃게 하는 결과를 가져온다. 많은 경우 이러한 현상은 건강한 삶을 위해 필요한 애정과 친밀감 형성에 방해가 되는 쾌락, 성공, 부에 대한 끊임없는 추구와 연결된다. 종종 경영 간부가 가정에서 갈등을 겪는 것은 자신의 일에서 의미를 발견하지 못하는 것의 표현이라고 볼 수 있다. 로고테라피는 이러한 부정적 경향을 중화시키고, 해당 경영인에게 헌신과 책임의 가치를 강조함으로써 노동과 인간관계에서의 새로운 의미를 발견하도록 이끌고, 자존감을 강화할 수 있도록 돕기에 적합한 치료법이다 (Humberger, 1981).

다른 여러 상담 관련 직업이 그러하듯이 가정 관련 업무는 돕는 전문직군의 중요한 분야 중 하나이다. 이런 매우 복잡한 분야에서도 로고테라피의 철학과 원칙을 활용해 가족의 건강한 삶에 아주 중요한 기여를 할 수 있다. 앞서 제시되었듯이 가장 어려운 상황에서조차도 의미는 존재하고, 의미를 찾고자 하는 욕구는 개인과 가족 간의 행동에 있어 기본적인 동기가 될 수 있다. 따라서 가족 전체로서의 삶의 의미는 위험에 처한 모든 가족에게 적용될 수 있다. 란츠Lantz(1986)는 로고테라피의 개념 및 기술과 전통적 가족 치료의 이론과 방법을 합해 '가족 로고테라피'라는 명칭의 새로운 가족 치료 모형을 제시했다. 프레일런Fraillon(1982)도 신뢰를 얻기 위해 노력한다거나, 치료자와 내담자 사이의 만족스러운 소통을 꾀한다거나, 내담자가 자신의 삶에서 새로운 의미를 발견하는 것을 돕는 일에 로고테라피적 기술을 도입했다.

로고테라피가 전통적인 치료의 보완적 방법으로 적용될 수 있는 또 다른 분야는 재소자들을 상대로 한 개인 또는 집단 치료 분야이다(Eisenberg, 1990; Whiddon 1983; Wood 1982). 위던Whiddon(1983)의 재소자들을 위한 집단 치료 방법은 5단계로 이루어져 있다. 로고테라피의 원칙에 대한 심리 교육적 훈련, 자기 인식의 확대, 자아 존중감의 재확립, 사회적 관점에서 범죄와의 연루와 가치에 대한 재성찰, 그리고 미래를 위한 개인적 의미와 목표의 발견이 그것이다. 이런 단계들은 성공적으로 적용되어 훈련에 함께한 재소자들의 재범을 막는 결과를 가져왔다. 앞의 사례와, 이스라엘(Einsenberg, 1990)과 미국(Whiddon,1983; Wood, 1982)에서 또 다른 재소자 단체에 적용된 로고테라피 집단 치료에서 나타난 긍정적 결과의 유사성은 주목할 만하다.

리반-칼마르Lieban-Kalmar(1984)는 학습 불능자를 대상으로 한 치료에 성공적으로 로고테라피를 통합시켰다. 그녀는 로고테라피적 태도와 방법을 학생들에게 적용했는데, 학생들은 삶에서의 단기 및 장기 목표와 목적을 구분하고, 긍정적인 태도를 가질 수 있게 되었다. 또한 학생들이 자신의 행동에 책임을 지고 더 발전해나갈 수 있도록 도왔다.

로고테라피가 도움이 될 만한 또 다른 분야는 중독 관련 업무, 그중에서도 특히 알코올 중독자 관련 업무이다. 크럼보Crumbaugh(1981, 1983)는 알코올 중독자들을 돕기 위해 로고테라피적 원칙을 토대로 한 방법을 개발해냈다. 그가 제시한 중재 방법은 내담자들에게 동기를 이해하고, 생활 방식을 선택하고, 자신감을 높이고, 창조적 생각을 유발하고, 다른 이와 관계를 맺고, 치료에 대해 전념하도록 가르친다.

앞에서 예로 제시한 로고테라피 적용 분야들 외에도 더 많은 영역에 로고테라피가 적용될 수 있다. 추가적인 적용 분야는 로고테라피 방법 부분에 실려 있다.

로고테라피의 세계적 확대

1980년대 초 프랭클(1981)은 로고테라피의 미래에 관해 언급했다. 그는 로고테라피의 미래는 로고테라피 치료자들의 독립성과 혁신적 정신에 의존한다고 보았다. 전자에 대해서는, 관련된 윤리적 행동과 로고테라피의 원칙들 내에서 내담자와 치료 방법의 선택, 내담자와 치료자와의 관계가 독립적으로 이루어져야 할 필요성을 주장했다. 또한 프랭클은 의료 행위를 하는 경우에 자신의 이론에 대한 과학적 검증이 중요함을 재차 강조했다.

프랭클은 로고테라피는 그 자체의 진화와 앞으로의 발전, 그리고 다른 정신치료 학파와의 협력, 이 두 가지 측면에서 개방 체계라고 보았다. 로고테라피는 사람의 삶을 최대한 의미 있는 것으로 만드는 것에 집중하기 때문에, 이는 인권 운동의 일환으로 볼 수 있다. 로고테라피는 전 세계적 사명과 미션이 있다. 그 중 하나를 예로 들자면, 사람을 그저 하나의 거대한 기계의 톱니바퀴 정도로 축소시키는 모든 경향을 해소하고자 하는 것이다.

1980년대와 1990년대의 로고테라피의 확장은 주목할 만하다. 오늘날 로고테라피는 5개 대륙 모두에서 수많은 기관과 센터를 중심으로 견고히 자리 잡고 있다. 대학들과 전문대학들은 로고테라피 강좌와 학위 과정이 있다(프랭클은 전 세계 각국의 대학들로부터 26개의 명예박사 학위를 받았다). 로고테라피가 전문가들과 일반인들 모두에게 수용되었다는 사실은 세계 각지에서 개최되는 대규모 학술 심포지엄과 국제 학회들로 입증되며, 특히 프랭클 본인이 기조 연설자로서 또는 청중들의 질문에 답하기 위해 참여할 때 더욱 확증되었다. 그 중 가장 주목할 만한 점은 새로 독립한 국가들에서, 특히 수십 년간 억압되어 있던 국가들에서 보인 로고테라피에 대한 긍정적인 반응이다. 지배 구조에서 자유로의 이행은, 로고테라피를 정의하는 인간 행동에 대한 관점인 인본주의와 결정주의의 차이를 인식하도록 이끌었다. 프랭클의 이론과 방법들은, 한 국가를 예로 들자면 탄자니아에서 환영받고 있는데, 이는 개인의 노력과 사회 체제 사이의 갈등을 해결하는 데 적절하고 적용 가능하다고 여겨지기 때문이다(Klitzke, 1981). 또한 동쪽의 사회와 국가들에서도 큰 각광을 받고 있다.

인간 본성을 세 차원의 합(신체, 마음, 영)으로 보는 프랭클의 개념은 일본의 오래된 숙어와도 일치한다. 일본 문화에서의 Shin, Gi, Tai의 통합은 앞서 제시된 로고테라피적 개념에 부합된다. 또한 잃은 것보다 무엇이 남았는지를 강조하는 불교적 사고는 과거에 얽매여 있기보다는 미래로 나아가는 것을 강조하는 프랭클의 이론과 유사하다. 불치의 질병과 헛되이 싸우기보다는 불치병과 더불어 같이 살아가는 불교적 개념은, 피할 수 없는 것은 받아들이고, 동시에 남은 것에서 최대한의 삶의 의미를 도출해야 한다는 로고테라피적 사고와 일치한다(Takashima, 1985).

한국의 선종Zen Buddhism 또한 로고테라피와 '관심사(목표)를 같이 하는 사람들kindred spirits'의 한 예가 되며, 범세계적으로 볼 때 진리는 문화적으로 정의된 경계선과 한계가 없다는 사실을 상징하기도 한다. 영적 차원noetic dimension은 한계가 없기 때문에 인간 영의 특성을 다루는 로고테라피는 모든 인간 상황과 환경에서 적용 가능하게 된다(Ko, 1981). 다카시마Takashima는 임상 현장의 의사로서 로고테라피를 가장 성공적으로 그의 인본주의적 정신신체의학psychosomatic medicine에 통합했고, 그러한 접근법이 의학에 가져다준 혜택을 제시했다(Takashima, 1990).

우리가 살고 있는 세계가 더욱 폭력적이 될수록, 즉 냉정하고, 비인간적이고, 기술적이고, 컴퓨터화되고, 자동화되고, 원자화될수록, 인간을 끌어내리기보다는 더 상위의 단계로 이끌어줄 이론이 필요하다. 이러한 이유 때문에 로고테라피는 어디서나 사람들의 지대한 관심을 끄는 것이다. 정신분석이 다른 학문 분야의 정신치료에 그 자리를 내어주면서 희미해져 갈 때, 프랭클의 '상층 심리학height psychology'은 지구촌 각지에 진출하고 있다. 엄청난 정치·경제적 변화를 겪고 있는 아시아권 국가들은 특별히 프랭클의 사상을 받아들일 준비가 되어 있고, 또한 중앙 및 남아메리카, 아프리카, 그리고 이미 산업화된 다른 국가들도 동일한 상황이다. 나는 로고테라피가 그 인본적인 신념 때문에 21세기의 치료법이 되리라고 굳건히 믿는 사람들 중 한 사람이다.

2장

로고테라피와 정신분석 : 유사점과 차이점

로고테라피는 환자가 삶의 의미를 찾도록 돕는 것을 그 과업으로 여긴다. 로고테라피가 환자가 자신의 존재의 숨겨진 로고스를 깨닫도록 한다는 점을 고려하면, 그것 또한 분석적인 과정이다. 이 관점에서 볼 때, 로고테라피는 정신분석과 매우 닮아 있다. 그러나 어떤 것을 무의식이 아닌 의식의 세계에서 접근하려는 로고테라피의 시도는 그 대상을 개인의 무의식에 존재하는 본능적 사실에만 국한시키지 않고, 개인 존재의 잠재적 의미 충족은 물론 환자의 의미 추구의 의지와 같은 영적 현실까지 염두에 둔다. 어떤 분석이든 그 치료 과정에서 영적 차원을 제외하더라도, 환자로 하여금 자신의 존재 내면에서 무엇을 진정으로 원하는지 인식하도록 돕고자 한다. 로고테라피의 주요 관심사는 사람을 단순히 충동과 본능의 충족 또는 만족이나, 이드id · 자아ego · 초자아superego의 상충하는 충동과 조화를 이루는 것에 그치거나, 사회와 환경에 적응하고 균형을 이루는 것에 급급한 존재가 아닌, 의미 발견과 가치 실현을 추구하는 존재로 본다는 점이 정신분석과 다른 점이다 (Frankl, 1962, p. 103).

로고테라피 창시자의 이 글은 로고테라피와 정신분석의 주요한 차이점, 즉 동기만을 언급한다. 그러나 앞서 언급된 차이 외에도, 개념적으로나 방법론적으로 동기에 대한 이 두 가지 이론 간에 많은 중요한 차이점이 있으며, 이 부분에 대해서는 뒤에서 자세히 설명하겠다.

건강과 질병에 대한 관점

한 가지 흥미로운 사실은 프로이트와 프랭클 모두 정신과 의사이기 전에 임상 의사였다. 그러나 건강에 대한 그들의 접근은 상당히 다르다. 프로이트는 삶의 의미를 탐구하는 이들을 '병적'이라고 여기는 것으로 유명하다. 그의 주요 연구 분야는 병리학, 특별히 마음과 정신의 병리학이었던 반면, 프랭클은 삶의 의미에 대한 탐구야말로 진정한 인간 존재에 대한 동기의 최고의 증거라고 주장한다. 프랭클의 견해에 의하면, 인간의 병리적 상태는 오직 환자 또는 내담자에게 삶의 의미 탐구의 부재가 지속되는 경우와 무관심, 무료함, 그리고 삶에서의 성취에 대한 동기 부족으로 특징지어지는 '실존적 공허'가 오랜 기간 지속되는 경우에 나타날 수 있다고 보았다. 이러한 병리적 상태를 로고테라피에서는 '영적 신경증noogenic neurosis'이라고 하는데, 이는 어떤 주어진 문화에서 '정상'으로부터의 일탈적 상태를 초래하며 인간의 영의 문제에서 비롯된다. 영적 신경증은 현세대에서 점점 더 일반적인 것이 되어가고 있으며, 신세대에서든 구세대에서든 큰 부분을 차지한다.

인간의 행동에 대한 어떤 이론이든, 인간 존재의 본질에 대한 문제는 주요한 관심사다. 이 본질은 개인을 특징짓는 정신적인 모습을 뜻하며, 이 모습은 해당 이론과 그 이론에서 파생된 치료법을 이해하는 데 도움을 준다. 프로이트에게는 생물학이 인간 진화의 결정적 요인이었다. 인간 발달의 초기 단계와 구강기, 항문기, 남근기의 만족스러운 발달 및 비정상적인 발달과 각 발달 단계에서의 좌절과의 관계는 그의 이론의 이정표가 되었다. 이것이 프로이트가 자신의 연구를 사람의 존재에 영향을 주는 생물학적·성적·리비도적 충동 및 욕구, 그리고 본능에 집중시킨 이유이다. 반면에 프랭클은 이러한 요소들의 존재를 인지하는 동시에 그의 위대한 스승보다 한 단계 더 나아가 인간을 그저 생물학적으로 이미 결정된 존재로 보지 않고, 오히려 영적 차원을 통해 생물학적으로 그들에게 주어진 것을 뛰어넘는 존재로 보았다. 따라서 프랭클은 영적 결정 요인이 생물학적 결정 요인보다 더 중요한 발달 단계인 성인기에 집중했다. 프랭클은 사람의 영만이 아픈 사람에게서도 발견되는 유일한 건강의 핵이라고 보았다. 반면, 프로이트의 정신분석은 건강한 기능의 장애물이 되는 인간 정신 내부의 병적 요소를 발견하는 것을 목적으로 한다.

정신분석의 이해에 대한 프랭클의 기여는 두 분야에서 나타난다.

정신건강과 책임의 개념이 그것이다. 전자의 개념에서 프랭클은, 사람은 자신과 조화를 이룰 때만이 건강한 삶을 이끌 수 있다고 주장한다(이 개념은 부버의 주장과 비슷하다). 다시 말하자면 이는 사람이 자신의 양심과 좋은 관계를 유지할 때를 말한다. 하지만 여기서 양심은(로고테라피 측면에서) 실제적 또는 상상의 잘못으로 개인을 벌하거나, 많은 좌절스러운 과정의 원인이 되는 다양한 욕구의 억제제로 작용하는 프로이트의 초자아를 의미하는 것이 아니라, 내면의 목소리로 스스로에게 무엇이 옳고 그른지를 알려주고, 자신의 존재에 의미를 부여할 수 있는 것을 실현하도록 인도해주는 영적 가이드인 것이다. 따라서 프랭클에게는 자신과 좋은 관계를 맺고 있지 않은 사람은, 노이로제에 걸린 사람, 다시 말해 자신의 인생에 주어진 과업을 완전히 깨닫기 위한 노력을 피하려는 사람이다. "각 사람에게 이 과업에 대해 알게 하기 위해, 더 완전히 자각할 수 있도록 돕기 위해, 양심은 인간의 영적 신경증을 극복하는 데 많은 기여를 할 수 있다"(Frankl, 1962, p. 96).

두 번째 분야는 책임responsibility이다. 즉, 자신의 결정과 행동에 대해 책임을 인정하는 자발적인 마음을 의미한다. 사람은 어떤 상황에서든지 '반응 능력response-ability'이 있다고 본다. 즉, 자신의 선택의 자유를 이용해 반응할 수 있다는 것이다. 최악의 상황에서도 대안은 항상 있다고 프랭클은 말한다. 상황에 반응하는 방식에는 사람마다 아주 커다란 차이가 있다. 이러한 사실은 자살을 진지하게 생각하는 사람에게도 관찰된다. 프랭클은 이렇게 설명한다. "끝나지 않은 일에 대한, 또는 자신을 애정 어린 마음으로 기다리는 사람에 대한 책임을 알게 된 사람은 절대 자신의 삶을 포기할 수 없다. 그는 자신의 존재에 대한

'왜'를 알고 있고, 대개 '어떻게'로 견뎌낼 수 있을 것이다"(Frankl, 1963, p. 80). 따라서 로고테라피에서 말하는 책임은 사랑, 헌신, 더 나아가 자기희생의 의미가 있다(Williams & Patrick, 1984).

프로이트와 프랭클의 인간의 본성에 대한 기본적 개념의 차이 외에도, 사랑과 노동에 대한 개념 차이는 특히 흥미롭다. 사랑과 노동을 폐쇄 체계로 본, 즉 개인에게 이익을 가져다 줄 때에만 의미가 있다고 본 프로이트의 입장은 프랭클의 인식과 극명한 대조를 이룬다. 후자의 입장은, 사랑과 노동이 삶에 대해 더욱 깊은 헌신으로 이끈다면 긍정적 경험이 될 수 있다고 본다. 프랭클은 사랑과 노동 모두에 잠재적으로 있는 해로운 요소들을 간과한 것은 아니지만, '의미에의 의지'에 지대한 관심이 있다. 이는 인간의 특징인 동시에 자신만의 독특한 인간적 능력을 발휘하도록 이끈다. 로고테라피의 반反나르시시스트적 경향은 프로이트식 정신분석의 '쾌락 의지'에 담긴 나르시시스트적 경향과 대비된다.

로고테라피에서 말하는 책임의 의미를 설명하기 위해, 프랭클은 자신의 이야기를 인용했다. 이스라엘의 하이파 대학교University of Haifa에서 명예 박사학위를 수여받는 수락 연설에서 프랭클은 다음의 이야기를 들려주었다. 나치가 오스트리아의 비엔나를 장악했을 때, 그는 그 도시의 유대인 병원의 신경학과 과장으로 계속 근무하는 것이 한동안 허락되었다. 어느 날 그는 미국 대사관으로부터 급한 전갈을 받았다. 그가 접수한 후 일년 넘게 기다리고 있던 서류인 미국 비자를 즉시 와서 받으라는 내용이었다. '그 순간' 프랭클은 말했다. "저는 미국으로 가서 논문을 발표하고 로고테라피의 메시지를 전파하기 위한 놀라운 기회를 쥐고 있었습니다. 하지만 제게는 유대인이라는 운명에 내맡겨진, 제가 버리고 떠나야 할 나이 드신 부모님이 있었습니다. 저는 가고 싶은 열망과 부모님을 향한 책임 사이에서 괴로운 고민에 빠졌습니다. 큰 괴로움을 안고, 저는 내적 갈등을 해결하고자 산책을 하며 하늘에서 떨어지는 징조를 기다려 보기로 했습니다. 그래서 저는 노란 다윗의 별을 떼어내고 병원 밖으로 나갔습니다. 가는 길에 근처 교회에서 흘러나오는 어떤 고요한 음악을 들었습니다. 저는 고독과 조용함이 옳은 결정을 내리는 데 도움이 되기를 바라며 그곳으로 들어갔습니다. 거기서 한 시간을 앉아 있었지만 아무것도 일어나지 않았습니다. 상심한 채로, 갈등에 대한 해결책을 아직 찾지 못한 채 일어나서 집으로 돌아갔습니다. 집으로 들어가자마자 아버지는 자신이 비엔나의 유대교 회당의 잔해에서 무엇을 발견했는지 보여주었습니다. 그것은 히브리 알파벳 kaf가 금색으로 박혀 있는 대리석 조각이었습니다, 십계명 판의 남은 조각이었던 것이죠. 더 중요한 것은, 그것이 다섯 번째 계명의 시작 문구였다는 것입니다. '네 부모를 공경하라Kabed et Avicha veet Imecha…' 그 순간 저의 갈등은 사라졌습니다. 저는 그 순간 이것이 제가 기다리던 하늘에서 온 징조임을 알았습니다. 그래서 바로 저는 부모님과 함께 지내면서 그들의 운명을 공유하기로 했습니다" (Frankl, Personal Communication).

그리고 당연히, 프랭클은 아우슈비츠와 다하우의 강제 수용소로 부모 및 아내와 함께 끌려 갔으며, 3년 넘게 감금되었던 그 끔찍한 시간 동안 영적으로 더 강해졌고, 그를 살게 해주었던 로고테라피의 개발을 완성하게 되었다.

프랭클의 경험 사례와 같이 부모에 대한 자식의 도리를 다하기 위해 노력하는 것은, 어느 정도의 자유와 자신의 행동에 대한 의도적 선택을 보여주는 예이다. 우리는 다른 이의 필요, 예를 들어 부모의 필요를 수용하거나 부인할 자유가 있다. 우리는 '종교적 욕구' – 종교가 있다면 – 에 의해서만 어떤 행동을 하는 것은 아니다. 오히려 우리는 책임에 의해 행동하는 존재다. 만약 어떤 이가 종교적 의무감으로 인해 십계명의 다섯번째 계명(네 부모를 공경하라)을 지키기로 했다면, 그는 하나님에 대한 자신의 신념에 따라 행동한 것이다. 그러나 자녀의 도리를 다하고자 하는 종교적 책임과 로고테라피의 입장에서의 책임에는 중요한 차이가 있다. 후자에서는, 부모 또는 다른 사람에 대한 인간의 의무는 일반적으로 인간 삶에서의 구체적 의미, 즉 의미론적 관점에서만 이해될 수 있다. 개인은 이런 희생이 의미 성취감을 제공하기 때문에, 무능력하게 된 부모의 보호자로서 성인기 동안 오랜 세월을 헌신할 수 있다. 그러한 개인은 '순간의 의미' 또는 개인적 삶의 의미라는 프랭클의 말을 이해할 수 있다.

로고테라피에서는 두 가지 종류의 책임을 구분하여 설명한다. 하나는 외부, 즉 어떤 외적 힘으로부터 우리에게 투사되거나 강요되는 책임이다. 또 하나는 내적인 책임으로, 스스로 자유롭게 취하는 것이다. 이 책임에서는 우리는 선택하는 존재이다. 내적 책임에서는 우리에게 부여된 요구(예를 들어 부모님)를 어떠한 권위에 의해서가 아닌 자신의 자유로운 결정에 의해 받아들인다. 로고테라피에서는, 주어진 상황에 대해 우리의 반응을 자유롭게 선택할 자유가 없는 책임을 전체주의라고 본다. 내적 책임이 없는 자유는 불안, '실존적 공허', 그리고 신경증을 초래하게 된다(Fabry, 1984). 로고테라피에서, 우리는 자신에게, 무엇에 그리고 누구에게 우리가 책임을 느끼는지, 짐을 지기를 원하는지, 희생하기를 원하는지 직접 물어봐야 한다고 본다. 왜냐하면 이런 책임에 대한 동의는 우리 존재의 본질을 나타내기 때문이다.

다음에 다루어지는 내용은 프로이트의 제자이자 나중에는 반대론자였던 카를 구스타프 융Carl Gustav Jung이 12세에 학교에서 당한 사고 사례이다. 그는 사고의 후유증으로 자주 기절했다. 따라서 그의 부모는 그가 기절할 것 같은 느낌이 든다고 하면 너무나 걱정해 그를 결코 집에 홀로 두지 않았다. 그러자 그는 학교에 가기 싫을 때마다 반 년 이상을 이 방법을 이용했다. 그러던 어느 날 그는 윗층의 자신의 방에 있을 때, 아버지가 가까운 친구에게 아픈 아들의 미래에 대해 걱정을 토로하는 것을 듣게 되었다. 융은 그 순간 자신이 번개에 맞은 사람 같았다고 한다. 그 순간부터 그는 자신의 기절을 이용한 꾀를, 심지어 그것이 실제로 일어나 그에게 고통을 주어도, 없애기 위해 노력했으며 학교를 성실히 다니기 시작해 성공적으로 한 학년을 마무리했다. 이 사례는 그가 신경증의 개념을 이해하는 시작점이 되기도 했다.

정신분석과 영적 무의식

'제1 비엔나 정신치료 학파First Viennese School of Psychotherapy'인 프로이트는 인간 행동을 설명하는 통합된 원리들로 이론을 구성했으며, 여기에는 본능 구조, 성격 구조(무의식, 전의식, 의식), 이드, 자아, 초자아의 역동,

성심리 발달 단계(구강기, 항문기, 남근기) 등이 포함되어 있다. 이 이론은 또한 자유연상free association, 카타르시스catharsis, 전이transference, 역전이countertransference 같은 개념에 근거한 치료 양식을 포함하고 있다. 이것들은 무의식의 개념과 관련이 있다.

프로이트의 무의식의 발견을 로고테라피에서는 부정하지 않는다. 정신분석 이론에서 설명하는 무의식은 개인의 즉각적인 인식의 대상이 아니고, 모든 잊혀진 기억과 생각들, 본능적 사고, 억압된 충동, 생물학적 본능, 이드의 자리인 마음 또는 정신구조의 영역을 말한다. 프랭클(1962)은 이 개념을 이론과 실무에 적용했다. 프로이트에 의하면, 억압된 무의식의 문제와 갈등이 다시 의식화될 수 있는 과정은 자유연상이며, 자유연상 과정에서 치료자는 환자 또는 내담자가 어떤 생각과 감정이 마음에 떠오르는지 표현하도록 격려한다. 프로이트의 정신역동 이론과 정신치료 기법을 훈련받은 정신분석가들은 무의식적 동기와 불건강한 방어 기전의 사용과 관련된 환자(내담자)의 표현을 해석하고, 과거 갈등을 이해하고 해결하는 도구로 전이transference(최근의 관계에서 초래된 정서반응이지만 해결되지 않은 과거 경험과 연관된, 프로이트의 개념과 방법)를 사용한다. 성공적인 갈등 해결은 항상성의 상태로서, 이는 "시스템 또는 개체가 안정을 유지하고자 하는 성향"(Barker, 1987, p. 71)이다. 달리 말하자면, 환자 또는 내담자는 불안감과 고통을 주는 경험을 제거하면 더 좋아질 수 있다.

프랭클(1962)은 정신분석적인 무의식 외에도, 두 가지 역할을 하는 영적 무의식noetic unconscious이 있다고 했다. 하나는, 어떤 과정을 한 측면에서 양쪽 측면 모두로 변화시키는 것이다. 즉, 의식적으로 억압된 충동이나 트라우마를 생각해내는 것뿐 아니라 삶의 자연스러운 상황으로 여겨질 수 있도록 기억의 부분을 잊는 것이다. 만약 이 양방향의 과정이 막힌다면, 개인은 그 자신에 대해 과다 숙고hyperreflection를 하게 되고, 의도와 행동을 포함한 자기분석에 사로잡히게 될 것이다. 또한 영적 신경증noetic neurosis에 빠지게 될 수 있다. 무의식에 대한 정신분석적 개념을 로고테라피 개념으로 만든 프랭클의 두 번째 기여는, 그 개념 내에 있는 긍정적 동기들motives을 인식해낸 것이다. 프랭클은 이 긍정적 동기는 창조적 힘과 잠재적 가능성을 가지고 있다고 했고, 자기표현이 가능한 인간의 숨겨진 역량이라고 보았다. 이 영적 무의식의 개념은, 실존적 죄책감existential guilt으로 알려진 현상을 분석함으로써 이해할 수 있다. 무의식적 집착subliminal preoccupation, 불편이나 불만의 내적 경험, 또는 현재 상태와 연관된 불평으로 정의되는 실존적 죄책감은 사람의 정신건강에 영향을 끼친다(Sterning, 1984). 윌슨Wilson·하렐Harel·카하나Kahana(1988)는, '왜 나인가?'라는 불만의 감정에 대응하려고 하는, 홀로코스트의 많은 생존자에게서 이러한 실존적 죄책감이 가장 잘 관찰되었음을 보고했다. 또한 "이런 외상 후의 어려움을 야기하는 특정한 메커니즘은 잘 이해되지 않고 있다. 극도의 스트레스 요인이 심각하고 오래 지속될 때는, 건강과 기능적 역량이 영향을 받을 수 있다. 더 나아가, 극심한 스트레스를 견뎌낸 사람들은 후년에 정도의 차이는 있지만 어떤 사람들은 지속적인 육체적·정신적 장애를 경험할 수도 있다"고 보고했다(Wilson, Harel, & Kahana, 1988, p. 45).

로고테라피는 실존적 죄책감으로 고통받고 있는 내담자들에게 자신의 존재의 영적 차원을 인식하도록 돕고, 삶이 그들에게 요청하는 요구들을 중요한 순서대로 분류하여 우선순위를 매기도록 돕는다.

실존적 죄책감의 개념과 밀접히 연관되어 있는 것은 항상성에 대한 프랭클의 태도이다. 프랭클은, 정신건강을 유지하기 위해서는 어느 정도의 긴장이 필요하다고 본다. 이 긴장은 이미 존재하는 것ontos과 아직 성취해야 하는 것logos 사이의 영적 긴장을 뜻한다. 프랭클은 말한다. "이러한 긴장은 사람의 내면에 존재하는 것이기에 정신적 안녕에 필수적인 것이다. 그렇다면 우리는 인간이 달성해야 할 잠재적 의미를 추구하기 위해 그에게 도전 의식을 갖도록 격려하는 일을 망설여서는 안 된다"(Frankl, 1963, pp. 104-105). 더 나아가 그는 이렇게 말한다. "나는 사람에게 첫 번째로 필요한 것은 평형, 또는 생물학에서 말하는 것처럼 '항상성', 즉 긴장 없는 상태라고 추정하는 것은 정신 위생에 대한 위험한 오해라고 생각한다. 사람에게 정말 필요한 것은 긴장 없는 상태가 아니라 오히려 그에게 가치 있는 어떤 목표를 위해 노력하고 분투하는 것이다. …사람이 필요한 것은 항상성이 아니라 내가 말하는 '영적 역동noo-dynamics'*, 즉 한 축은 이행해야 할 의미로 말할 수 있고, 다른 축은 이행할 사람이 느끼게 되는 긴장의 자기장 안에 있는 영적 역동spiritual dynamics이다"(Frankl, 1963, p. 105).

* 프랭클은 '영적'이라는 단어가 종교적인 의미로 혼용되는 것을 피하기 위해 spiritual 대신, 동일한 의미를 가진 noetic, noo라는 헬라어를 사용했다. – 역주

과거, 현재, 미래에 대한 태도

> 모든 사람에게는 자신의 친구와 나누었던 추억이 있다. 그리고 다른 한편에서는 친구에게조차 나누지 않고 홀로 되뇌이는, 그것도 은밀히 되뇌이는 마음의 문제가 있다. 그러나 그것 외에도 자기 자신에게조차 터놓을 수 없는 문제가 있고, 성공적으로 잘 살아가고 있는 사람들에게도 자신의 마음 속 어딘가에 숨겨둔 문제들이 있다.
>
> –『지하 생활자의 수기』, 도스토옙스키

무의식의 개념과 밀접하게 관련되어 있는 것은 현재 및 미래와 연관되는 과거 사건들의 중요성이다. 프로이트의 성격 이론에 따르면, 우리는 자주 자신의 행동이 과거에 의해 결정된다고 생각할 수 있다. 사람의 내부에서 일어나고 있는 것–즉, 내적 충동에 의해 통제되고, 이 내적 충동은 인식되지 못하고, 꿈, 말실수, 잊었다고 생각한 과거의 사건을 기억하는 능력 등으로 표현되는 것–의 중요성에 대한 프로이트의 관점은, 주요한 과거의 사건이 현재의 행위와 미래에 대한 기대와 예측까지를 결정한다고 본다. 프로이트는 높은 수준의 불안을 야기하거나 수용될 수 없는 생각과 사상, 또는 소망이 의식에서 밀려나게 되는 일차적인 방어 기전인 억압의 개념을 제안했다. 그러나 일단 이러한 생각과 욕구, 또는 소망이 무의식에 존재하게 되면, 이것들은 직접적으로 기억될 수 없지만 다른 위장된 형태로 나타날 수 있다.

억압된 사건들 중에서도 개인에게 가장 어려운 과제는, 억압되었음에도 불구하고 삶에 대한 개인의 태도에 영향을 미치는 트라우마적 사건이다. 실제로, 방어 기제에 대해 더욱 연구하면 할수록 억압 현상은 다양한 실험에서 발견된다. 예를 들면 모로코프Morokoff(1985)는 여성들을 성적 죄책감이 높거나 낮은 두 집단으로 나누고, 그들에게 성적인 비디오를 보여주었다. 그는 그들의 생리적 반응을 기록하는 동시에 그들에게 자신의 성적 흥분의 정도를 보고해달라고 부탁했다. 그는 높은 성적 죄책감이 있는 여성들이 오히려 생리적으로 더 높은 성적 흥분을 나타냈음에도 불구하고, 낮은 성적 죄책감이 있는 여성들보다 성적 흥분이 낮다고 보고했다는 것을 발견했다. 따라서 그는 성적 흥분과 관계된 죄책감이 생리적 각성에 대한 인식을 억압한다는 결론을 내렸다. 에르데이Erdelyi와 골드버그Goldberg(1979)는 억압에 대한 자신들의 연구를 토대로 다음과 같이 말했다. "희망 없이 잊힌 사건이나 기억이 의식의 범주로 되살아날 수 있다는 사실에 대한 상당한 증거가 있다. 실험실에서 더욱 입증하기 어려운 것은 억압의 방어적 기능, 그러니까 정신적 고통을 최소화하기 위해 생각을 의식의 범주에서 억압하려는 노력이다." 또한 그들은 "임상적 관점으로 볼 때 억압에 대한 증거는 압도적이고 명백하다" 고 했다(p. 383-384).

억압된 과거 사건에 대한 탐구, 그 중에서도 특히 아동기와 청소년기의 경험과 관련된 사건에 대한 탐구는 프로이트 정신분석의 주된 과업이다. 이 이론에 의하면, 정신적 기능은 인간이 리비도 또는 성적 본능을 방출하는 것으로 표현된다. 그러나 과거 트라우마와의 연관성 때문에 인간은 본능적 표현의 위험성을 인식하고 결과적으로 불안을 느끼게 되는 갈등 상황에 직면할 수 있다. 이러한 경우, 그는 불안을 경감하거나 완전한 제거를 가져다 주는 방어 기제에 의존할 수 있다 (Pervin, 1989). 현재와 미래의 행동에 대한 프로이트의 입장은 그의 유명한 다음 문장으로 요약될 수 있다. "이드id가 있는 곳에 자아ego도 있다." 그러므로 갈등의 해소는 필연적으로 성장으로 이어진다.

프랭클은, 로고테라피는 미래 지향적이며 과거의 실패와 트라우마에 대한 집착보다는 목표의 성취를 지향한다고 반복적으로 강조한다. 그러나 이는 로고테라피가 과거를 무시한다는 것을 의미하지는 않는다. 이와는 반대로 과거를 긍정적인 관점에서 바라보며 우리 존재에 의미를 가져다주는 행위의 저장고라고 본다. 프랭클은 다음과 같이 말한다. "과거의 모든 것은 일시적인 것에 불과하지 않도록 보존된다. 과거는 돌이킬 수 없게 잊히기보다는 변경할 수 없게 저장된다. 존재했던 것은 존재의 한 형태이며, 어쩌면 그것은 가장 견고한 형태의 존재일 수 있다" (Frankl, 1968, pp. 30-31).

한 실례로, 나는 백혈병으로 18세의 외동딸을 잃은 한 부부를 알고있다. 장례식을 치른 후 그들은 사회적 삶에서 물러나 모든 에너지를 딸에 대한 기억을 보존하는 데 쏟았다. 딸의 방은 (청소할 때를 제외하고는) 결코 손 대는 일이 없었고, 딸의 소지품은 온전한 상태로 유지되었으며, 모든 장난감은 딸의 사진을 중심으로 원을 그리며 놓여 있었고, 딸이 입던 옷들은 깨끗하게 다림질되어 옷장에 걸려 있었다. 부부는 방에 두터운 커튼을 달아 사진들이 바래지 않고 책과 옷이 본래의 광택을 잃지 않도록 그늘 속에 두었다. 이 부부를 아는 이웃 사람들은 그들이 "과거 속에 산다" 고 동정하고는 했다. 그러나 부부는 행복해했고 만족스러워했다. 그들에게 과거란 현재에 의미를 부여하는 것이었다. 하루 일과를 마치고 나면 그들은 집으로 돌아와 죽은 딸과 재회했다. 이러한 삶의 양식은 그들 모두 사망하기까지 지속되었다.

그러나 과거에 영원히 얽매여 있을 필요는 전혀 없다. 과거의 성취와 미래의 가능성은 섬세한 균형을 이루어야 한다. 그 당시에 중요하고 의미 있었던 사랑의 경험, 성취된 소중한 작업, 어려운 이들이나 사회를 위한 봉사 활동 등은 올바른 관점으로 존중되어야 한다. 또한 과거의 현실은 그것이 의미했던 것으로 인해 소중하게 여겨지고, 사람들은 위안과 희망을 위해 과거 경험에 의지하게 된다. 그러나 삶은 현재를 살아가는 것을 요구한다. 다른 모든 것이 한 순간에 상실될 수 있는 것과는 다르게, 과거는 빼앗을 수 없기 때문에 안전하다. 우리는 우리의 줄어드는 힘을 현재에 집중해야 한다. 그러나 동시에 미래에 시선을 두어야 한다. 그 미래가 얼마 남지 않은 고령의 나이일지라도 말이다. 오로지 현재라야만 우리가 과거의 잘못을 고칠 수 있고, 과거의 비행을 뉘우칠 수 있고, 과거의 죄를 속죄할 수 있으며, 지나간 길을 고칠 수 있기 때문이다.

유대교에서는 진솔한 반성을 하는 모든 이는 (사악한 일생을 살고 난 후라도) 다가오는 미래의 세상을 맞이하기에 충분하다고 가르친다(탈무드, Kiddushin 40b). 왜냐하면 가망이 없는 상황이란 존재하지 않기 때문이다. 이 작은 유대식 지혜는, 프랭클이 그러한 사람에 대해 『죽음의 수용소』에서 개인적 기억으로 묘사한 것과 다소 유사하다.

이와 관련해 프랭클이 말한 J 의사의 사례를 보자. 그는 내가 나의 삶 전체를 통틀어 만난 사람 중 유일하게 메피스토펠레스, 즉 사탄의 인물이라고 감히 부를 수 있는 사람이다. 그 당시에 그는 비엔나의 어느 큰 정신병원의 이름을 따서 '슈타인호프Steinhof의 대량 학살자'로 불렸다. 나치가 안락사 프로그램을 시작할 때, 그는 자신의 모든 능력을 활용했고, 자신에게 할당된 업무를 성공적으로 완수하여 단 한명의 정신병 환자도 가스실을 탈출하지 못하도록 했다.

전쟁이 끝난 뒤 나는 비엔나로 돌아와, J 의사가 어떻게 되었는지 사람들에게 물었다. 사람들은 "그는 러시아인들에 의해 슈타인호프의 독방에 수감되었어요"라고 대답해주었다. "그러나 다음날, 감방 문이 열려 있었고 J 의사는 어디에서도 찾아볼 수 없었습니다"라고 덧붙였다. 이후 나는 다른 이들처럼, 그가 전우들의 도움을 받아 남아메리카로 도주했다고 믿게 되었다. 그러나 최근에 나는 전 호주 외교관을 상담하면서 새로운 사실을 알게 되었다. 그는 처음에는 시베리아에, 그다음에는 유명한 모스크바의 루비얀카Lubyanka 감옥 등에 다년간 수감되었던 사람이었다. 나는 그를 신경증적 관점에서 관찰하고 있었는데, 갑자기 그가 혹시 J 의사를 아느냐고 물었다. 그렇다고 대답하자 그가 말했다. "나는 그를 루비얀카에서 처음 알게 되었습니다. 그는 40세 정도의 나이에 비뇨기 방광암으로 죽었어요. 그러나 그는 죽기 전에 최고의 전우의 모습을 보였주었지요! 그는 모두를 위로했고, 성취할 수 있는 가장 높은 도덕적 기준에 도달한 사람이었어요. 그는 나의 기나긴 수감 생활에서 만난 최고의 친구였습니다"(Frankl, 1963, pp. 131-132).

3장

영적 차원

창시자인 프랭클이 발전시킨 로고테라피의 차별성은 두 가지 주요 개념에 기인한다. a) 인간에게는 삶에서 의미를 찾는 존재로서의 직관적 인식이 있다는 것이다. 인간에게는 의미를 찾고자 하는 기본적인 의지가 있는데, 의미가 행동에 대한 주요 동기부여의 힘이기 때문이다. 그리고 사람은 의식이 있는 한 의미를 찾기 위한 자유와 능력 둘 다를 가지고 있다. b) 개인은 세 가지 차원의 합이라는 것이다. 신체 또는 육체적 차원, 정신적 또는 정서적 차원, 영적noetic or spiritual 차원이 그것이다.

총체적 인간 존재의 단일체를 구성하는 세 차원 중 영적 차원은 현대 심리학에서 등한시되어 왔다. 그러나 이 영적 차원은 로고테라피의 기초가 되는 세 핵심 개념을 포함한다. 의지의 자유, 의미에의 의지, 삶의 의미가 그것이다. 사람의 영적 차원은 병들 수 없고, 죽을 수 없고, 공간과 시간의 한계를 넘어 존재하고, 표현을 찾고, 표현을 필요로 한다. 그리고 이 표현을 위한 기회는 삶 자체에 들어 있다. 영적 차원은 삶의 본질을 담고 있다. 이 차원은 우리가 결정을 내리고 선택하는 영역이다(몸과 정신의 한계에 부딪히더라도). 한마디로 요약하자면, 건강의 핵healthy core이다. 영적 차원은 병들 수 없지만, 생물학적 또는 정신적인 질병으로 인해 단지 막힐 수 있기 때문에, 우리의 역할은 막힌 부분을 제거해주고 사람의 영이 그 의무와 과업을 이루도록 하는 것이다.

영적 차원은 로고테라피의 '메디신 체스트medicine chest'와도 같다, 왜냐하면 영적 차원은 삶이 우리에게 가져올 수 있는 질병과 트라우마에 대응할 수 있도록 하는 모든 소중한 인간 영human spirit의 자원들을 가지고 있기 때문이다.

- 의미에의 의지will to meaning
- 삶의 목표와 목적goals and purpose in life
- 창조성creativity
- 사랑love(육체를 넘어서는)
- 양심conscience(초자아를 넘어서는)
- 유머 감각sense of humor
- 과업에 대한 헌신commitment to tasks
- 신념과 이상ideas and ideals
- 상상imagination
- 책임과 반응-능력responsibility and response-ability
- 자기인식self-awareness

- 연민과 용서compassion and forgiveness
- 유한함에 대한 인식awareness of mortality

인간에게는 자신을 고양시키는 독특한 두 가지 능력이 있다고 프랭클은 말한다. 자기와 거리두기self-distancing와 자기 초월self-transcendence이다(Frankl, 1986, p. 290). 첫 번째는 자신으로부터 한 발짝 떨어져서 어떤 증상이든 자신을 밖에서 관찰할 수 있는 능력을 말한다. 두 번째는, 외부 상태와 그 너머로 향할 수 있는 능력을 말한다.

"인간이라는 존재는 자기 자신 외의 존재, 또는 자기 외의 누군가 또는 무언가를 향한, 다시 말해 사랑으로 만나기 위한 다른 존재를 위해 실현하고자 하는 의미를 지향한다. 그렇기에 진정으로 자아 실현적 삶이었는가는 그의 삶이 얼마나 자기 초월적이었는가로 알 수 있다" (Frankl, 1986, p. 294).

"인생의 각 상황은 딱 한 번만 일어나는 일이며, 그 사람의 구체적 사명은 그의 독특함 및 유일성과 비례한다"(Frankl, 1986, p. 42)는 것을 깨달을 때, 비로소 그는 자기의 자유의지와 책임을 느끼고 삶의 질문에 대답할 수 있을 것이다. 살아가면서 우리는 다음 격언을 기억해야 한다. "삶은 우리 주위를 감싸고 흐르는 강과 같다." 삶이 우리에게 제공하는 기회를 취하는 것은 전적으로 그것을 붙잡는 우리의 능력에 달려있다. 즉, 우리의 반응하는 능력에 따라 달라진다. 우리가 시간의 유한성을, 즉 이 세상에 존재할 수 있는 한정된 시간을 인지하게 될 때, 책임은 개인의 의미 충족을 위해 삶이 제공하는 모든 기회를 잡도록 해준다.

'나는~'의 인간적 현실의 전체적 관점은 '나는 해야 한다'의 차원을 필요로 한다. 프랭클(1986-1987)은 이 세상에 존재하는 사람에게는 필수적으로 이 세상에 의미가 있어야 한다는 것을 뜻한다고 했다. 로고테라피는 인간의 생물학적·정신적 측면에, 종교적 의미가 아닌 영적 차원을 더한다. 오히려 그가 '존재에 대한 기본적 신뢰'라고 말한 과정은 이 영적 차원에서 설명된다.

동기부여로서 삶의 의미

나와 함께 늙어가자!
최고의 순간은 아직 오지 않았으니,
내 인생의 마지막, 내 인생의 시작이 만들어진 의미;
우리의 시간은 말씀이신 그의 손에 있으며,
이 모든 것을 그가 계획했으며
청춘은 절반만을 보여주니,
하나님을 믿고 모든 것을 보아 두려워하지 말라.

–로버트 브라우닝

프랭클은, 의미는 모든 상황 아래서 존재한다고 했다. "그 의미는 구체적이고 개인적이며, 개별적으로만 인식될 수 있는 의미이다"(Frankl, 1986, p. xvi). 의미는 창조적이고 경험적인, 그리고 태도적인 가치를 깨달을 때 성취될 수 있다. 프랭클은 "세상에서 가장 큰 불행 중에 있는 사람일지라도, 즉 어떤 행동이나 창조성도 삶의 가치를 가져다주지 못하는, 그 경험조차도 의미를 갖지 못하는 상황에 빠져 있는 사람일지라도, 자신의 운명과 고통을 마주함으로써 인생에 의미를 부여할 수 있다"고 했다. "자신에게 부여된 피할 수 없는 고통을 취함으로써 인간은 고통의 가치를 찾아낼 수 있다"(Frankl, 1986, p. xix).

사람은 의미를 찾거나 인지하거나 수용하지 못하게 될 때 '실존적 공허existential vacuum' 상태에 빠지게 된다. 이 공허는 성취감을 바라게 되어 있다. 의미를 찾음으로써 인생을 살지 못하는 사람은 그 대가를 치르게 된다. 이는 여러 정신적 문제, 즉 실어증, 중독, 공격성 등으로 나타나며, 이 상태가 극에 달하면 프랭클이 말한 '실존적 신경증existential neusosis'에 걸리게 되고, 우울증과 불안에 시달리게 된다.

무의미의 문제에 대해 유사한 입장을 취한 스위스의 정신분석가 구스타프 카를 융은 이런 말을 했다.

> "인생에 있어 의미의 소실은 신경증의 원인에 중요한 역할을 한다. 신경증은 궁극적으로 영혼이 그 의미를 찾지 못함에서 오는 고통으로 이해되어야 한다. 지금까지 보아온 환자 중 약 3분의 1은 명확한 임상적 신경증이 아닌 인생의 무감각과 목적 상실로 인한 경우가 많았다"(Jung, 1954, p. 83).

프랭클은 오늘날 많은 사람에게 자신이 스스로 선택한 과업에 대한 강한 전념과 평생 동안의 헌신이 결핍되어 있다고 주장한다. 그리고 이 결핍은 삶을 통해 과업에 대한 헌신을 보여주는 롤모델이 없음으로 인해 더 심해진다고 했다. 로고테라피는 삶을 과업으로 바라본다. 성찰reflection을 통해서가 아니라 행동을 통해 알게 되는 그런 과업 말이다. 매 순간 우리는 삶의 상황에서 주어지는 의미에 반응하고 그 순간의 잠재적 의미를 현실로 만들라는 요청을 받게 된다. 우리는 삶의 의미가 무엇인지 물어야 되는 것이 아니라 '매 순간 삶이 우리에게 요구하는 것이 무엇인가?'라고 물어야 하는 것이다(Frankl, 1963). 삶은 기쁨이나 힘 또는 사회적 지위를 제공하지 않는다. 삶은 의미를 제안한다. 그리고 의미는 섬기고자 하는 대상, 사랑하는 사람을 위해 자신을 초월하는 것으로부터 온다.

저명한 작가인 알베르 카뮈는 많은 사람이 삶이 더는 살 가치가 없다고 느껴 죽어가는 것을 목격했다. 이러한 이유로 인해 그는 삶의 의미를 찾는 것이 가장 중요한 질문이라는 결론에 다다랐다. 그의 결론은 프랭클의 로고테라피에서 큰 지지를 받았다. 즉, 이것은 의미가 질문의 목적이라는 점, 또는 대답이 필요한 상황이라는 점을 뜻한다. 그리고 이 대답은 직접적으로 주어지지 않는다. 개인은 자신이 던진 질문 속에 감추어진 진정한 의미를 찾기 위해 노력해야 한다. 개인의 특정 상황과 문제에 대한 진정한 답은 하나밖에 없기 때문이다. 다른 답들은 한 개인의 질문에 적합하지 않다. 프랭클이 말하듯이, 로고테라피는 궁극적으로 책임에 대한 교육이며, 그는 이에 대해 다음과 같이 말한다.

> "사람은 삶의 추상적 의미만을 찾아서는 안 된다. 모든 사람은 각자의 삶에 부여된 특별한 소명이나 사명이 있다. 한 개인과 그의

인생은 대체될 수도 반복될 수도 없다. 그러므로 모든 사람에게 부여된 과업은 각자에게 주어진 기회와 그 기회를 수행하는 것만큼이나 유일무이한 것이다" (Frankl, 1962, pp. 108-109).

프랭클의 이 격언은 특히 돕는 전문직과 더욱 깊은 관련이 있다. 고용주와 고용인 사이의 관계를 중재한다거나, 구세대와 신세대 간의 권력과 통제력을 차지하기 위한 대립을 해결하도록 돕는다거나, 나이 든 노동자가 은퇴를 준비한다거나, 사업과 공장의 부와 방향성이 창업자들의 세대에서 (자신의 기량을 증명하기 위해 고군분투하는) 젊은 세대에게 좀 더 자연스럽게 이행되도록 돕는다거나, 술과 약물 남용에 빠진 실직자나 업무 종사자의 관리 문제를 돕는다거나, 업무 수행에 영향을 줄 수 있는 사회 또는 가족 내 상황과 관련된 설문조사를 수행한다거나, 그외 삶의 여러 영역에서 돕는 역할을 하는 전문 직업군이 수행하는 다양한 업무와 깊은 관련이 있는 것이다. 위의 상황들은 모두 돕는 전문직의 예방적 기능과 중재가 매우 필요한 경우이다(Bakalinsky, 1980; Kurzman & Akabas, 1981; Ozama, 1980).

돕는 전문직이 필요한 또 다른 영역은, 안정된 직장을 구하려고 노력했음에도 역량을 벗어난 외부 요인으로 인해 직장을 잃게 된 실직자들을 상담하는 일이다. 이런 경우 노동자들은 주로 실직된 이유를 자기 개인의 무능력 탓으로 돌리는 경우가 많다. 이렇게 자신에게 책임을 전가하는 것은, 특히 가족의 경제적 안정과 직결되어 있는 경우에 정신건강 및 가족과 관련된 문제가 초래될 수 있다. 직업의 상실은 주로 삶의 의미 상실로 직결되며, 이로 인해 실존적 공허로 나타나는 경우가 많다. 이런 경우 프랭클의 로고테라피는, 노동자들이 삶의 의미를 회복하도록 돕는 직업군이 전문적으로 도울 때 특히 가치가 있다(Greenlee, 1990; Rife, 1990).

영적 차원에서 '성공 지향적' 세상은 중대한 역할을 한다. 한 개인에게 성공이 의미하는 것은 중요한 사안이다. 알베르트 슈바이처Albert Schweitzer는 성공한 삶이란, 잘 살았고, 많이 웃었고, 현명한 사람들의 존경과 가난한 사람들의 신뢰와 어린이들의 관심을 얻었고, 자신이 태어난 세상보다 더 나아진 세상을 후세를 위해 남겨주었고, 온힘을 다해 좋은 것을 찾고, 최선을 다해 섬긴 사람에게 주어지는 것이라고 말했다. 이런 사람이라면 의미 있는 삶을 산 것이고, 그의 추억은 축복받을 것이다. 위대한 의사이며 철학자였던 슈바이처의 이러한 진술은 영적 차원의 중요함, 특히 진정한 삶의 의미로서 자기 초월의 개념 그 이상을 증거하는 것이다.

영적 차원은 시인 보나로 오버스트리트Bonaro Overstreet의 글에서 가장 적절하게 표현된다.

> 당신은 당신의 말 만큼 젊거나 늙어 보입니다.
> 당신은 당신의 감탄만큼 젊거나 늙어 보입니다.
> 당신은 당신의 관대함 만큼 젊거나 늙어 보입니다.
> 당신은 당신의 기억이 허락하는 만큼 젊거나 늙어 보입니다.
> 당신은 경이로움과 놀라움을 느끼는 당신의 힘만큼 젊거나 늙어 보입니다.
> 당신은 당신보다 더 위대한 무언가에 대한 봉사 만큼 젊거나 늙

어 보입니다.

—Cited by Hertz, 1990, p. 192.

영적 차원과 정신건강

여기에 유대인 주석midrash이 있다. 노인들에게 영적 차원의 중요성을 보여주는, 아브라함에 대해 언급한 아름다운 구약 성서 이야기이다. 성경 창세기 24장 1절에서, 사라가 죽고 "아브라함은 이제 나이 많아 늙었다" 라고 기록되어 있다. 여기서 생각하게 되는 질문은 왜 '이제' 라고 기록되어 있는가이다. 왜냐하면 아브라함은 사랑하는 아내 사라가 죽기 전에도 나이가 많았기 때문이다. 구약 주석은 설명하기를, 아브라함이 나이가 많았지만 힘은 넘쳤다고 말하고 있다. 하지만 사라가 죽고 나자 "아브라함이 갑자기 늙었다" 라고 기록하고 있다. 사라가 살아있는 동안은 아브라함의 늙은 나이에 대한 방패가 되어주었지만, 그녀가 죽고 나자 아브라함에겐 세월의 풍파에 대한 보호가 남지 않게 되었으며, 문자 그대로 나이가 그를 덮친 것이다.

노년의 나이에 정신적·육체적 건강을 유지하는 방법은 우리 모두에게 영향을 미치는 문제이다. 유대인 지배층들은 주로 이 질문에 대해 다음과 같은 '해야 하는 일'의 목록을 언급하곤 한다. 일할 수 있는 연령을 연장시키거나 은퇴를 없애야 한다든가, 노인들을 사회에 다시 편입시켜야 한다든가, 그들의 자존감과 자주성을 보호해야 한다든가, 그들의 필요에 대해 제대로 된 서비스를 제공해야 한다든가, 공익을 위한 새로운 세대의 공무원을 뽑아 노인들에게 정중한 자세를 갖도록 전통적 가치를 교육해야 한다든가 하는 것들이 그것이다(Jacobovitz, 1988).

하지만 이 '해야 하는 일'의 목록을 보면 우리는 나이 들어간다는 것의 가장 기본적인 부분을 잊고 있다. 나이 들어가면서 자신에게 필요한 것에 대한 태도가 그것이다. 이 필요한 것 중 가장 중요한 부분은 노년기에 삶의 의미를 찾는 것이다. 와이즈만Weisman(1985)은 자신이 영적이라 부르는 이 영역은 이해력의 한계를 초월하지만, 정신적·신체적 건강에 중요한 요소하고 말한다.

영성spirituality은 사람의 내적 자원을 이끌어낸다. 이는 주로 생각과 감정에 관한 것이다. 영성은 한 개인의 정체성을 키우고 지혜를 성장시킬 수 있도록 돕는다. 하지만 제일 중요한 것은, 영성은 사람이 나이 드는 것을 수용할 수 있도록, 다른 사람들과 평화롭게 지낼 수 있도록, 그리고 인생에서 일어난 모든 사건에 책임지도록 도와준다. 나이 들어서도 자신의 영성을 개발할 수 있는 많은 길이 열려 있다. 하시드Hasid의 가르침과 로고테라피 둘 다, 사람들이 자신의 행동을 더 낫게 바꿀 수 있는 방법은 다른 무엇보다 사람의 재도덕화remoralization와 재인간화rehumanization를 지향하는 것에 있다고 가르치고 있다(Guttmann, 1988).

하시드의 가르침에 의하면 모든 것은, 풀 한 포기까지도, 그 맡김받은 천사에 의해 자라난다고 말하고 있다. 우리 모두의 마음속에는 신의 반짝임이 내재화되어(숨겨) 있다. 우리는 모두 진귀한 진주를 품은 조개와 같다. 조개가 품은 진주와 같이 신의 반짝임은 우리 마음에 여러 겹의 단단하고 두꺼운 껍질로 둘러싸여 우리 자신이나 타인이 보지 못하게 되어 있다. 그렇기에 모든 사람은 그 보호하는 껍질을 벗겨내고 마음을 열어, 자신의 영혼에 비추이는 신적 반짝임을 비출 사명을 가지고 있다. 하시드의 가르침은 인간이 세계를 더 좋게 하도록 세상에 보내졌다고 말한다.

존재에 대한 기본적 개념과 영적 차원이 생물학적 차원보다 우위에 있다고 보는 점은 로고테라피와 하시드의 가르침과 유사하다. 둘 다 삶속에서 어떻게 '예yes'라고 말하는지를 가르친다. 또한 어떤 반응을 요구하는 상황에서 인간은 자기 자신을 초월하는 능력을 갖추고 있다고 주장한다. 부버Buber(1963)는 우리가 원하는 변화를 얻을 수 있도록 우리의 마음을 열어주는 여섯 가지 방법을 제시했다.

1. 자신의 마음을 자세히 관찰하는 것
2. 삶에서 자신만의 독특한 방법을 찾는 것
3. 약속을 지키는 것
4. 자신의 필요에서 시작하는 것
5. 자신에게만 몰입되어 있지 않는 것
6. 세상에서 자신이 있어야 할 위치 또는 역할을 이해하는 것

변화하기 위한 이 여섯 가지 방안은 다음과 같은 프랭클의 로고테라피 기본 개념들과 매우 흡사하다.

1. 의지의 자유

2. 의미에의 의지

3. 삶의 의미

4. 의미를 향한 길(동기, 방향성)

5. 자신과 다른 사람을 향한 태도

6. '인생의 3대 비극tragic triad'을 다루는 것

로고테라피는 삶을 과업으로 바라본다. 단순히 성찰을 통해서만이 아니라 행동을 통해 알게 되는 그런 과업 말이다. 우리는 삶의 상황이 제공하는 의미에 반응하고, 그 순간의 잠재된 의미를 현실로 만들라는 부름에 초대되었다.

정신분석에서는 인간을 단지 욕망과 본능에 대한 만족과 감사를 하는 존재로 주장하는데, 로고테라피에서는 그것뿐만 아니라 의미를 달성하고 가치를 현실로 만드는 것에 주된 관심이 있는 존재로 본다(Frankl, 1962, p. 103). 사실, 로고테라피는 전통적으로 사회를 하나로 단결시키던 가치들의 결핍에 대한 반응으로 볼 수도 있다. 그러나 분명한 것은, 로고테라피의 프레임 안에서 '영적인spiritual' 것은 종교적인 것을 암시하는 것이 아니라 특별히 인간 존재의 차원을 의미한다(Frankl, 1986, p. xvii).

의미는 많은 방법으로 발견할 수 있다. 로고테라피에서는 삶의 의미를 찾는 데 12개의 길이 있다고 말한다.

1. 행위, 활동, 또는 창조적인 사업을 함으로써

2. 가치를 경험함으로써

3. 고통받음으로써

4. '상징적 성장symbolic growth'을 경험함으로써

5. (자신을) 발견함으로써

6. 선택함으로써

7. 경험함으로써

8. 책임을 느낌으로써

9. 자기 초월적 경험을 함으로써

10. 죄책감을 경험함으로써

11. 통증을 경험함으로써

12. 죽음에 직면함으로써

삶에서 의미를 찾는 위의 12개의 길은 다음의 장들에서 자세히 설명될 것이다. 여기서는 프랭클(1985)이 『삶의 의미를 찾아서The Will to Meaning』에서 핵심 가치로 처음 언급한 세 가지 가치에 대해 설명하겠다.

첫 번째 가치는 '행위를 하는 것'인데, 이는 매우 명백한 것이다. 어떤 성취나 달성은 창조적 가치creative value의 증거로 볼 수 있으며, 또한 사람이 이 세상에서 자신의 창조성을 발휘하는 행위의 증거로도 볼 수 있다. 그가 속해 있는 인류, 사회, 단체, 가족 등을 위해, 그리고 더 나은 미래를 위해 발전적이라면, 이 행위가 삶의 어떤 영역에서 이루어지는지는 중요하지 않다.

두 번째, 경험적 가치experiential value는 사람이 다른 사람들과의 만남을 통해 경험하는 것들, 또는 그가 이 세상으로부터 얻는 것들을 말

한다. 이 가치들은 세상을 수용하면서 깨닫게 된다고 프랭클은 말한다. 예를 들어, 자연 또는 예술의 아름다움을 경험할 때가 그렇다. 프랭클(1986)은 "삶에서 절정에 이르는 경험은 삶이 의미 있음을 말해주고, 매 순간은 삶 전체를 의미 있는 것으로 넘치게 할 수 있다"고 주장한다(p. 44).

그리고 세 번째, 태도적 가치attitudinal value는 사람이 곤경이나 바꿀 수 없는 운명을 피할 수 없는 고통에 직면하게 되었을 때 갖는 태도를 말한다. 프랭클에 의하면, 바뀌지 않는 운명을 향한 사람의 태도는 매우 중요한 것이다. 그는 자신의 저서에서 이렇게 말한다,

> 이런 태도적 가치는, 사람이 단지 수용하는 것 외에 다른 방법이 없는 운명에 처할 때 깨닫게 된다. 고통을 받아들이는 방법, 자신의 십자가를 참아내는 방법, 고통 속에서 가졌던 용기, 불행과 재난 속에서도 보여준 존엄성 등이 인간 달성human fulfillment의 척도이다(Frankl, 1986, p. 44).

순간적 의미

삶의 문제는 일상에서 피할 수 없는 한 영역이다. 매 순간 우리는 여러 방면에서 결정하도록 요구받는다. 이 중 몇 가지는 매우 간단한 문제들이지만, 반면에 다른 문제들은 개인, 가족, 사회에까지 복잡하고 중대한 영향을 미치는 경우도 있다. 그러기에 인생은 생존을 보장받기

위한, 또는 이 지구상에 사는 동안 만족을 얻기 위한 끝없는 결정의 사슬로 보일 수 있다. 우리가 하는 결정 중 대부분은 거의 별 생각없이 자동적으로, 일상의 습관처럼, 또는 조건반사처럼 행해진다. 그러나 어떤 결정은 심사숙고를 해야 하며, 심지어는 통증과 고통까지도 요구한다. 일반적으로 현재나 미래에 더 큰 영향을 끼치는 결정일수록 그 결정에 더 많은 어려움이 따른다.

삶에서 각 상황은 다 특별하다. 이는 다른 사람이 대신할 수 없다. 세상의 그 어떤 사람도 나의 삶이나 문제를 대신할 수 없다. 우리는 우리 모두에게 특정한 요구와 필요를 충족하는 것뿐만 아니라 의미 추구를 위한 기회가 주어진 역사적 시대에 살고 있다. 우리가 살아가는 매 순간, 특히 어떤 결정을 해야 하는 상황을 마주하는 매 순간은 우리에게 어떤 의미 발견을 위한 기회를 제공한다. 하지만 '삶의 부름'에 응답하거나 응답하지 않는 것은 오로지 우리에게 달려 있다. 그리고 (「전도서」에 언급된 바와 같이) 우리가 반응하는 방법(삶의 부름에 반응하는 여부에 따라 우리 존재의 의미를 찾는 특별한 기회를 이용했는지 놓쳤는지, 또는 우리의 삶이 '허영심으로 가득 찼는지' 그리고 우리의 존재가 정말로 '동물과 다를 바 없었는지')에 따라 결정될 것이다.

더 나아가 순간적 의미는 매 시간 사람마다 다르다. 같은 상황이라도 관련된 상황에 따라 사람들에게 다른 의미가 있을 수 있다. 상황 자체는 같지만, 사람마다 의미가 다르다. 따라서 각 사람은 같은 상황이라도 자신이 지켜보는 연극처럼 또는 자신이 처한 환경과 같이, 자신의 인식, 필요, 감정, 이해에 따라 그 상황을 다르게 투사한다. 그리고 우리의 과업은 특정한 상황이 우리에게 주는 특별한 의미를 찾는 것이다.

의미를 향한 의지는, 우리의 존재에 주요하고 기본적인 잠재의식적(subconscious, 전의식적) 동기 부여의 힘이다. 우리가 다루어야 하는 매일의 과업과 문제는 의미를 찾을 수 있는 많은 기회를 제공한다. 가끔은 사소한 것들 뒤에 의미 달성을 위한 큰 기회들이 숨어 있다. 이 기회들은 숨겨져 있는 것처럼 보이지만 분명히 존재한다. 예를 들면 이런 것이다. 내 친구 중 한 명이, 히브리어 선생을 하다 은퇴한 어떤 여성에 관한 이야기를 해주었다. 그녀의 일주일 일과 중 정기적으로 하는 일 중의 하나는, 유럽 홀로코스트의 생존자이고 이제는 불치병으로 병원에 입원해 있는 그녀의 삼촌을 방문해 그의 활력을 북돋아주는 것이었다. 그녀는 삼촌이 더는 '쾌활한 기분'을 가지는 것에 관심이 없었기 때문에 이 '불가능한 과제'에 대해 염려하고 있었다. 삼촌의 병실이 있던 동일한 병동에는 다른 환자들도 있었다. 이들 중 한 명이 간호사들에게 구체적인 불만을 제기했다. 그는 새로 이민 온 러시아인으로, 히브리어를 할 수 없었다. 그에게 밥을 먹이는 일은 무엇보다 힘든 과제였는데, 이 불쌍한 환자는 자신의 의사를 표현할 수 없었기 때문에 매번 큰 소리의 러시아어로 욕설을 하는 것으로 끝이 났다. 그는 이 병동의 간호사들에게 '문제 환자'였고, 모든 간호사는 그의 식사 시간이 되면 다른 일을 찾기에 바빴다. 어느 날, 이 은퇴한 선생은 병동에서 러시아 이민자에게 매일 벌어지는 '실랑이'를 우연히 보게 되었다. 그녀는 이 러시아인을 어린 시절부터 알아왔기 때문에, 그의 식사를 돕는 일에 자원했다. 얼마 지나지 않아 환자의 병실에서는 큰 웃음소리가 들려왔고, 간호사들은 놀라움을 금치 못했다. 통역이 가능하게 되어 환자가 자신의 모국어로 말할 수 있게 되었을 때 그는 완전히 다른 사람이 되었고, 결과적으로 간호사들에 대한 태도 역시 좋게 바뀌었다. 그러나 이러한 변화가 가능했던 것은 은퇴한 선생의 역할이었다. 그날 이후로 그녀는 이 환자를 정기적으로 방문하기 시작했고, 두 사람은 친구가 되었다. 그녀에게 그 순간의 의미는 삶의 의미가 되었다.

돕는 전문직군에서는 그들의 직업을 내담자의 의사 결정을 돕는 전문직군으로 인식하도록 교육받는다. 그들의 전문적 중재는 내담자가 삶의 요구조건에 매일 적응할 수 있도록 함께 노력하는 것을 포함한다. 내담자의 참여, 자기 결정, 그리고 자신의 기능과 자아 존중감을 향상시키는 결정에 도달하는 선택을 극대화하는 것은 이 직업의 명예로운 가치들이다.

내담자가 문제에 관련해 가장 맞는 결정에 도달하도록 돕는 것은 가치와 기술을 합친 것 이상이다. 이는 그 자체가 예술이다. 하지만 경험이 풍부한 전문직 종사자도 결정을 하기까지는 많은 윤리적 딜레마가 있다. 이는 주로 다음과 같은 선택과 관련된다. 예를 들면, 누구의 권리가 먼저인가? 내담자인가, 가족인가, 회사인가, 개인인가, 단체인가? 동시에 이 딜레마에는, 각 선택이 가지는 의미 또는 개인에게 가치 있는 대안alternatives의 비중을 헤아려 볼 기회가 포함된다.

이에 대한 실례로서, 약사이며 로고테라피 내담자였던 바브 슈타이들Barb Steidl은 이렇게 기술한다.

나는 아버지를 향한 나의 분노가(분석이 이를 더 보강해주었다) 비생산

> 적인 증오만 갖게 할 뿐이라는 것을 알게 되었다. 나는 화해를 생각하기 시작했지만 곧 의욕이 꺾였다. 왜냐하면 단지 문자로만 연락하던 지난 10년 동안 아버지와 더욱 더 거리감만 생겼기 때문이다. 로고테라피는 내게 용서의 잠재적 의미를 보여주었다. 나는 아버지가 노년에 쉽게 바뀔 수 없다는 것을, 하지만 그를 향한 나의 태도를 바꿀 수 있다는 것을 보았다. 나는 이것이 그와 나 사이의 대화의 문제가 아니라 나의 감정과 양심 사이의 문제라는 것을 알게 되었다. 나의 감정은 (어쩌면 이성과 함께) 아버지를 거부했지만, 나의 양심은 용서를 간구했다(Steidl, 1985, p. 87).

부모에 대한 자식의 책임은 자주 서로 상충하는 감정으로 인한 고통이 동반된다(Guttmann, 1990). 누구의 행복이 먼저인가 – 부모인가, 배우자인가, 아니면 자녀인가 – 는 오랜 딜레마이다. 어떠한 태도를 취하든, 이 문제에 대한 해결책은 늘 우리의 양심과 직면해야 하는 과정을 수반한다. 여기서 양심은, 프랭클이 말하기로는, 본질적으로 축소될 수 없는 것이다.

프랭클은 언젠가 국제적으로 저명한 한 정신분석가의 강연을 듣고 그와 대화를 나누었던 경험을 자주 언급하고는 했다. 이 정신분석가는 양심의 존재를 부정하면서 프랭클에게 이 양심이라는 것이 무엇인지 물었다. 프랭클은 양심이야말로 그 정신분석가가 이런 훌륭한 강연을 할 수 있게 한 원인이라고 대답했다. "이 말에 그는 분개하여 나에게 소리 질렀다 '그것은 사실이 아니오. 나는 내 양심으로 인해 이 강연을 한 것이 아니고, 나의 나르시시즘을 만족시키기 위해 한 것이란 말이오'"(Frankl, 1986, xxvi).

실제로 어떤 특정한 상황에서 행동을 하기 위해 필요한 한 가지를 알려주는 것이 양심이다. 이것이 바로 '순간적 의미'이다. 이 한 가지는, 즉 '그래야만 하는' 이 독특한 한 가지는 이성적인 용어나 보편적인 법으로는 이해될 수 없다. 이것은 오로지 직관적으로만 경험될 수 있다. 이것은 우리의 내적 목소리이자 내적 모니터이며, 내적 평화를 위해서는 양심의 소리에 집중하고 주의를 기울일 필요가 있다. 양심이야말로 한 개인이 어떤 상황의 의미(순간의 의미)를 그 자체의 유일함으로 인식하게 하는 능력이다. 양심에 의해 예상된 유일함은 그 순간 개인이 충족해야 할 독특한 필요나 요구를 말한다(Frankl, 1969, p. 19). 이 능력은 불치의 암에 걸린 아버지를 임종까지 요양원에서 돌보도록 할지, 집에서 보살필지의 문제와 같은, 확고한 결정을 해야 하는 상황에서 최대한으로 이용될 수 있다(Yoder, 1985).

루카스는 자신의 저서 『의미 있는 삶Meaningful Living』(1986)에서, 모든 결정에는 그에 상응하는 대가가 따른다고 말한다. 우리는 어떤 가치에 중점을 둘지 결정해야만 한다. 우리는 우리 자신에게 물어야 한다. '우리의 결정에 몇 사람이 영향을 받을까?' 모든 결정은 장점과 단점을 수반한다. 이는 토론의 장에서 거론될 수도 있고 단순하게 헤아려질 수도 있다. 이를 통해 우리는 가장 적합한 결정에 도달할 수 있다. 순간의 의미는, 우리의 기억 창고에 안전하게 저장되어 있는 과거의 성취와 성취되기를 기다리는 미래의 잠재성 사이에 놓인다. 이것은 임시적인 것으로서, 반복될 수 없고 미루어질 수 없으며 지연될 수 없다. 좋든 싫든 삶은 우리에게 이를 강요한다. 잠재성의 의미는 주어진 상황에서 늘 존재한다. 따라서 우리는 그것을 발견하도록 요구 받고, 그것을 깨닫기 위해 행동해야 한다.

초의미 또는 궁극적 의미

프랭클의 딸이 여섯 살이었을 때, 그녀는 아버지에게 물었다. "우리는 왜 좋으신 주님에 대해 이야기하나요?" 프랭클이 대답했다. "몇 주 전 너는 홍역으로 인해 고통스러워 했다. 그리고 좋으신 주님이 너를 완전히 낫게 하셨지." 하지만 어린 딸은 대답에 만족하지 못했고 다시 질문했다. "하지만 아빠, 제발 잊지 마세요. 주님은 그 전에 먼저 홍역을 제게 보내셨어요"(Frankl, 1962, pp. 118-119). 프랭클은 이 사랑스러운 에피소드를, 내담자의 이해력에 한계가 있을 때 의사가 내담자에게 만족할 만한 답을 제시하기 어려운 하나의 실례로 이용한다.

프랭클(1962)은 '인간 세계 그 너머의 세계, 인간 고통의 궁극적 의미에 대한 답을 찾을 수 있는 세계'(p. 118)를 믿는 철학자 중 한 명이다. 그렇기 때문에 그는 로고테라피에서 다른 차원에 대해 이야기한다(생물학적, 정신적, 그리고 영적 차원에 더해). 이 차원은 궁극적 의미ultimate meaning 또는 초의미suprameaning라고 불린다.

'궁극적 의미'는 추상적 개념이라 이해하기 어렵지만 분명히 실재한다. 우리는 그저 세계에 – 우리 행성 지구와 그 너머의 무한한 공간에 – 어떤 질서가 있다는 것을 확인하기 위해 자연과 우주를 둘러보기만 하면 된다. 이 질서는 어떻게 생겨났는가? 어떻게 작용하는가? 이는 지구인들의 삶에, 그들의 개인적이고 상호적인 운명에 어떻게 영향을 주는가? 이러한 질문은 가장 위대한 철학가, 사상가, 인본주의자, 심리학자들이 물어왔고, 앞으로도 한 세대에서 그다음 세대까지 물을 것이다. 어느 누구도(그가 선지자가 아닌 이상에야) 이러한 초의미를 직접 눈으로 본 사람이 없기 때문에 어느 누구에게도 진정한 답은 없다. 그러나 삶은 우리에게 그 특별한 차원의 존재를 재차 확인하게 하는 초현실적인 무엇인가를 경험하는 기회를 제공한다. 매슬로우(1964)는 이러한 경험을 '절정 경험'이라고 부른다. 사람들은 자연의 경이를 엿볼 수 있는 찰나의 순간에 기뻐서 어쩔 줄 모를 감정과 말로 형용할 수 없는 아름다움을 느끼는 등의 경험을 할 수 있다. 이런 순간들은 어떤 이에게 음악, 다른 이에겐 미술, 그 밖의 이들에게는 자연을 통해 주어진다. 이것이 바로 우리가 '천부적 재능'(예를 들자면 모차르트나 베토벤의 음악에서와 같이)에 대해 말하는 이유이다. 또는 이것은 다른 인격체와의 참만남 encounter의 결과일 수 있다. 이 모든 상황에서 우리는 세계를 움직이는 거대한 힘 또는 질서에 대한 찰나의 통찰을 줄 수 있는 득의, 경이를 느낀다.

프랭클은 모든 사람이 신체적 또는 정신적 세계를 넘는 의미가 있다는 것을 완전히 이해하지는 못한다는 것을 알고 있다. 그러므로 그는 현재 우리가 이용할 수 있는 과학적 방법으로 이해할 수가 없다는 것을 전달하기 위해 궁극적 의미 또는 초의미의 개념을 사용한다. 그럼에도 불구하고, 신을 믿지 않는 사람들도 그런 초인간적 차원이 존재한다는 것을 알고 있다.

프랭클은 이렇게 말한다. "초의미에 대한 믿음은 – 철학적인 개념에서든 아니면 종교적 의미의 섭리에서든 – 분명히 가장 중요한 정신치료적·정신위생적 중요성을 갖는다. 내적 강인함으로부터 오는 순전한 신뢰와 같은 이런 믿음은 인간의 활력에 헤아릴 수 없을 정도로 보탬이 된다. 궁극적으로 이런 신뢰에는 아무것도 의미 없는 것이 없다”(Frankl, 1986, p. 32).

종교적인 사람이라면 궁극적 의미가 절대자에게 확립되어 있으며, 이는 치료 과정에서 고려되어야 할 필요가 있다. 그러나 이를 실행하려면 치료자는 자신을 내담자의 상황에 두어야 한다. 이는 쉬워 보이지만 실제로 행하기가 어렵다. 이러한 상황에서 내담자의 믿음과 연관된 주요 쟁점에서 임기응변할 수 있는 치료자의 능력은 매우 중요하다.

어떤 사람이 절대자를 믿거나 믿지 않거나의 문제는 개인적인 문제이며 개인적인 가치이다. 그러나 전문가에게는 세계를 바라보는 관점, 그 또는 그녀에게 안정감을 주는 세상에 대한 기본적인 인식을 체계적으로 나타낼 필요가 있다. 더 나아가 돕는 전문직에 종사하는 사람들은 이 분야의 필수적인 부분인 가치들을 내재화해야 한다. 이런 가치들은 때때로 개인적 가치와 유사하거나 동일해 보일 수 있지만, 개인적인 가치와 직업적인 가치가 서로 상충하는 경우도 분명히 존재할 수 있다. 이러한 경우 돕는 전문직은 가치 갈등의 상황에 봉착하게 된다.

돕는 전문직의 기저가 되는 가치는 종교적인 동기에서 시작되었다고 본다. 이는 서부 세계의 ‘유대-그리스도교적 유산’에 그 기원이 있다. 고통을 겪고 있는 이들을 돕고, 가난하고 고통받는 이들에게 도움과 지지를 제공하고, 사별한 이들을 위로하는 것을 모든 인간의 종교적·도덕적인 의무라고 성서는 역설한다. 불우한 이들을 돕는 이 의무는 간단히 말하자면 '그의 재력에서 비롯된 것으로부터 그의 필요에서 비롯된 것으로'라는 의미의 사회 정의의 개념에서 비롯된다. 두 개의 히브리 단어, 자선tzedakah과 사랑이 담긴 친절hesed은 때때로 이 법의 의도를 함축하기 위해 이용된다. 전자는 그 무엇 또는 주어진 무엇의 요소 또는 주어져야 하는 필요를 의미하는 반면, 후자는 나누는 방법을 의미한다. '사랑이 담긴 친절'이 없는 자선은 무미건조하고 냉정하며, 인간적인 요소 또는 인간성의 표현이 결여되어 있기 때문이다.

돕는 전문직업군의 업무 수행에서는, 단순하게 내담자들이 전문가와는 상이하게 다른 폭넓은 배경과 종교, 그들만의 가치를 가질 수 있는 까닭에 개인적 가치를 사회적 가치 및 전문적 가치와 분리할 필요성이 있다. 따라서 가치는 치료자에게 요구되는 지식과 기술만큼이나 돕는 전문직의 업무에 중요하다. 이것이 다른 어떤 직업군에서보다 돕는 전문직이 가치에 중점을 두어야 하는 이유이다.

전문적 가치는 수년에 걸쳐 발전되고 개선되어온 윤리강령에 명시되어 있다. 내담자, 고용주, 동료, 전문직 등 사회와의 관계에서 윤리강령은 돕는 전문직의 행동에 영향을 미치는 주요한 쟁점을 포함하며 돕는 전문직군을 위한 지침으로 작용한다. 다음과 같은 윤리강령의 문구들은 돕는 전문직 분야의 가장 기본적인 가치를 묘사한 것이다.

돕는 전문직의 윤리적 행동은 법칙에서 비롯되지 않고 개인에 대

> 한 그들의 개인적인 헌신에서 비롯된다. …돕는 전문직은 내담자를 헌신, 충성심, 확고함, 전문적 기술, 유능함 등을 최대화하여 돌봐야 한다.

> 돕는 전문직은 인종, 색, 성별, 성적 취향, 나이, 종교, 국적, 혼인 여부, 정치적 신념, 정신이나 신체적 장애, 또는 다른 어떤 선호나 개인적 특성, 상황, 또는 지위에 의한 어떠한 형태의 차별을 토대로 치료하거나, 묵인하거나, 용이하게 하거나, 협력해서는 안 된다.

> 문화적 집단은 구성원을 결속하는 중요한 것으로 특정 행위에 대한 가치나 표준을 정립하는 경향이 있다. 이 가치와 기준은 내재화되고 정신적 토대가 되며, 그것의 존재가 자주 인지되지 못한 채 한 사람의 태도, 감정, 생각, 행위의 일부가 된다. 유능한 돕는 전문직은 내담자의 태도나 행위를 자신의 개인적 가치관을 토대로 재단하지 않는 법을 배워야 한다.

내담자의 가치와 태도에 대한 판단을 삼가는 것만으로는 내담자를 고통에서 벗어나게 해주거나 위로해줄 수 없다. 유능한 돕는 전문직은 내담자의 가치관에 들어가려는 의식적인 노력을 해야 하며, 영적 문제를 해결하기 위해 그 기원이 되는 책임과 합리적인 방법으로 내담자의 가치관에 관심을 기울여야 한다. 프랭클은 이 문제를 홀로코스트에서 첫 아내와 여섯 명의 자녀를 잃은 한 랍비의 사례에서 진술했다. 이 랍비는 자신의 두 번째 아내가 불임이기 때문에 자신이 죽은 뒤 카디시Kaddish, 즉 죽은 이를 위한 유대식 기도를 할 아들이 없으리라는 사실에 절망하여 프랭클을 찾아왔다. 프랭클이 그에게 천국에서 자녀들을 보고 싶지 않느냐고 묻자 랍비는 눈물을 흘리며 고백했다. 그가 절망한 진정한 이유는 죄인인 자신이 순교당한 자녀들과 동일한 곳에 가도록 지명되지 못할 수 있다는 두려움에서 비롯되었다는 것이다. 프랭클이 랍비에게 물었다.

> 랍비여, 이것이 바로 당신이 자녀들보다 더 오래 살게 된 이유라고 생각하지 않으십니까? 이 수많은 세월을 지나 고통을 통해 당신이 정결하게 되어, 종국에는 당신까지, 물론 당신의 자녀만큼 순결하게는 아닐지라도, 천국에서 그들과 동참할 자격이 되었을 수도 있다는 것 말입니다. 시편에 하나님께서 당신의 모든 눈물을 기억하신다고 기록되어 있지 않습니까? 따라서 당신의 고통은 어느 한 부분도 헛되지 않을 수 있습니다(Frankl, 1962, p. 120; 시편 56편, 8편).

이 연로한 랍비는 프랭클이 그에게 제시한 새로운 관점을 통해 처음으로 자신의 고통에 대한 위안을 얻었다.

삶의 의미, 순간적 의미, 초의미는 우리 존재의 영적(종교적 의미에서가 아닌) 차원의 부분이자 구획이다. 또한 이것은 우리의 생각, 감정, 행동을 지도하는 가치들을 포함한다. 이 영적 차원은 한 사람을 총체적 존재로 통합하는 주요한 요소이다. 따라서 우리가 만약 진정으로 개인, 단체, 그들의 안녕에 관심이 있다면, 그리고 우리가 다루고 있는 문제가 그 본질에 있어서 영적인 것임이 분명해지는 경우에, 일반적으로 받아들여지는 돕는 전문직의 가치들에 더해, 영적 차원에 대한 로고테라피적 관점과 기법의 적용에 대해 알아야 한다.

4장

인간의 3대 비극 : 죄책감, 고통, 죽음

> 어쩌면 다른 어떤 분야보다, 이 치유의 새로운 과학은 우리로 하여금 마음, 몸, 영을 하나의 통합된 체계로 바라보게 할 뿐 아니라, 더 나아가 우리가 지금까지 꿈꿔오기만 했던 잠재력과 가능성을 지닌 인류로 나아갈 수 있게 할 것이다.
>
> —O'Regan, 1987, p. 28

칼슨Carlson과 뉴먼Newman의 『건강에 대한 쟁점과 동향Issues and Trend is Health』(1987) 서문에서, 노벨상을 수상한 의사인 조너스 소크Jonas Salk 박사는 이렇게 말한다.

> 질병의 조절과 치료에만 몰두하지 않고 건강의 유지와 향상에도 관심을 기울이는 선진화된 국가들을 통해 볼 때, 우리 인류는 아

> 주 새롭고 흥미로운 인간 진화의 시대로 들어섰습니다(p. vii).

사회적, 정신적, 신체적 건강의 확립과 유지, 그리고 지속적인 발전에 몰두하고 전념하는 대부분의 돌봄 전문직에서는 건강에 대한 총체론적인 개념을 지지한다.

미국의 유명 작가인 노먼 커즌스Norman Cousins(1987)는 건강 관리에 있어 돕는 전문직종들의 공통적인 역할에 대해 다소 명쾌하게 설명하고 있다.

> 환자의 감정적 필요와 삶의 질에 대해 관심을 가지는 것, 환자가 어려운 도전에 직면했을 때 자신의 내적 자원을 동원할 수 있도록 돕는 것, 환자가 최선을 다할 수 있는 환경을 만들어주는 것, 공포감과 무력감의 감정을 표현하도록 돕는 것, 가족과 친지의 필요를 염두에 두는 것–이 모든 것은 신체적 문제를 포함해 심리사회적이고 영적인 요소들의 주제 범주에 포함된다(p. 7).

돕는 전문직과 건강돌봄

오늘날 돕는 전문직군은 건강관리 서비스의 소비자들이 주어진 상황에서 어떤 도움을 기대할 수 있을지 알도록 해야 한다. 다시 말해, 질병이나 재해, 사고, 또는 다른 어떤 재난으로 인해 삶이 뿌리채 뽑히고 파괴된 사람들을 위해, 세심한 신체적, 정서적, 영적 도움을 제공하는 돕는 전문직군의 고유한 역할이 명확히 설명되어야 한다. 환자들은 자신의 고통에서 새로운 의미를 찾고, 무너진 삶을 다시 일으켜 세우고 재창조하는 크나큰 과업을 해나갈 때, 돕는 전문직들이 자신을 돕기 위해 곁에 있음을 알아야 한다. 수많은 건강관리 환경, 예를 들면 종합병원, 개인의원, 양로원 또는 요양원, 그리고 병으로 외출할 수 없는 이들이나 장애인들의 가정 등에서 돕는 전문직들은 매우 성공적인 건강돌봄 서비스 제공자가 될 수 있다.

오늘날 많은 전문직종의 각 분야는 환자 돌봄을 위한 총체적 접근에 기여하는 고유의 역할을 하고 있다는 점이 점차 인정되고 있다. 임상적인 표현으로는, 환자의 성향과 회복 기간, 중증도, 생물심리사회적 요소 등에 의해 어떤 전문직종이 관여할지 결정된다는 것이다. 각 팀의 구성원들은 질병에 대해 합의된 정의를 사용하고, 환자를 치료할 때 기능적 접근을 채택해야 한다.

팀에 대한 각자의 전문성과 역할을 명확히 하는 것은 치료의 효율성을 증대하고, 특히 의학적 접근이 다소 제한된 경우에 마찰을 최소화한다. 예를 들면, 암 병동에서 일하는 의료진을 포함한 사회복지사, 심리상담자, 성직자 등 돕는 전문직은 환자와 가족에게 주된 건강돌봄 제공자들이다. 특히 진행성 및 말기 환자 돌봄 영역에서 환자를 돌보는 일은, 신체적 돌봄은 물론이고 암 진단으로 인한 심리사회적 문제를 동시에 고려하는 방향으로 진행되어야 한다는 전제를 근거로 행해진다. 암은 단순히 질병의 제거가 아닌 기능의 유지와 삶의 질 향상을 기대하게 되는 대표적 질병 중 하나이기 때문이다. 삶에 대한 위협, 신체 통합성, 자기개념과 정서적 안정, 그리고 새롭게 변화된 신체적·사회적 환경을 개선하고 적응해야 하는데, 이는 의사의 능력과 관심 이상의 서비스 제공을 요구한다(Black, 1989). 암의 경제적·정신적 영향, 가족의 영향, 그리고 사회적 영향은 의료체계 내에 있는 돕는 전문직들이 암환자 돌봄에 중요한 역할을 하는 전문직종이 되게 한다. 암환자와 가족이 질병 및 그 결과와 관련된 새로운 의료 용어에 적응하도록 도와주는 것, 감정적 트라우마를 극복하도록 돕는 것, 그리고 일상 생활의 관리와 의사결정 과정을 돕는 것은 모두 돕는 전문직 분야의 업무다. 암 발생으로 인한 영향은 복합적이기 때문에 전문인들은 환자에게 자율권 부여empowerment, 자기 결정, 환자의 개성, 삶, 선택의 자유 등을 존중하는 것이 중요함을 보여주어야 한다. 따라서 돕는 전문직들은 '인간의 3대 비극tragic triad'에 대한 로고테라피의 개념에 대해 알고 있어야 한다.

인간의 3대 비극

통증, 고통, 죄책감, 죽음 등은 돕는 전문직업군의 구성원들에게 낯선 개념이 아니다. 그들은 인간 존재가 경험하는 이러한 비극적 요소들이 다양한 형태와 힘으로 나타나는 상황에 대처하는 데 익숙하다. 아무도 삶에서 어느 정도의 통증과 죄책감에서 벗어날 수 없으며, 영원히 살지 못하는 것은 물론이다. 이것은 환자 또는 치료자, 지배하는 사람 또는 지배받는 사람, 부유하거나 가난한 것에 상관없이 경험하는 일이다. 유일한 차이점이라면, 지구에서의 운명을 상기시켜 주는 이러한 요소들을 마주하는 자세와 그 운명에 대해 취하는 태도이다.

아프리카 오지에서 의료 활동을 하고 노벨상을 받은 위대한 의사이자 인도주의자였던 알베르트 슈바이처는 엄청난 고통을 감내한 사람들 사이에는 형제애가 존재한다고 말했다. 그리고 이러한 사실은 백인이든 흑인이든 관계가 없다고 했다. 질병과 질환은 인종을 구별하지 않고 동일하게 고통을 주는 까닭이다. 모든 인간은 동등하게 고통이라는 끔직한 힘에 지배당한다. 이 고통의 형제애를 공유하는 이들은 특정한 인장으로 구분된다. 이 인장은 육안으로는 확인할 수 없지만, 굉장한 불안감과 극심한 신체적 고통을 겪은 이들을 하나로 결속되게 한다. 슈바이처는 다음과 같이 말한다.

> 고통으로부터 자유로워진 어느 누구도, 자신이 이제 자유로우며 아무 일도 없었던 것처럼 여생을 살아갈 수 있다고 생각해서는 안 된다. 그 고통에 대해 알게 된 만큼, 이제는 자신의 모든 힘과 능력을 최대한 활용해 이 고통으로부터 벗어나려는 사람들을 도와야 할 차례다. 그 자신은 이제 자유롭게 되었으므로(Schweitzer, 1974, p. 322).

고통에서 비롯된 형제애의 의미에는, 슈바이처가 자서전 『나의 생애와 사상Out of My Life and Thought』의 맺음말에서 말하듯이, 격동의 시기를 겪고 있는 사람들을 도와야 하는 인생의 의무가 포함된다. 의학적 개입으로 죽음을 피한 이들은 고통을 겪고 있는 불우이웃들을 돌봐야 하며, 죽음이나 극심한 고통의 위협 아래 살아가는 이들을 도와야 한다. 또한 성공적인 의학적 개입으로 자녀가 살아난 어머니들은, 이러한 전문의료의 도움을 받을 여유가 없는 불운한 어머니들을 생각해야 할 것이다. 그리고 극도의 죽음의 고통으로부터 구해진 이들의 친인척들은 죽어가는 이들의 고통을 경감시켜주는 데 모든 능력을 사용해야 할 것이다.

미국에서 베스트셀러가 된 『질병의 해부학Anatomy of an Illness』(1981)의 저자 노먼 커즌스는 한 사람이 어떻게 '인간 영의 도전적인 힘defiant power of the human spirit'으로 자신의 질병을 치유할 수 있었는지 보여준다. 이 '인간 영의 도전적인 힘'이란 빅터 프랭클이 불가피한 고통과 괴로움의 한계 상황을 뛰어넘고 비극을 성취로 변화시키는 인간 고유의 능력을 강조하기 위해 만든 표현이다. 커즌스는 불치의 질병으로부터 고통받고 있는 사람들, 특히 입원을 필요로 하는 만성 질병에 시달리는 있는 사람들의 두려움에 대해 요약했다. 이런 환자들의 취약성, 의료인과 준의료인에 대한 완전한 의존성, 환자의 두려움 등은 의료인과 환자 자신에게 장애물이 된다. 커즌스에 의하면, 병원의 환자들에게 과도한 고통을 주는 두려움은 다음과 같다.

1. 무력한 존재라는 두려움. 그 자체가 질병이 된다.
2. 예전과 같이 미래에 제대로 기능하지 못할 것이라는 두려움. 이 두려움은 바깥 세상과 병원에 입원한 환자 사이에 벽으로 작용한다.
3. 환자로서 불편감 호소를 피하게 되는 것. '늘 불평하는 사람'으로 낙인 찍힐 것이라는 두려움에서 온다.

4. 고립을 초래하게 되는 '가족에게 짐이 되지 않겠다'는 고집.
5. 혼자 있어야 하는 것과 외로움에 대한 공포 사이의 갈등.
6. 자아 존중감의 결핍. 질병으로 인해 더는 살 수 없으리라는 무의식적 느낌.
7. 내가 알고 싶은 정보가 비밀리에 만들어지고 결정되는 것에 대한 두려움. 이와 동시에 사실을 알게 되는 것에 대한 두려움.
8. 내가 의학적 실험의 도구로 쓰일 수도 있다는, 최신 의학 기술에 대한 두려움
9. 그들의 소유물인양 나의 몸을 주사바늘과 질병으로 다루는 낯선 사람들에 대한 두려움.
10. 검사 절차, 의료 기사, 의료 장비를 접할 때 초래되는 사생활의 결여.
11. 따뜻한 사람의 손길, 미소, 포옹(어떤 과학도 절대 대신할 수 없고 사람과 접촉할 때 느낄 수 있는 모든 것들)의 결핍에서 오는 감정적 공허.

로고테라피는 특별히 죄책감, 고통, 죽음에 대한 문제를 다루는 데 적합하다. 이 개념들에는 자기 초월과 삶의 의미의 발견에 대한 많은 기회를 내포하고 있기 때문이다.

미국의 유명한 시인인 에밀리 디킨슨은 자신의 시에서, '인간의 3대 비극' 개념에 대한 로고테라피적 접근을 아름답게 설명했다.

내가 만일

–에밀리 디킨슨

내가 만일
상처 난 마음 하나 달랠 수 있다면
내 삶은 정녕 헛되지 않으리

내가 만일
한 생명의 고통을 덜어주거나
괴로움을 달래줄 수 있다면
내 삶은 정녕 헛되지 않으리

내가 만일
혼절하는 로빈새 한 마리를 도와서
보금자리로 되돌려 보낼 수만 있다면
내 삶은 정녕 헛되지 않으리

죄책감에 대한 로고테라피적 접근

노년학은 부모와 성인 자녀 사이의 관계를 자세히 탐구하는 연구들로 가득하다. 특히 노인이 질병으로 간호가 필요할 때 사회 기관이 아닌 자녀에게 의존하는 상황에서는 성인 자녀가 갖게 되는 죄책감의 감정은 계속된다. 기대와 실제 행동은 거의 정확하게 일치하지 못할 때가 많기 때문이다. 반면에 부모가 노환으로 요양병원이나 요양원에 입원해야 할 때도, 자녀는 대부분 죄책감을 경험하게 된다. 이 감정은 부모와 성인 자녀 사이에 기대감이 서로 다를 때 더 증폭된다. 연로한 부모를 돌보는 일에 관여하지 못한 형제들도 죄책감을 경험할 수 있다.

부모-자녀 관계에는 죄책감을 유발하는 스트레스가 많다. 역할 전환, 부모와 자녀가 서로에게 거부되거나 저항이 있을 수 있는 의존의 감정, 은퇴 및 홀로 됨과 같은 역할의 상실(Lopata, 1978), 부모와 함께 사는 것이 스스로 선택한 것이 아닐 때 주거환경을 공유하는 것과 관련된 압박(Hanson & Sauer, 1985) 등이 그것이다. 이런 스트레스들 중 일부는 과거에 해결되지 않고 남아 있는 부모-자녀의 갈등과 긴장의 부분일 수도 있으며, 양쪽 모두에게 죄책감의 원인이 된다. 성인 딸이나 며느리가 돌보는 사람일 경우, 직장과 커리어에서 경쟁적인 업무를 하면서 연로한 부모와 자녀를 돌보는 일은 성인 자녀에게 또 다른 죄책감의 근원이 될 수 있다. 인생의 중년에 들어선 많은 여성이 부모 역할에서 자유롭게 되어 개인의 목표와 꿈을 추구할 수 있는 '빈 둥지'의 기쁨을 맛 보기를 기대한다. 그러나 그들은 부모를 돌봐야 하는 새로운 책임에 직면하게 될 뿐이다. 이때 자신의 꿈을 미루거나 완전히 포기하게 만든 '운명'을 원망한다. 이와 동시에 자신의 이런 생각에 강한 죄책감을 경험할 수 있다. 하지만 놀랍게도 노년학 문헌들에는 자녀의 책임에 대한 죄책감을 주제로 한 연구들이 매우 부족한 것을 볼 수 있다(Guttmann, 1990).

로고테라피에서는 죄책감을 세 종류로 구분한다. 정상적 죄책감

actual guilt, 신경증적 죄책감neurotic guilt, 실존적 죄책감existential guilt이다(Sternig, 1984). 정상적 죄책감은 주로 다음의 두 가지를 수반하는 현실에서 생긴다.

1. 기본적으로 옳지 못한 어떤 행동의 결과로 오는 죄책감. 이것이 '범행으로 인한 죄책감'이다.
2. 행해져야 할 어떤 것이 행해지지 못함으로써 느껴지는 죄책감. 이것은 '누락으로 인한 죄책감'이다. 자녀의 책임은 자주 정상적 죄책감으로 이어진다. 왜냐하면 자녀가 부모에게 해서는 안 될 어떤 일을 하거나 했기 때문이거나, 부모가 필요로 했던 행위를 이행하는 데 실패하거나 실패했기 때문이다. 어느 경우든 이 죄책감에는 실제 원인이 있다.

신경증적 죄책감은 어떤 잘못된 행동도 하지 않은 사람에게 느껴지는 죄책감이다. 신경증적 죄책감의 원인은 옳지 않은 일을 하는 것에 대한 의도 또는 갈망이다. 이 의도는 마음 깊은 곳의 무의식에 뿌리를 두고 있다. 어떤 사람이 늙고 무능력하게 된 부모의 죽음을 속으로 원했을 때 그 부모가 갑자기 자연사하게 되면, 그 죽음을 원했던 사람은 '부모를 죽였다'는 죄책감을 경험하기 시작하고 죄스러운 느낌에 집착하게 될 수 있다. 이런 죄책감은 실제 원인이 없지만, 죄책감이 드는 사람은 속죄의 감정을 떨쳐낼 수 없다.

실존적 죄책감은 정상적 죄책감이나 신경증적 죄책감과는 다르다. 실존적 죄책감은 혼란, 공허, 불안정, 그리고 우리의 삶에 '실존적 공허'를 이루는 무의미함을 불러일으킨다. 스터닉Sternig(1984)에 의하면, "이는 잠재 집착subliminal preoccupation, 즉 일종의 내면의 소리, 또는 불편하고 불만족스럽고 혼돈스럽고 관심이 필요한 내적 경험이다. 이 죄책감은 지금 이 순간에 무엇을 해야만 할 것 같이 느끼는 상태이다. 그리고 이 필요가 제대로 인식되고 행동에 옮겨지면, 즉 우리가 이 책임을 실행하기 위해 전심으로 행동할 때는, 평온과 만족의 느낌과 안녕감을 얻는다. 하지만 이것을 실행하지 않을 때는, 실존적 죄책감을 경험한다"(Sternig, p. 47).

실존적 죄책감이 경험되는 세 가지 영역은 자신과 타인, 그리고 주변 세상의 필요에 적절히 대처하지 못하는 부주의inattention와 관련되어 있다. 첫 번째 영역으로는, 삶에서 신체적, 지적, 또는 영적 영역 어디에서도 자신의 개인적 필요를 충족시킬 수 없을 때 느끼는 실존적 죄책감이다. 예를 들어 우리가 건강한 식단과 운동을 해야 하는 필요(신체적 필요)에 관심을 두지 못할 때, 또는 자신의 창조성을 발휘하거나 영적 필요를 충족시키는 일에 실패할 때가 있다. 이러한 모든 상황에서 우리는 내면의 소리, 우리의 필요를 충족시키기 위해 뭔가를 하라고 하는 내면의 압박, 또는 내적 불만족으로 인한 고통스러움을 경험한다.

실존적 죄책감의 두 번째 영역은 특히 자녀가 갖는 책임의 주제와 관련이 있다. 왜냐하면 이 영역은 서로를 이해하는, 다른 사람을 긍정적으로 대하는, 완전한 인간성으로 다른 이를 바라보는 등의 책임을 다루기 때문이다. 그렇게 하기 위해 우리는 약점이나 실수를 하는 타인을 받아들일 수 있어야 한다. 우리는 전에 가지고 있던 선입견,

편협, 자기 중심적인 것을 내려 놓아야 하고, 책임에 의거해 행동해야 한다.

많은 주부가 허약한 노년의 부모를 돌보는 과정에서 자신의 삶에 대해 점점 불안해하고 불만족해한다. 왜냐하면 자신의 실존적 죄책감을 등한히 하고 다른 사람과 창조적 상호작용을 위한 그들의 꿈을 희생해야 하기 때문이다. 부모를 돌보는 것이 자신의 이전의 목표, 관심, 사회 활동까지 포기하는 것을 의미해서는 안 될 것이다. 돌보는 기능과 개인적 필요의 충족을 동시에 수행하는 것 사이에 균형이 필요하다. 실존적 죄책감은 다른 사람에 대한 책임을 감당하는 소명을 이행하기 위한 어떤 과제로 바뀔 수 있다(슈타이들이 인용한 사례에서처럼). 삶이 우리에게 부여하는 책임을 인식하고 기꺼이 감당하고자 한다면, 이는 긍정적인 경험이 될 수 있다.

우리가 살고 있는 자연이나 세상과 관계되는 것을 피할 때, 우리의 삶의 영역에 있는 책임에 부정적일 때, 우리는 실존적 죄책감을 느낀다. 이것은 실존적 죄책감이 경험되는 세 번째 영역인데, 이는 로고테라피적 접근이 긍정적으로 작용할 수 있고, 우리가 대면해야 하는 도전에 용기 있게 맞설 수 있으며, 우리 자신을 넘어 타인에 대한 관심과 공감으로 그들을 위해 봉사할 수 있는 영역이다. 우리 내면에 있는 이 아름다운 기전을 무시하는 것, 즉 오랫동안 이러한 부름을 간과하거나 억누르는 것은 신경증적 죄책감, 더 심하게는 삶에 대한 의욕 상실과 우울증의 결과를 초래할 수 있다. 하지만 우리가 이 죄책감이 선물이라는 것을 인지하고 삶에 내재된 잠재력을 인식하는 것을 배울 때, 우리는 어떤 곤경도 개인적 승리로 바꿀 수 있다.

프랭클 이후 선두적인 로고테라피 치료자인 엘리자베스 루카스 Elisabeth Lukas는 죄책감의 개념에 두 종류가 있다고 보았다. a) 정당하지 않은 것unjustified과 b) 정당한 것justified이 그것이다. 그녀는 정당하지 않은 죄책감과 정당한 죄책감을 다르게 다루어야 하기 때문에 이 두 종류의 죄책감을 분리하는 것이 필요하다고 했다. 죄책감의 개념에 대한 그녀의 접근은 기본적으로 스터닉(1984)의 견해와 유사하다. 두 학자의 견해에서 공통적으로 시도하는 접근은 현실과 관계된 죄책감과 상상에서 발생한 죄책감을 구분하는 작업이고, 내담자의 유익을 위해 이러한 분리를 적용하는 점이다. 이렇게 하는 이유는, 상상으로 인한 죄책감은 그 원인을 파악하거나 또는 파악 없이 결정하고 행하는 것에 대한 결과를 이해해야만 하기 때문이다.

정당하지 않은 죄책감 – 실수에서 비롯된 – 의 치료적 관리는, 실수에 대한 설명, 즉 내담자의 행동에 자유 의지(또는 통찰력)가 결여되었음을 알려주는 것이 포함된다. 정당하지 않은 죄책감이 질병의 원인이 되는 경우에, 치료자는 우울증을 가져오는 이 죄책감을 우스꽝스럽게 생각하거나 무시하도록 환자를 도와야 한다.

루카스(1986)는 이때 치료자의 역할을 환자가 자신의 죄책감(다른 사람의 죄책감까지도)에서 의미있고 긍정적인 면을 발견하도록 돕는 것으로 보았다. 그녀는, 치료자는 인간 행동의 어떤 중요한 측면과 같이 죄를 의미 잠재성이 있는 삶의 중요한 한 부분으로 인식할 수 있는 용기가 있어야 한다고 말했다. 로고테라피 치료자는 죄책감을 받아들이고, 그 속에 내포된 긍정성을 볼 수 있도록 지지하고, 죄책감을 통해 교훈을 얻음으로써 내담자의 행동을 바꾸도록 돕는다. 로고테라피에서는 죄책감을 변화를 위한 기회, 구시대적인 결정 방식과 행동을 버리고 미래에 더 나은 결정을 하도록 하는 기회로 본다.

루카스는 이렇게 주장한다.

> 불안정하고 낙담한 환자들은 자신이 잘못한 것도 없는데 죄책감으로 인해 자신감이 거의 없다. 다른 한편으로, 노골적인 잘못을 하고도 잘못했다는 것을 자각하지 못하거나 자각하고 싶어 하지 않는 사람도 많이 있다. 우리는 상담을 할 때, 자주 다음과 같은 사례를 보게 된다. 어떤 것에 대해 죄책감을 느낀다고 하지만, 동시에 자신이 왜 다르게 행동할 기회가 없었는지 셀 수 없이 많은 이유를 열거하는 사람들. 이 경우에는 그들이 치료자에게 자신의 결백함을 인정받고 싶어 한다는 결론을 내리는 것이 타당하다. 왜 그것이 그들에게 그렇게 중요한 것인가? 이는 그들이 마음속 깊은 곳에서는 스스로 인정할 수조차 없는 진실한 죄책감을 느끼고 있기 때문일 것이다. 따라서 상담자로서 우리는 모든 사건에서 '무죄의 증거testimonials of innocence'를 거론하지 않도록 조심해야 한다. 왜냐하면 이것은 실제 비행real misdemeanor의 문제를 해결할 수 없기 때문이다. 이 경우는 객관적인 사실들에 무게를 두고 보는 것이 더 합리적이며, 만약 필요하다면 내담자의 죄책감에 대해 어떤 '평형추counterweights'를 고려하도록 안내해야 한다.(Lukas, 1991, p. 125)

루카스는 죄책감을 갖게 하는 잘못된 행동에 대해 내담자가 해야 하는 세 유형의 배상reparation을 제시했다.

1. 잘못이 행해진 원래의 대상에게 해야 하는 배상
2. 다른 대상에게 해야 하는 배상
3. 사람의 사고방식을 바꾸는, 도덕적 수준의 배상

루카스는 첫 번째 유형의 배상은 부가적 보상이 있다고 설명한다. 왜냐하면 그것은 어떤 겸손, 잘못을 시인하는 능력, 그리고 용서를 구하는 것을 요구하기 때문이다. 이러한 유형의 장점은 죄책감을 완전히 해결한다는 것이다.

두 번째 유형의 배상은 원래의 대상에게 배상하는 것이 더는 가능하지 않을 때만 해당된다. 이런 유형의 배상에 대한 예는 『죽음의 수용소Man's Search for Meaning』에서 프랭클이 제시한 바 있다. "슈타인호프의 대량 살인자이며, 러시아인들에 의해 모스크바의 루비얀카 감옥에 감금되었으나, 그 감옥에서는 다른 죄수들에게 가장 좋은 동료였고 모든 사람에게 위안을 주었던" 의사 J의 사례가 그것이다(Frankl, 1963, pp. 131-132).

이 두 유형의 배상은 사회 윤리에 대한 성경의 접근만큼 오래되었다. 잘못을 저지른 사람들에게 배상을 해야 할 필요가 있는 것처럼, 자신의 동료를 다치게 하는 것을 삼가고 약한 자에게 악을 행하는 것을 피하라는 계명은 성경 윤리의 근본이다. 옳은 일과 정의로운 일을 하는 것은 이 윤리 체제의 정수이기 때문이다.

세 번째 유형의 배상은 더 이상 잘못에 대해 사과할 수 있는 자유가 없어진, 말기 질병을 앓고 있는 환자와 같은 사람들에게 열려 있다. 이런 사람들에게는 자신의 삶을 되돌아보고 과거 행위에 대한 진실된 반성을 하는 철학적 배상이 있다. 루카스는 "회개는 자신의 실수를 이해하도록 이끄는 의미와 함께 과거를 바라보게 한다. 그리고 모든 이해의 과정은 성장의 한 과정이다"라고 주장한다(Lukas, 1991, p. 128).

고통에 대한 로고테라피적 접근

> 고통은 운명과 죽음 그 순간에도, 변경할 수 없는 삶의 한 부분이다. 고통과 죽음 없이 인간의 삶은 완성될 수 없다.
>
> —Frankl, 1963, p. 154

고통은 삶의 일부이기 때문에 우리는 이것을 당연한 것으로 여긴다. 출생부터 죽음까지 고통은 모든 성장 행위를 동반한다. 일반적으로 위대한 성취에는 큰 고통이 따른다. 우리는 과거 몇 세기를 통틀어 세계 도처에서 훨씬 더 많은 고통을 보아온 역사적 시대에 살고 있다. 그럼에도 불구하고 우리를 제일 심하게 강타하는 것은 인간 개인의 고통이다.

예를 들면 위대한 작가와 작곡가들은 커다란 고통을 문학과 음악 속에서 불멸의 것으로 만든다. 그리고 우리는 무대 위의 인물들이 허구적인 것이라는 것을 앎에도 불구하고 『라 보엠La Boheme』의 미미, 또는 『토스카Tosca』의 카바라도시, 또는 『나비부인Mandam Butterfly』의 초초상이 겪는 고통에 대해 눈물을 흘리지 않을 수 없다. 그리고 만일 실제 삶에서 겪는 다른 사람의 고통이 오페라의 모습과 같은 상황이라면, 우리 마음속 깊은 곳에서 유사한 심금을 울리게 된다. 이는 이런 운명이 우리의 것이 될 수도 있고, 만약 우리가 아니라면 우리가 사랑하는 어떤 사람의 것이 될 수도 있다는 것을 알기 때문이다. 그리고 이것이 우리가 남자 주인공 또는 여자 주인공의 고통을 공감할 수 있는 이유이다. 하지만 이런 오페라의 등장인물들과 그들의 고통을 자세히 관찰해보면, 하나의 공통점이 있다는 것을 알 수 있다. 그것은 그들이 누군가를 위해, 또는 그들보다 더 나은 무엇을 위해, 즉 사랑, 신념, 또는 나라를 위해 고통받고 심지어 죽는다는 것이다. 이러한 자기 초월과 희생은 그들의 고통에 의미를 부여하는 것들이다. 따라서 무대 위의 허구적인 인물들은 로고테라피의 전형이 된다. 그들은 로고테라피의 기본적인 원리를 입증한다. 다시 말해 자기 초월, 자기 희생, 고통, 아픔은 고통받는 사람이 왜 자신이 그 고통을 겪는 것인지 알 때, 참을 만 하고, 견딜 만하고, 받아들여질 수 있다는 것이다.

그렇다면 고통에 대한 로고테라피의 태도는 어떤 것인가? 먼저 두 편의 유명한 저서에 기록된 인용문으로 시작해보자.

"암이 내 몸을 삼킬 수는 있지만, 내 영을 죽게 할 수는 없다" (Takashima, 1990, p. 51).

"불필요한 고통에 의미가 있다고 말하지는 않는다. 예를 들어

수술로 치료될 수 있는 암을 십자가인 것처럼 환자에게 짐 지우면 안 된다. 이는 영웅적 행위라기보다는 자기 학대일 것이다"(Frankl, 1962, p. 113).

로고테라피적 방향성을 지향하는 인본주의 심신의학의 창립자인 다카시마 박사와 로고테라피의 창시자인 빅터 프랭클 교수, 이 두 명의 의사가 제안하는 접근법에는 인간 고통에 대한 로고테라피적 접근의 진수가 들어 있다. 두 접근 모두, 최악의 상황에서도 기적을 일으킬 수 있는 인간 영human spirit을 중심에 둔다.

로고테라피에서 우리는 고통을 세 가지로 분류할 수 있다.

1. 바뀌지 않는 운명과 관계되어 있는 것
2. 감정적으로 고통스러운 경험의 결과로부터 오는 것
3. 삶의 무의미함으로부터 오는 것

예를 들어 성인 자녀는 다음의 상황이 자신이 존경하는 부모에게 온다면 고통받을 수 있다. 즉, 부모가 불치의 질병에 걸리거나, 배우자 사별과 같은 감정적으로 아주 힘든 경험 또는 삶의 사건을 겪거나, 더는 과거에 목적과 만족을 주었던 일들을 할 수 없게 되어 삶을 무의미하게 느낄 때이다. 프랭클이 앞서 말한 바와 같이, 불필요하고 무의미한 고통은 그저 자기 학대일 뿐이다. 그러므로 만약 연로한 아픈 부모를 집에서 관리해줄 수 있는 서비스가 지역 사회에 있다면, 자녀들은 그것을 이용해야 할 것이다. 중요한 것은, 고통이 의미가 있는가에 대한 의심에서 오는 절망을 피하는 것이다. 프랭클(1968)은, 사람은 어떤 고통이든 그 안에서 의미를 볼 수 있다면 그 고통을 감내할 준비와 의향이 있다고 강조한다. 왜냐하면 이러한 발견 없이는 고통은 절망과 자기 파괴로 이어질 수 있기 때문이다. 고통을 향한 이와 같은 철학은 유대인의 하시드의 가르침에도 있다. "하나님은 고통과 궁핍 속에서 찬양하는 사람에게 귀 기울이신다."

앞서 말한 첫 번째 유형의 고통의 대해, 암의 피해자였던 엘리자베스 야호다Elisabeth Jahoda는 이 인류의 저주를 다루는 로고테라피적 접근에 대한 이해를 돕는 데 가장 적절한 자신의 이야기를 제공한다.

> 나는 엄마가 암에 걸려 끔찍한 고통을 견디며 죽어가고 있었기 때문에 의학을 공부하기 시작했어요. 나는 학생 시절, 그리고 인턴과 전문의 시절 동안 이 병의 끔찍한 형태들을 반복적으로 직면했어요. 치유의 가망이 없음을 마주볼 수 없었던 나머지, 나는 의사라는 직업을 포기하고 암에 대해 잊어버리려고 노력했어요. 나는 한동안 나 자신을 속일 수 있었죠. 치대 공부를 다시 시작했고, 얼마 후 치과 의사가 되었어요. 그럼에도 불구하고 결국 나는 그 병을 마주해야만 했죠. 나 자신이 유방암에 걸리고 말았던 거예요(1985, p. 89).

깊은 절망 속에 병원을 나선 뒤, 그녀는 다음 우화에서 위안을 얻었다.

> 잔혹한 인간, 벤 사록Ben Sarok은 파괴하는 것 말고는 어떤 것도 건

> 강하거나 아름다워 보이지 않았다. 오아시스의 끝자락에서 그는 어린 야자수 앞에 도달했다. 그는 야자수가 신경이 쓰였고, 그래서 무거운 돌을 들어 그 나무 위에 올려버렸다. 그리고 악랄한 미소와 함께 멀리 가버렸다. 어린 나무는 돌을 치워내려고 노력했지만 헛수고였다. 어린 나무는 다른 방법을 시도했다. 나무는 돌의 무게를 지탱하려고 뿌리가 지하수에 닿을 때까지 땅속 깊이 파고 들었다. 그리고 난 후 나무는 다른 나무들보다 더 높이 자라나 주변의 모든 나무들보다 더 위에 서게 되었다. 야자수는 땅 깊은 곳에서 나오는 물과 하늘의 햇빛을 빨아들이면서 장엄해졌다. 수년 뒤 벤 사록은 그가 망가뜨렸다고 생각한 구부러진 나무를 보며 악의적 기쁨을 누리기 위해 되돌아왔다. 하지만 그는 어느 곳에서도 그 나무를 찾을 수 없었다. 그때 나무는 허리를 구부려 남자에게 예전의 돌을 보여주며 말했다. "벤 사록이여, 저는 당신에게 감사해야겠군요. 당신이 준 짐이 저를 더 강하게 해주었어요"
> (Jahoda, 1985, pp. 89-90).

로고테라피는 암의 피해자들을 질병과 치료에 대한 집착에서 벗어나 자신의 내면의 자원을 인식하도록 도울 수 있다. 앞의 우화에서 말하는 것처럼, 암이 얼마나 인간미 없고 고통스럽고 비인간적이건 간에 '고통받는 인간homo patients'이 회복과 재발견을 하도록 도울 수 있다. 왜냐하면 로고테라피는 회복과 치유력의 활성화가 필요한 환자의 영적 에너지를 집중적으로 강화하기 때문이다.

야호다Jahoda(1985)는 이렇게 적었다.

> 영원한 건강에 대한 착각이 사라지면, 그 대안은 창조성 또는 파괴적 반항이다. 창조적이기 위해서는, 환자들은 자신의 상태를 받아들이면서 내적 조화를 얻어야 한다. 목표는 불멸의 예술적 또는 지적 성과를 내는 성공이 아니다. 가끔 환자들로 하여금 자신을 더 열린 형태로 바라보고 더 편안해지도록 도와주는 것으로도 충분하다. 수동적이고 적의를 품은 거부 대신, 그들은 자신의 상태를 능동적이고 용감하게 받아들인다.(p. 91)

다카시마는 영적noetic 힘이 정신적 힘을 더 강하게 할 수 있고, 이로 인해 질병으로 인한 고통을 더 성공적으로 견뎌낼 수 있게 한다고 강조했다. 그는 진행성 마비로 고통받던 10세 남자아이의 사례를 예로 들었다. 자신에게 남은 시간이 단 1년이라고 들었을 때, 소년이 말했다. "내가 할 수 있는 건 매우 강하게 사는 것이고, 내가 죽게 되면 내 몸을 의사에게 해부용으로 기증할 거예요." 다카시마는 이 남자아이의 말이 삶은 그것의 길이가 아니라 그것의 완전함으로 가치가 있다는 것을 인정한 것이라고 설명했다(Takashima, 1982, p. 102). 다른 예로, '말기 질병'으로 7년을 앓았지만 『파우스트』 제2부를 완성하기 위해 열심히 살았던, 위대한 독일의 시인이자 작가, 철학자, 그리고 인본주의자인 괴테가 있다.

감정적으로 고통스러운 경험의 결과로부터 오는 두 번째 유형의 고통은, 개인적이고 마음을 움직이는 빅터 프랭클의 회상이 가장 적절한 예라고 생각한다. 프랭클(1962)은 이렇게 적는다.

강제 수용소에서 내가 경험했던 것 중 어쩌면 가장 깊은 것을 되돌아보고자 한다. 수용소에서 생존할 가능성은 정확한 통계에서 쉽게 확인되다시피 28대 1도 되지 않았다. 내가 아우슈비츠에 도착했을 때 코트 안에 숨긴 나의 첫 책의 원고를 빼앗겼고, 나는 나의 정신적 자식의 상실을 견뎌내야만 했다. 그때 그 순간 그 어떤 것에서도, 어떤 사람에게서도 – 나의 신체적 또는 정신적 자식들조차도! – 나는 살아야 할 힘을 찾지 못했다. 그래서 나는 이런 상황에서 이제 나의 삶은 어떤 의미로부터든 완전히 비워진 상태인 것인가에 대한 물음과 마주친 나 자신을 발견했다. 나는 아직 내가 이렇게 열렬히 싸워온 질문에 대한 답이 벌써 내 자신 안에 있었고, 머지않아 나에게 주어질 것이라는 것을 알아차리지 못했다. 이는 아우슈비츠 기차역에 도착하자마자 내가 입던 옷을 뺏기고, 가스실로 끌려간 어느 수용자의 다 헤진 옷을 받았을 때의 사건이었다. 내 원고의 많은 페이지들 대신, 새로 얻은 코트의 주머니에서 히브리 기도문에서 찢겨 나온 단 한 장의 종이를 발견했다. '셰마 이스라엘Shema Yisrael.' 나는 이런 '우연'을, 내 생각들을 단지 종이에 기록하는 것보다는 살아남기 위해 도전하라는 것으로 해석할 수밖에 없었다(pp. 114-115).

감정적 경험은 육체적 아픔만큼 많은 고통의 원인이 될 수 있다. 허약하고 연로한 부모가 예전의 활력과 삶에 대한 열정을 잃어가는 것을 지켜보는 것, 서서히 쇠약해지는 것을 보는 것, 육체적·정신적 노화 증상을 관찰하고 경험하는 것, 부모를 씻기고 먹이고 입히고 청소하는 간병인의 역할을 수행하는 것 등은, 특히 보호자가 이러한 부모를 돌보는 일에 아무 의미도 찾지 못할 때 많은 고통을 수반한다(Guttmann, 1990). 사랑하는 사람의 상실은, 특히 사랑하는 사람이 없는 삶이 과연 의미가 있는지에 대한 물음을 갖게 한다. 프랭클의 대답은, 고통은 고통을 위한 것이 아닌 고통의 상황으로부터 제공된 기회에서 의미를 끌어내는 것 - 삶에서 의미를 찾는 것 - 이라는 것이다. 아내의 죽음으로 인해 우울증에 빠진 한 연로한 의사에 대한 프랭클의 증례는 잘 알려져 있다. 로고테라피가 이런 종류의 고통에 어떻게 접근하는지 보여주기 위해 이 이야기의 중심 요점만 여기서 설명하고자 한다. 프랭클은 연로한 의사에게 만약 당신이 먼저 죽었다면 어떤 일이 일어났겠느냐고 물었다. 그 의사는 "그러면 아내는 끔찍했겠죠. 그녀가 얼마나 고통받았을까요!" 라고 대답했다. 이때 프랭클은 특유의 방법으로 다음과 같이 말했다. "아시겠지요, 선생님. 그런 고통을 아내분은 겪지 않아도 되었어요. 그리고 당신이 그 고통을 덜어준 거죠. 하지만 이제 당신은 살아남아 아내를 애도하면서 그 대가를 감당하셔야만 합니다." 프랭클은 이어서 다음과 같이 서술한다. "그는 아무 말도 하지 않고 나와 악수만을 나눈 채 차분히 사무실을 나갔다. 고통은 그것의 의미 - 예를 들면 희생의 의미 같은 - 를 찾는 순간에 더는 고통이 되지 않는다" (Frankl, 1962, p. 113).

목적과 목표가 없는 공허한 삶은, 프랭클의 로고테라피에서 말하는 '실존적 공허existential vacuum' 상태가 될 수 있다. 이는 중독, 우울증, 또는 젊은이들에게는 공격성으로 나타난다. 공허한 삶은 위에 제시된 두 종류의 고통만큼 많은 아픔과 고통을 준다. 이 세 번째 유형의 고통은 삶의 무의미함에서 초래된다. 프랭클(1967)은 세 번째 유형의 고통을 "기본적인 인간의 고통이며, 삶의 본질과 의미에 관한 것으로서 인간 삶에 속한 것"이라고 말한다(p. 91). 이런 종류의 고통에는 목적이 있다. 왜냐하면 그것은 우리를 무관심으로부터 보호하기 때문이다. 프랭클은 말한다. "우리가 고통받는 한 우리는 육체적으로 살아 있다. 사실 우리는 고통 속에서 성숙하고, 그것 때문에 자란다. 고통은 우리를 더 강하고 부유하게 만든다"(p. 88).

위대한 러시아 작가 도스토옙스키는 지하 감옥에서 그를 두렵게 만든 유일한 한 가지는 자신이 고통받을 만한 자격이 없을 것이라는 두려움이었다고 회상했다. 그리고 철학자 니체는 이렇게 말했다. "나를 죽이지 못하는 고통은 나를 더 강하게 만든다." 프랭클은 인간의 삶은 고뇌와 권태 사이를 오가는 것이라고 불평한 쇼펜하우어의 사례를 인용했다. 현실에서는 고뇌와 권태 둘 다 심오한 의미가 있다고 프랭클은 주장한다.

"권태는 지속적인 알림 장치reminder이다. 무엇이 권태로 이끄는가? 게으름이다. 하지만 활동은 권태를 벗어나기 위한 목적만으로 존재하지 않는다. 오히려 권태는 우리가 게으름을 벗어나 삶의 의미를 알도록 하기 위해 존재한다…. '고뇌'의 의미는 그것이 알림장치라는 것이다. 우리가 알다시피, 생물학적 측면에서 아픔은 의미 있는 파수꾼이자 간수 역할을 한다. 심리-영적 영역에도 유사한 기능이 하나 있다"(Frankl, 1986, p. 109). 이에 대한 설명을 위해 루카스(1986)는 감정 변화에 대한 어떤 기질적 원인이 없었음에도 기분 변화가 심하고 모든 것에 흥미를 잃은 30세 여성의 이야기를 들려주었다. 그녀는 부정적 태도와 자살 시도 때문에 도움을 받기 위해 상담 센터로 보내졌다. 이 여성은 부유한 환경에 있었지만 삶을 즐기지 못했다. 상담 과정에서 이 여성은 고등학교 졸업장을 얻기 위해 매우 야심차게 열심히 노력했다는 점을 알게 되었다. 그 후 그녀는 공무원이 되어 최고액의 연금을 수령할 수 있는 위치까지 승진하게 되었다. 루카스는 그녀에게 물었다. "이때가 당신이 공허함apathy을 느끼기 시작한 때인가요?" 그녀가 그렇다고 대답하자 루카스는 다음과 같이 말했다. "그렇다면 당신이 필요한 것이 무엇인지 알 것 같네요. 당신은 목표가 필요해요. 당신은 가만히 있기에는 너무 많은 정신적 에너지가 있어요. 당신은 도전과 새로운 활동이 필요해요…. 가만히 있는 것은 인간의 본성을 만족시키지 못하기 때문이죠"(p. 71).

그녀는 그의 말에 동의했다. 루카스는 자신의 경력에서 이미 가장 높은 위치에 올라간 그녀에게 목표를 찾아주는 것은 어려운 일이었다고 말했다. 루카스는 이 기회를 태도적 가치를 깨닫도록 해주는 데 이용하기로 하고, 이 여성에게 다른 사람들이 직업에서 승진하도록 도움으로써 그들에게 중요한 존재가 될 수 있다고 제안했다. 여자는 이해했고 다음과 같이 말했다. "저는 지금까지 제 자신만 생각했고 다른 사람들을 보지 못했어요." 그녀는 일어나서 루카스에게 꼭 다시 오겠다고 약속했다. 시간이 지난 후 그녀가 다시 방문했을 때 그녀는 빛이 났고 계획들로 가득 차 있었다. 그녀는 또한 피곤했다. 왜냐하면 그녀 자신의 일과 병행하여 공무원 시험을 준비하는 초심자들에게 무료 과외를 해주고 있었기 때문이다. 그녀는 말했다. "당신 말이 맞았어요. 제가 목표를 세우고 우리의 활동이 의미 있기 위해서는 다른 사람들이 포함되어야 한다는 것을 배웠어요." 그러자 루카스가 이렇게 말했다. "저는 이번에 운이 좋았어요. 왜냐하면 당신처럼 환자가 치료를 이해하고 기꺼이 협조하는 일이 자주 있지 않기 때문이죠"(Lukas, 1986, pp. 71-72).

태도를 수정하는 것 – 자신의 고통에 대한 집착에서 벗어나 도움이 필요한 사람들에게 헌신하는 것 –, 그리고 새로운 삶의 의미를 발견하는 즉시 정신 에너지를 재설정하는 것이, 로고테라피에서 말하는 '실존적 공허'에서 오는 고통에 대한 해답이다. 사람들을 대하는 데 있어 로고테라피적 방법인 태도 수정modification of attitude은 방금 제시된 예시처럼 이 책의 뒷부분에서 자세히 다루어질 것이다.

고통과 인간의 불행을 경감시켜주는 것은 모든 돕는 전문직의 공통적인 목표이다. 심리학, 사회복지, 가족치료, 그리고 많은 심리치료와 관련된 학문들은 인간의 고통과 아픔의 원인을 감소시키고 증상을 치료하는 데 목표를 두고 있다. 하지만 이 전문 분야들에서는 과학으로 없앨 수 있는, 정신적 고통의 부정적인 면만이 강조되고, 인간 고통에 내재된 창조적 힘과 그것을 마주하는 데 필요한 용기는 대부분 무시되고 있다. 이와 반대로 로고테라피는, 피할 수 없는 고통을 '인간 영의 도전적 힘'을 사용해, 아픔과 고통을 극복하는 능력을 나타낼 기회로 보며, 이 인간의 성취(아마도 제일 어려운)에 대해 자부심을 갖도록 하는 것을 목적으로 한다. 프랭클은 "옳은 종류의 고통 – 망설임 없이 자신의 운명에 직면하는 – 은 사람에게 보장된 제일 고귀한 성취이다"(Frankl, 1986, p. xix)라고 말한다.

죽음에 대한 로고테라피 접근

『전쟁과 평화』와 『안나 카레니나』를 쓴 제정 러시아의 위대한 작가, 인본주의자, 그리고 철학자인 레오 톨스토이는, 종국에는 자신을 포함한 모든 사람이 죽어야만 한다면 삶에 의미가 있는 것일까에 대해 고민했다. 그는 이 문제가 그로 하여금 50세의 나이에 진지하게 자살을 생각하게 만들었다고 기록했다. 톨스토이는 인간의 마음 속 깊이 내재된 모든 질문에 대해 고뇌했는데, 이는 다음과 같이 요약될 수 있다. 내가 하는 일의 무엇이 남을 수 있을 것인가? 내 삶의 전체에서 무엇이 남을 수 있을 것인가? 아니면 다른 말로 표현해, 왜 살아남아야 하는가? 왜 살아야 하는가? 왜 무엇을 위해 노력해야 하는가? 왜 행동에 에너지를 쏟아야 하는가? 죽음 후에도 기억되는 삶에 의미가 있는가?

이런 질문들은 인간의 역사만큼 오래 되었다. 거의 2000년 전, 키케로Cicero는 로마의 원로원 의원인 '대大 카토Catothe elder'를, 노년기에 관한 논문인 「노년에 관하여Cato Maior de Senectute」의 주인공으로 내세웠다. 대 카토는 유명한 연설가였다. 그는 로마 원로원에서 연설할 때 다음의 문구로 끝내곤 했다. "그리고 카르타고는 파괴되어야만 한다." 카토는 '로마의 핵심 청년들'이 노년기와 삶과 죽음에 대한 조언을 얻기 위해 찾아올 정도로 지혜로운 노인이었다. 젊은이들은 특별히 죽음에 대한 카토의 태도에 흥미를 느꼈다. 그는 84세라는 나이에도 불구하고 자신의 삶에 만족한 듯이 보였고, 다가오는 죽음에 대해 어떤 두려움도 보이지 않았다. 그 비결에 대해 젊은 남성에게 질문을 받았을 때, 카토는 죽음을 두려워하는 사람은 확실히 가련한 사람이라고 대답했다. "내가 무엇을 두려워해야 하는가?" 그는 그들에게 물었다. "나는 (다가올 삶에서) 행복하거나 이 세상에서 더는 고통이나 절망을 느끼지 않아도 될 것이다." 그리고 그는 앞에 모인 젊은이들에게 물었다. "누가 오늘 저녁까지 살 수 있으리라고 – 젊은이든 나이든 사람이든 – 장담할 수 있겠는가?" …하지만 젊은이들은, 아직도 이해가 되지 않아 카토에게 물었다. "사람의 죽음 뒤에는 무엇이 남아 있을까요?" 카토는 대답했다. "죽음 뒤에 남는 것은 여러분의 위대하고 용맹한 행동에 대한 기억이다. 그리고 아무도 이것을 여러분에게서 앗아갈 수 없다" (Cicero, 1969, 1909, p. 70).

죽음에 대한 집착에서 벗어나기 위해, 젊은이들에게 삶을 열정적으로 살아내라는 카토의 조언은, 유명한 문화인류학과 노년학의 고전인 클라크Clark와 앤더슨Anderson(1967)의 저서에서 인용되었다. 모든 나이든 사람이 공통적으로 가지고 있는 여섯 가지 주요 요구 중에서 사회적·환경적·정신적·영적·개인적 요구는 좋은 정신건강을 위해 꼭 만족되어야 한다. 노년기의 영적 요구는 노인의 웰빙, 그리고 흔히 직면해야 하는 많은 상실을 대처하는 능력에 특별한 중요성을 갖는다. 이는 삶에 대한 종교적·철학적 전망, 개인적 철학, 가치, 희망, 자아 정체성, 지혜, 사랑, 그리고 의미를 포함한다. 시몬스Simmons(1946)는 노인들의 보편적인 관심사에 대한 획기적인 연구를 통해, 많은 문화에서 두 개의 다른 중요한 요구가 있음을 발견했다. 최대한 오래 살고 싶은 요구, 그리고 때가 왔을 때 너무 많은 고통과 아픔 없이 내세에 대한 좋은 희망을 갖고 삶에서 물러나고자 하는 요구이다(Guttmann &

Lowenstein, 1992).

키케로의 「노년에 관하여」 이후 약 2000년이 지나서, 로고테라피는 임종과 죽음에 대해 이 고대의 철학자가 인용한 개념을 훨씬 뛰어넘는 하나의 철학을 개발했다. 이 철학의 주요 요소는, 죽음을 무의미하다고 인식하는 것에 대한 정신적·철학적 대안을 제시한다. 죽음 앞에서까지도 삶은 무조건적 의미를 가지고 있다는 로고테라피의 주장은 모든 인간 존재의 죽음에 대한 프랭클의 의미 분석에 기초하고 있다. 프랭클은 우리가 지구 상에서 자신의 죽음에 대해 알고 있는 유일한 생명체라고 주장한다. 이 발견은 우리를 죽음 자체를 부정하기보다는 삶을 향한 책임을 일깨우는 방향으로 인도하게 될 것이다. 그럼으로써 이 자각은 우리를 영속적인 성취(키케로가 말한 '위대하고 용맹한 행위')로 이끌 수 있다. 로고테라피의 주요 과업은 개인이 이 지구 상의 유한한 시간 안에 내재하는 잠재적 의미를 깨닫도록 도와주는 것이다 (Kovacs, 1982).

프랭클(1962)은 다음과 같이 말한다.

> 사람의 삶에서 의미를 빼앗아가는 것에는 고통뿐만 아니라 죽음도 포함된다. 나는 모든 인간에게는 잠재력이 있다고 확신한다. 하지만 그것이 실현되는 순간 그것은 현재가 된다. 그것은 곧 저장되어 과거로 배달되고 영구히 보존된다. 왜냐하면 과거에서는, 아무것도 손실되지 않고 모든 것이 되돌릴 수 없게 저장되기 때문이다(p. 120).

그러므로 진짜 질문은, 퀴블러로스Kubler-Ross의 책 『죽음과 임종에 관하여On Death & Dying』에서처럼 '왜 나인가'가 아니라 '어떻게 ?'이다. 설사 어떤 사람이 '말기 환자'라 하더라도 죽음에 대한 집착 대신에 삶에 지배되도록 해야 할 것이다. 운명을 받아들이지 않고 불행과 함께 사는 것을 배우려 하지 않는, 암을 비롯한 치명적 질병의 피해자들이 많다. 이런 사람들은 자신에게 얼마 남지 않은 짧은 시간마저 파괴해버린다. 얼마 남지 않은 소중한 시간을 현명하게 보내고 존엄하게 죽음을 맞기 위해서는 살아있는 순간을 초월하는 삶에 대한 태도가 필요하다.

최근 헝가리 국영 방송에서 '말기 질병'으로 고통받는, 이탈리아의 기자이자 작가인 오리아나 팔라치Oriana Fallaci의 인터뷰가 있었다. 팔라치의 말은 '3대 비극'을 향한 로고테라피적 태도에 대한 살아있는 증언이었고, 그 일부 내용을 여기에 인용한다. 팔라치는 암과의 투병에서 완전히 열린 자세를 취했다. 그녀는 사람의 몸 안에 들어있는 이 '개체'를 다루는 첫 단계로 암이라는 용어를 부정적으로 써서는 안 된다고 주장했다. "암은 병도 아니며 말기 질환도 아닙니다. 암은 내 의도와 상관없이 내 몸을 점령한 살아있는 생물입니다. 이제 나는 그것에게 전쟁을 선포해야 합니다. 왜냐하면 마치 진짜 전쟁처럼 이것이 나를 죽이든, 내가 그것을 죽이든 둘 중 하나이기 때문입니다. 그리고 암환자들은 시간을 낭비해서는 안 될 것입니다. 대신 그들은 죽음이 다가왔다는 것을 이해하고, 아직 삶에 남아 있는 그 모든 즐거움을 붙잡아야 합니다. 크나큰 육체적 고통 속에서도 삶은 가치가 있습니다. 나는 삶의 승리를 꼭 보고 싶습니다"('Friderikusz,'

March 2, 1994).

유대인의 하시드 문학에서 보여주는 죽음과 임종에 대한 접근은 로고테라피의 접근과 유사하다. 모든 인간을 기다리고 있는 운명에 대한 개인의 태도가 중요한 것이다. 이 유사성을 보여주기 위해 두 개의 예시를 제시하겠다. 둘 다 마르틴 부버Martin Buber의 소중한 작은 책 『인간의 길The Way of Man』에서 인용한 것이다.

> 랍비 부남Bunam이 침대에서 죽어갈 때, 그의 아내는 비통한 눈물을 흘리고 있었다. 랍비 부남이 그녀에게 물었다. "왜 울고 있소? 내 모든 삶은 단지 내가 죽는 방법을 배우기 위해 주어진 것일 뿐이라오."

> 하시드 유대교Hasidic Judaism의 유명한 의인Tzadikkim 중 한 명인 랍비 수시아Zusya가 죽음이 가까워졌을 때 제자들에게 말했다. "곧 다가올 세계에서 나는 왜 내가 모세가 아니었는지 질문을 받는 것이 아니라, 왜 내가 수시아가 아니었는지 질문을 받게 될 것이다"(1976, p. 17).

위의 예시에서 보다시피, 철학과 종교 둘 다 죽음에 대한 로고테라피적 접근을 지지한다. 프랭클의 삶과 죽음을 향한 태도적 가치는 항상 자기 자신보다는 타인을 목표로 하고 있다. 태도적 가치를 다른 것보다 더 높게 만드는 것은 다른 사람을 돌보는 것 – 그들의 안녕, 마음의 평화, 안정, 위안을 위해 – 이다. 이러한 돌봄이 돕는 전문직 업무를 완전한 의미의 돕는 직업으로 만드는 것이다. 이러한 돌봄을 의미 있게 만드는 것이 로고테라피의 목적이다.

로고테라피를 통해 죽음에 대해 긍정적이고 삶을 강화하는 입장을 취함으로써 절망은 용기로 바뀔 수 있다. 프랭클은 죽음에 대한 태도적 가치의 깨달음에 관한 자신의 철학을 개인적으로 보여주었다. 루카스(1986)는 자신의 책 『고통의 의미Meaning in Suffering』에서 이렇게 기록했다.

> 뮌헨을 방문하던 중 프랭클은 심각한 심정지를 앓았고 중환자실로 옮겨졌다. 다음날 나는 병원에 있는 그의 아내에게 연락했고, 그녀는 수화기를 남편에게 건넸다. 그는 내게 자신의 상태가 심각하고, 심장이 언제든 멈출 수 있는 상황이라고 말해주었다.
>
> 나는 그를 너무나도 도와주고 싶고, 위로하고, 감사를 표하고 싶었지만, 말을 잇지 못했다.
>
> 여기, 마치 병상에 누워 있는 어머니처럼, 그의 주위에 있는 사람들보다 더 많은 힘을 가지고 있던, 모본이 된 한 사람이 있었다. 그는 침착하게, 거의 행복하게 말했다. 죽는 것은 그에게 어떤 공포도 주지 않았다. 왜냐하면 그는 방금 과업을 마쳤기 때문이다(출판사에 책의 원고를 보냄). 책임에서 벗어난 그는 상황을 바꾸기 위해 어떤 것도 할 필요가 없고, 상황이 그를 위해 결정해줄 것이다. 그는 어떤 운명이든 받아들였다. 왜냐하면 이는 그의 책임을 넘어선 것이었고, 따라서 잘못된 것일 수 없기 때문이었다…. 그는 자신의 삶을 정신치료의 인간성 회복에 바쳤고, 모든 면에서 주변

> 사람들의 헌신적인 돌봄 속에서 임종을 맞이할 수 있는 사람이 었다.
>
> 그는 말을 잇지 못하는 나를 위로해주었다. 그는 내게 말했다. "당신이 언젠가 죽음에 직면할 때 당신도 침착해지세요. 보시다시피, 쉬워요. 두려워할 필요가 없어요." 이 병상에서의 가르침이 그의 유산이었다… 그는 자신의 심정지에 대해 생각하지 않았다. 오히려 그는 나를 걱정했다! (p. 139)

루카스는 이 태도적 가치의 입증을 경험한 후 로고테라피적 개념인 '고통을 인간 승리로 바꾸는 것'이 무엇을 의미하는지 알게 되었다고 한다. 왜냐하면 이러한 성취는 항상 다른 사람을 위해 얻어진 것을 말하기 때문이다.

프랭클의 사례에서만 이 로고테라피적 원리를 보여주는 것은 아니다. '일반적인 사람들'도 죽음과 임종을 향한 용기 있는 개인적 태도는 오직 그 사람에게 달렸고, 그가 처한 상황에 있는 것은 아니라는 점을 반복적으로 보여주었다. 로고테라피뿐만 아니라 돌봄 전문직 관련 서적에는 죽음, 임종, 절망에 빠진 사람들을 대하는 돌봄 원칙과 기술 사용에 대한 사례가 많이 다루어져 있다. 호스피스 운동은 급성기 병원의 '생명 유지' 기구들과 비인간적인 의료 처치(프랭클과 커즌스가 개인적 경험으로 그렇게 생동감 있게 설명해준)에 대한 반응으로 일어났다. 급성기 병원의 현대 의료기술은 죽어가는 사람들의 존엄성을 앗아간다.

전 세계에서 일어나는 호스피스 운동의 핵심은 사람의 손길, 돌봄, 공감, 사랑 등을 향한 탐구이며, 이러한 사회적·영적 지지의 중요성은 문헌에 보고되었다(Franco, 1983; Haney, 1988). 하지만 놀랍게도 그 가운데 희망은 많은 관심을 받지 못했다. 그럼에도 돕는 전문직들에게 희망의 치유력은 여전히 귀중한 요소다. 희망의 부족은 젊은 사람과 노인 모두를 절망으로 이끌고, 심지어 자살로까지 이어지게 한다(Osgood & McIntosh, 1990; Smaldino, 1975). 삶과 현실의 요구에 적응할 수 없는 사람들은 자살 시도를 하기 쉽다. 희망, 돌봄, 방향, 그리고 누구 또는 무엇을 위해 살아야 하는 이유가 없는 사람들은 삶에 흥미를 잃을 수 있다. 칼란Callan(1989)은 프랭클의 로고테라피가 특별히 암환자 돌봄 영역에 종사하는 돕는 전문직들에게 적절하다고 말했다. 환자의 희망을 강화시키고 희망으로 부적응 행동을 변화시키는 것은, 환자의 희망의 원천을 알아냄으로써 달성할 수 있다. 그리고 이것은 결과적으로 환자가 고통과 죽음에 대한 집착으로부터 벗어날 수 있도록 한다.

돕는 전문직들은 웰빙과 정신건강을 위해 지지 체계의 중요성을 알고 있다. 지지 체계의 개발, 유지, 강화, 발달, 그리고 활성화는 –공식적 또는 비공식적으로–, 건강 돌봄 영역뿐만 아니라 '말기 환자'와 그 가족들을 돌보는 분야에서 일하는 의료 전문직의 주요한 역할이다. 인간 영의 숨은 자원을 찾아내는 것, 고통과 죽음 안에서 의미를 찾도록 고통받는 사람을 안내하는 것, 그리고 환자의 약해지는 에너지를 '용감한 일'로 돌리는 것은 돕는 전문직과 로고테라피 치료자 모두의 역할이다. 울프Wolf(1990)는 우리의 삶에서 가장 나쁜 적은 죽음이 아니라 소중한 순간들의 낭비 –배우고, 행동하고, 가르치고, 도움이 되는 기회들을 간과하는 것-, 즉 삶을 성숙하고 성장하는 목적으로 사용하는 데 실패하는 것임을 기억해야 한다고 말한다.

[2부]

로고테라피의 기법과 적용

2부에서는 로고테라피 치료에서 이용되는 주요 개념과 기법들이 제시된다. (그의 위대한 전임자였던 프로이트와 유사하게) 프랭클의 창조성은 로고테라피의 철학적 기초와 이론의 발전에만 국한된 것이 아니라, 신경증을 치료하는 구체적 기법을 아우른다. 이런 기법들의 일부는 일반 심리치료의 기준이 되는 특성으로 자리잡았고, 또한 로고테라피 치료자와, 그보다는 제한적이지만 다른 의료계 종사자들까지 활용하게 되었다. 로고테라피의 주요 기법들 – 역설적 의도와 탈숙고 – 은 자신보다 대의를 향하는 인간의 독특한 능력(자기 초월)과 본인의 관심사 자체에 대한 몰두로부터 거리를 두는 능력(자기와 거리두기)에 기반을 둔다. 로고테라피적 치료는 영적 신경증noogenic neurosis으로 고통당하는 대상자에게 국한되어 있으며, 정신적 신경증psychogenic neurosis의 주요 치료방법은 정신치료이며 의미요법은 단지 보완적인 치료방법 중 하나가 될 수 있다.

5장

역설적 의도Paradoxical Intention

돕는 전문직군에서 다양한 범위의 문제들과, 내담자를 위한 치료 기법의 발전과 더불어 의학·심리학에서 발달한 주요 성격이론들은, 정신의학·간호학·사회복지·심리학·교육학·상담학 등 여러 학문 분야의 돕는 전문직 종사자들에게 중요한 이론적 토대가 된다. 이러한 성격이론은 프로이트, 왓슨Watson, 로저스Rogers, 스키너Skinner, 켈리Kelly, 카텔Cattell, 엘리스Ellis 등에 의해 다양한 정신치료로 세분화되었다.

정신치료는 '정신적 질환, 심리사회적 스트레스, 관계적 문제, 사회적 환경에의 적응문제 등 증상을 해결하는 데 도움을 주는 돕는 전문직과 내담자 간의 치료적 관계의 특별한 공적 소통'(Baker, 1987, p. 1,310)을 망라하는 용어로서, 오늘날 치료법의 주요 형태가 되었다. 몇몇 정신치료의 구체적인 형태는 정신분석psychoanalysis, 가족 치료family therapy, 집단 정신치료group psychotherapy, 지지 치료supportive treatment, 게슈

탈트 치료gestalt therapy, 경험 치료experiential therapy, 원초 치료primal therapy, 심리사회적 치료psychosocial therapy, 인지 치료cognitive therapy, 사이코드라마psychodrama, 교류 분석transactional analysis 등이 있다. 바커Barker(1987)는 "최근 조사에 따르면, 정신건강 영역에서 200개 이상의 구별 가능하고 차별화된 종류의 중재와 이론적 학파가 확인되었다"고 말했다.

이러한 다양한 치료기법이 있음에도 로고테라피가 필요한지에 대한 의문이 제기될 수 있다. 이에 대한 답은 꽤 단순하다. 다음 네 단원에서 나열되고 토의될 기법들은 중요하게 오랜 기간 활용되었으며, 인상적인 결과를 가져온 방법이다. 그러나 그 기원과 적용 방법에 있어서는 설명된 경우가 거의 없다. 로고테라피의 주요 기법들은 돕는 전문직 분야에서 활동하는 전문가들에게는 매우 필수적이며, 이를 통해 그들의 지식 기반은 통합되어야 할 것이다. 돕는 전문직들이 이해해야 할 로고테라피의 기법들에는 무엇이 있는가? 가장 중요한 기법인 역설적 의도paradoxical intention부터 이 장에서 설명하겠다.

프랭클의 역설적 의도

프랭클의 천재성은 동기 이론인 로고테라피의 발전에만 국한되지 않았다. 그의 위대한 전임자인 지그문트 프로이트가 정신분석을 창안했던 것처럼 프랭클은 로고테라피만의 독특한 치료기법인 역설적 의도paradoxical intention를 개발했다. 실제로, 프랭클은 2차세계대전 이전에 역설적 의도의 초기 형태를 개발해 1939년에 스위스의 신경학과 정신의학을 위한 스위스 아카이브Schweitzerisches Archiv fur Neurologie und Psychiatrie에 증례로 발표했다. 프랭클은 저서 『의미를 향한 소리없는 절규Unheard Cry for Meaning』(1982)에서 1929년부터 이 기법을 그의 정신의학적 업무에 적용했지만, 1939년 전까지는 과학잡지에 발표하지 않았다고 밝혔다. 그후 『악타 프시코테라포이티카Acta Psychotherapeutica(1953)』에 실린 그의 논문 「불안과 강박Angst und Zwang」에서 이 기법을 전체적인 방법론으로 계속 발전시키고 있음을 기술했다. 프랭클이 로고테라피 문헌에 체계적으로 정립된 역설적 의도 개념을 발표한 것은 1956년이었다(Frankl, 1982, p. 136). 그 후 프랭클은 역설적 의도를 주요 저서에서 좀 더 명확하게 지속적으로 발전시켰다. 1969년 영어로 출판된 초판본인 『삶의 의미를 찾아서Will to Meaning』의 주요 챕터와, 1960년대와 1970년대에 출판된 저서의 여러 단원과 논문들에서 이 기법을 다루었다.

초판본의 출판 때부터 역설적 의도는 치료적 기법으로서 그 효과와 더불어 활용 빈도가 증가했으며, 특히 불안 및 집착-강박증 환자의 치료를 위해 정신과 의사, 임상심리학자, 로고테라피 치료자들에 의해 유럽에서뿐만 아니라 다른 대륙에서도 적용되었다. 더 나아가 이 기법은, 극심한 집착-강박증과, 그만큼의 고통과 괴로움을 야기하고 삶의 즐거움과 자유를 혹독하게 제한하는 수많은 삶의 문제를 겪는 내담자의 사례에 성공적으로 적용되었다. 역설적 의도라는 용어 그 자체는 프랭클이 나치 강제 수용소에서 해방된 후 의료 업무를 재개했을 때에서야 비로소 로고테라피 기법으로 적용되었다. 처음으로 기록된 환자 사례들에서 프랭클은 벤제드린(각성제 암페타민의 상표명)을 포함한 약물 치료가 몇몇 신경증 치료에 유용한지를 확인하는 데 주된 관심을 가지고 있었다. 그는 약은 임시적 각성제로만 기능하며, 환자는 다른 형태의 심리치료적 개입을 필요로 한다는 것을 발견했다. 집착-강박증과 말더듬증의 사례에 대해 프랭클이 자기 고유의 방법을 적용한 것으로 알려진 이 새로운 접근은 역설적 의도의 첫 모델 사례이다(Frankl, 1992).

이 장에 제시한 역설적 의도의 주요 특징들은 프랭클 자신의 서술과 설명으로부터 수집된 것이다. 이와 함께 다른 내담자의 사례들도 제시했다. 로고테라피 문헌에 그 이후 추가된 사례들은 지난 20년 동안 이 기법의 새로운 발전을 강조하고 있다.

> 역설적 의도 기법이 사용되었을 때 어떤 일이 일어나는지 이해하기 위한 출발점으로, 임상적으로 훈련된 정신과 의사에게 알려진 현상, 즉 예기 불안anticipatory anxiety에 대해 살펴보도록 하자. 이런 불안이 자주 그리고 정확히 내담자가 두려워하는 상황을 초래하는 것은 흔히 관찰되는 현상이다. 예를 들어 그가 방에 들어가서 무리 지어 있는 사람들을 대면했을 때 얼굴이 붉어지는 적색 공포증erythrophobia이 있는 사람은, 실제로 정확히 그 순간에 얼굴이 붉어질 것이다. 증상은, 증상이 다시 일어나도록 자극하는 예기 불안으로 인해 정신적 반응을 유발한다. 증상의 재발은 결과적으로 예기 불안을 강화시키고, 따라서 힘든 악순환이 형성된다. 이 악순환에 갇혀 환자는 고치처럼 자신을 가둔다(Frankl, 1986, p. 221).

예기 불안을 겪는 사람에게 무슨 일이 일어나는지에 대한 위의 묘사는 이 개념에 대한 전통적인 정신분석의 접근과 다르다. 프로이트는 두려움에 대한 특징적인 반응을 싸움 또는 도망으로 설명했다. 프랭클에 의하면, 이 '두려움의 두려움' 뒤에는 세 가지 이유가 있다.

1. 쓰러지거나 기절할 때 불안의 공격이 결국 생길 것이라는
2. 그것이 관상동맥경색으로 이어질 것이라는
3. 결과가 뇌 중풍일 것이라는

이 두려움을 피하기 위해 사람들은 광장이나 폐쇄된 장소와 같이 그들에게 불안감을 야기하는 장소나 대상을 피하는 것에 기반한 특유의 행동 양식을 사용한다. 그 결과 공포증의 행동 양식이 발생하는 것이다. 이와 반대로 강박증에서는, 두려움은 불안감을 야기하는 생각에 대한 투쟁과 병행하여 발생한다. 여기서 두려움은 불안감을 유발하는 동일한 행동의 실현 가능성에 대한 것이다. 이에 더해 성적 신경증에서 뚜렷한, 무언가에 대한 투쟁, 예를 들면 오르가슴 경험에 대한 열망 같은 세 번째 행동 양식도 있다. 로고테라피에서는 과잉 의도가 내담자가 바라는 것의 성취를 막는다고 본다. 프랭클(1986)은 "이것이 바로 로고테라피가 공포증을 앓는 내담자에게 잠시만이라도 자신이 두려워하는 그것을 의도하도록 요청하는 역설적 의도 기법이 기반을 두고 있는 이중적인 사실이다" 라고 기술했다(p. 223).

프랭클에 의하면, 역설적 의도는 '공포증의 돛에서 바람을 없애' 버리는 것이고, 이는 공포증을 향한 태도의 변화를 가져온다. 이 과정

은 앞에서 다룬 특정한 인간 능력인 자기와 거리두기를 활용한다. 이 능력은 자신의 약점과 두려움을 유머를 사용해 웃어 넘길 수 있는 인간의 능력에 내재되어 있다. 이것이 프랭클이 역설적 의도가 최대한 유머러스한 배경에서 이용되어야 한다고 설명한 이유이다. 재치는 보이지 않는 정신적 그림을 만들어내고, 그 본질이 듣는 사람에게 명백해진다. 예를 들어, 웃기는 농담을 들으면서 우리는 유머러스한 상황이 만들어내는 모순에 웃는다. 청취자는 언어적 연결의 도움과 함께 갑작스러운 변화를 통해 한 세계에서 다른 세계로 밀쳐진다.

프로이트는 문화적 환경에 따른 무의식적 요소가 농담, 장난, 일화 등에 담겨 있으며, 농담에 가장 많이 담겨 있다는 점을 발견했다. 농담은 더 의미 있는 오락 활동의 기회를 제공한다. 무의식적 감정, 태도, 생각은 농담의 형태로 가장 잘 표현된다. 이 사실을 프로이트에 의해 분석된 농담으로 좀 더 분명하게 입증해보자. 월요일 아침 한 재소자가 사형 집행장으로 끌려가고 있었다. 가는 도중에 그는 이런 말을 한다. "자, 이번 주는 아주 잘 시작되는군요." 프로이트는 유머가 수용의 해독제라고 기술했다. 유머는 자아의 승리를 가져오는 자극제이며, 부정적인 환경에도 불구하고 여전히 표현할 수 있는 쾌락 원칙이다 (Freud, 1983, p. 162).

프로이트에게 유머의 정신적 의도는 한 사람으로 하여금 자신의 현 상황을 초월할 수 있도록 하고, 자기 자신을 새의 눈의 관점에서 바라볼 수 있도록 하는 것이다. 반면, 프로이트는 유머를 하나의 도구, 또는 치료적 방편으로 활용하지는 않았다. 이 문제는, 두뇌 회전이 빠르고 잘 훈련된 치료자의 손에서라면 웃음은 너무나 가치 있는 치료법으로 활용될 수 있다는 사실을 예리하게 깨달은 프랭클에게 남겨진 과제였다. 내담자의 공포의 대상을 치유를 위한 도구로 전환하는 것은 경이로운 일이다. 진지한 태도를 유지하면서 공포를 우스운 수준이 되도록 과장하는 것 말이다. 이 우스운 상황에서 치료자가 적극적인 역할을 하려는 의지 – 내담자의 자신감을 북돋우고, 내담자가 웃음의 힘을 통해 자신의 공포가 억제될 수 있고 심지어는 없앨 수도 있다는 것을 발견하고 인식할 수 있도록 하는 역할 – 는 경이로운 일이다.

유머와 웃음에 내재된 치유의 힘은 이 주제에 대한 문헌에서 증명되었듯이 수천년 동안 인류에게 이미 알려져 있었다. 나라마다 고유의 우스운 일화, 이야기, 속담, 공연 등이 있으며, 이 사실에서 우리는 전세계의 모든 사람이 웃음에 부여하는 중요성을 추론해볼 수 있다. 현대 의학 역시 이 요소를 활용하고 있다. 노먼Norman이 죽음을 '선고받은' 뒤 어떻게 그 자신을 '문자 그대로' 웃겨서 건강을 되찾았는지에 대한 사례와 수천 명의 의사들에 의해 검증된 웃음의 내재적 치유의 힘에 대한 연구 결과는, 웃음은 최고의 약이라는 사실을 입증한다.

우리 자신을 비웃고, 인간의 질투, 거짓됨, 편견, 탐욕, 욕심, 무절제함에 대한 모든 과장된 표현을 놀리듯 웃는 것은 특히 재난, 참사, 고통에 직면했을 때 심리적으로 필요하다. 유대식 유머는 특히, 역사적으로 자주 질투당하고 미움받고 박해받은 그들의 운명과는 반대로, 인간 영의 도전적 힘을 이용하는 능력을 통해 생존하고, 잿더미에서 되살아나고, 번창하고, 민족성에 대한 모든 공격으로부터 저항하는 능력을 실례로 보여준다. 불카Bulka(1989)는 유대식 유머가 인간 의례의 기본적 요소가 되는 유머를 범주화시켰다는 점에서 독창적이라고 밝혔다. 또한 유머의 가치는 해변에서 몇 마일이나 떨어진 먼 곳에서 침몰된 배의 유일한 생존자였던 나이 많은 두 유대인의 이야기를 통해 잘 알려져 있다. 이후 사람들이 그들의 수영 능력에 감탄하자 그들은 그저 이렇게 말했다. "우리는 수영하지 않았소. 오는 내내 말다툼을 했을 뿐이오." 이 이야기의 또 다른 버전이 있다. 러시아에서 한 유대인이 호수에 빠졌다. 수영을 못하는 그는 이렇게 소리쳤다. "도와주세요. 살려주세요." 그러나 근처에 서 있던 군인 무리를 비롯해 모든 사람이 그를 무시한다. 필사적으로 살기 위해 그는 이렇게 소리친다. "차르(제정 러시아의 황제)와 함께 빠졌다!" 그 즉시 군인들은 호수로 뛰어들어 그를 구했고, 그는 바로 감옥에 끌려갔다.

비인간적인 나치 강제 수용소에 감금된 사람들조차 그 잔학 행위를 견디고자 유머를 이용하고 발전시켰다. 이 유머의 형태는 특별히 '교수형 유머'라고 불린다. 목격자들(Cronstrom-Beskow, 1991)에 의하면 수용소 생활에서 가장 큰 부분은 용기를 잃지 않는 것이다. 두려움과 두려움을 더욱 증폭시키는 예기 불안에 대항하면, 공포증의 강박적 행동을 하도록 몰아가는 충동에 속수무책인 희생자가 아닌 운명의 주인이 될 수 있다. 이것이 바로 프랭클의 역설적 의도의 주된 내용이다. 프랭클은 어떤 막대한 양의 논증, 설득, 지도, 또는 설명도 그들만의 공포의 고치에 걸려든 사람들을 도울 수 없다는 사실을 깨달았다. 유머의 사용을 통해 웃을 수 있는 인간의 능력에 호소하는 것만이 의도된 결과를 성취하게 한다. 프랭클에 의해 분석되고 발전된 것과 같이, 역설적 의도는 자신의 문제에 대항해 개인의 유머 감각을 사용할 것을 권한다.

불카(1989)는 개인의 유머 감각의 사용은 수많은 문제에 이용될 수 있다고 서술했다.

> 만약 누군가가 우울증에 빠지거나 자살충동을 느낄 수도 있는 심각한 상황에 처해진다면, 운명에 대해 웃는 것은 매우 훌륭한 생존 수단이 된다. 그는 이 비극의 부정적 영향을 전적으로 이해하고 있는 동시에, 그 영향을 초월하고, 약간의 경박함으로 그 심각함을 중화시킬수 있다. 여기서 대안적인 결과는 끔찍한 상황에 의해 정신 이상자가 되는 것이거나, 이와 반대로 정상인 상태를 유지하면서 상황이 개인적 족쇄가 되지 않도록 저항하는 것뿐이다(p. 51).

프랭클(1986)은 역설적 의도가 '본질적으로 비특이적 기법'이라고 강조한다. "이러한 비특이성은 왜 이 기법이 가끔 심한 경우에서 효과가 있는지를 명료하게 이해할 수 있도록 도와준다"(p. 226). 역설적 의도는 특별히 단기 치료에서 유용하다고 프랭클은 말한다. 단기 치료의 지속효과가 짧은 점을 지적하며 그 유용성을 의심하는 사람들이 있다. 하지만 결과의 내구성은 치료의 길이로 연결될 필요가 없다. 반대로, 프랭클은 치료기법이 만병 치료제가 아니며 모든 정신과 의사가 같은 기량으로 이 기법을 사용할 수 있는 것은 아니라고 했다. 그는 역설적 의도를 다른 방법들과 병행하는 것을 권장했다. 역설적 의도가 설득적인 방법에 속하는 것인지에 대한 물음에 대해, 프랭클은 오히려 정반대라고 주장한다. 내담자의 두려움을 이성적으로 억누르는 것이 아니라, 두려움을 과장함으로써 그것들을 극복하도록 요청하는 것이다. 더 나아가 이 기법은 처음 보이는 것처럼 그렇게 가벼운 방법이 아니다. 프랭클은 다음과 같이 말한다.

> 그것이 적용될 때라야만 어떤 것은 더욱 깊은 수준에서 발생한다. 공포증이 의식의 표면 아래에서 기원하는 것처럼, 역설적 의도 역시 더 깊은 수준에 영향을 미친다. 이 방법의 유머러스한 표현들은 존재에 대한 기본적인 믿음의 회복에 기반을 둔다…. 알고 보면 이것은 행동적 패턴의 변화 정도가 아니고, 오히려 실존적 방향 전환인 것이다. 그리고 바로 이 관점에서 진정한 '로고테라피적 치료 절차'가 드러나게 된다(Frankl, 1986, p. 240).

기저에 존재하는 불안이 변환되어 신경증의 치료요법으로 이용되는 기전의 발견은 프랭클의 천재성을 증명하는 것이다. 내담자가 자신의 충동에 대항해 싸우는 것을 중지하고, 대신 역설적 의도를 적용해 그 충동을 역설적 방식으로 해결함으로써 비웃으려 노력하기만 하면, 악순환이 끊어지면서 증상은 사라지거나 경감된다. 다행히 실존적 공허 existential vacuum가 원인이 아니라면, 내담자는 자신의 신경증적 공포를 비웃는 데 성공할 뿐 아니라 결과적으로 그것을 완전히 무시하는 데 성공하게 될 것이다(Frankl, 1962, pp. 128-129).

악순환에서 빠져나오기 위해서는, 약물치료로 시작하는 것이 최선의 방법이다. 더 극심한 상황에서는 약물 외에 역설적 의도와 같은 심리치료를 병행할 수 있다. 1950년대 초 프랭클은 내담자의 생리와 관련된 몇몇 공포증, 예를 들면 광장공포증이나 폐소공포증을 진정시켜주는 약물을 개발했다. 그러나 공포증을 제거하는 데 성공하기 위해서는, 생리학적인 방법과 심리학적 방법을 병행해야 한다고 그는 주장한다. 그리고 후자는 역설적 의도의 기능을 말한다.

프랭클은 공포에 직면하는 것은 공포증을 극복하기 위한 최고의 방법이라고 말하며, 그러한 상황에 직면한 자신의 경험을 인용한다. 어느 비오는 날 등산을 하던 프랭클은 200야드 정도 깊은 협곡으로 떨어진 등산객 한 명을 목격했다. 그 사람은 놀랍게도 기적적으로 생존했다. 2주 뒤 프랭클은 동일한 등산로를 오르고 있었는데, 그날도 역시 비가 오고 있었다. 그러나 프랭클은 자신이 경험한 2주 전의 정신적 충격에도 불구하고 공포와 정신적 트라우마를 극복할 수 있었다 (Frankl, 1985). 프랭클은 로고테라피와 역설적 의도를 적용할 상황과, 적용하지 말아야 할 상황을 명확히 구분하는 것이 중요하다고 말한다. 무엇보다 정신병적 우울증을 앓는 내담자를 대할 때는 역설적 의도의 적용을 삼가는 것이 중요하다. 다른 치료법, 예를 들면 약물이나 충격요법은 성격의 병적 측면에 집중하는 반면, 정신 질환에 로고테라피를 적용하는 경우에는 건강하게 내재되어 있는 영적 자원을 활용해야 한다. 더 나아가 로고테라피는 자기와 거리두기, 즉 내적이고 외적인 환경에 대해 거리두기를 취할 수 있는 인간 고유의 능력에 기반을 둔다 (Frankl, 1986, p. 260).

앞서 말한 것처럼, 역설적 의도는 무분별하게 적용될 수 없다. 치료자는 역설적 의도 기법을 적용하기 전에 내담자의 전후 사정을 이해했는지를 꼭 확인해야 한다. 다음에 제시하는 것들은 역설적 의도를 신경증 내담자의 치료에 사용한 사례들이다. 처음 사례들은 프랭클 자신이 이 기법을 적용하고 그 효과를 확인한 것을 직접 말해준 것이다. 그 외에 최근 몇 년 동안 출간된 로고테라피 문헌에 인용된 사례들도 추가했다.

사례 예시

사례 1 | 과하게 땀을 흘리는 것에 대한 공포

프랭클(1962)은 과하게 땀을 흘리는 것에 대한 공포가 있다고 호소하며 찾아온 한 젊은 의사에 대해 자주 언급한다. 그 젊은 의사는 프랭클에게 찾아오기 4년 전부터 이 공포증에 시달렸다고 말했다. 그는 언제든지 땀이 날 것 같은 기분이 들면, 그것을 예상해서 생긴 불안감으로 실제로 두려워하던 것 – 과한 땀 흘림 – 이 일어난다고 했다. 프랭클은 그에게 자신이 얼마나 땀을 흘릴 수 있는지 의도적으로 사람들에게 보여주는 것으로 이 지독한 순환의 고리를 끊어 문제를 해결하라고 조언했다. 일주일 뒤 프랭클을 찾아온 내담자는 이렇게 말했다. "누가 되었든 제 불안감을 자극하는 사람을 만나게 되면 저는 속으로 '원래 나는 1쿼트 정도 땀을 흘리지만, 지금은 10쿼트는 족히 흘릴 수 있겠어!'라는 생각을 되뇌었습니다." 오랜 기간의 괴로움 끝에 이 젊은 의

사는 프랭클과의 한 번의 만남을 통해 영구적으로 이 공포증에서 벗어날 수 있었다(Frankl, 1962, p. 124).

사례 2 | 손떨림으로 고통받는 회계업무 담당자

손떨림을 앓고 있던 한 회계업무 담당자는 수많은 의사에게 치료를 받았음에도 불구하고 치료되지 못했다. 프랭클에게 왔을 때, 그는 너무 절망한 나머지 자살 시도를 하려는 지경에 이른 상태였다. 그는 프랭클에게 자신의 손떨림이 너무 심해 직업을 잃게 될 것이라고 말했다. 프랭클의 동료 중 한 명은 이 사람에게 그가 평소 해오던 일과 정반대의 일을 하라면서 다음과 같이 조언했다. 깔끔하고 읽기 쉽게 글을 쓰기보다는, 그가 할 수 있는 최악으로 휘갈겨 쓰고 자기 자신에게 이와 같이 말하는 것이다. '이제 사람들은 내 글씨가 얼마나 악필인지 알게 될 것이야!' 그는 조언대로 실행했고 악필이 써지지 않는다는 것을 알게 되었다. 이틀만에 내담자의 손떨림은 치료되었고 재발하는 일 없이 일할 수 있게 되었다.

사례 3 | 세균 오염에 대한 극심한 공포/강박증

비엔나 폴리클리닉 병원Vienna Poliklinik Hospital에서, 프랭클의 공동 연구자들은 2개월간 65세 여성을 역설적 의도로 치료했다. 60년 동안 이 여성은 씻어야 한다는 극심한 충동에 시달려왔다. 프랭클은 상태가 심한 그녀에게 안정감을 주기 위한 유일한 치료로 뇌엽절리술lobotomy을 고려할 정도였다. 그녀는 세균에 대한 공포로 인해 인생이 지옥 같다고 말했고, 온종일 침대에서만 생활했으며, 그 어떤 집안일도 할 수 없었다. 그러나 치료가 끝난 후 그녀는 '자신의 공포에 대한 농담'을 할 수 있게 되었다. 이 문제에 대해 프랭클은 "이 여성은 다시금 강박적 생각이 떠오를 수 있기 때문에 완전히 자신의 증상으로부터 자유로워졌다고 볼 수는 없다"고 했다. 그러나 이 사례에 역설적 의도를 적용함으로 인해 이 여성을 60년간 괴롭혀온 악순환의 고리는 끊어낼 수 있었다(Frankl, 1962, p. 126).

사례 4 | 불면증에 대한 공포

많은 사례의 경우 불면증에 대한 두려움은, 생명체는 최소한의 필요한 잠을 스스로 제공한다는 사실을 모르기 때문이라고 프랭클은 말한다. 불면증에 대한 두려움은 잠을 들기 위한 내담자의 과잉 의도로 이어지고, 그 결과 정상적인 생활을 하지 못하게 만든다. 프랭클은 잠을 자려고 하지 말고 최대한 오래 깨어 있으려고 노력하라고 조언한다. 따라서 예기 불안은, 원하는 잠을 가져오는 역설적 의도의 결과로 대체된다(Frankl, 1962, pp. 128-129).

내가 아는 사람 중에 오랜 세월 불면증에 시달린, 이스라엘 집단

농장인 키부츠에 살고 있는 65세 여성이 있다. 그녀는 의사들에게 자문을 구하고 약을 처방받았지만 아무 효과가 없었다. 키부츠에서 보편적으로 쓰이던 민간 요법인 '양의 수를 세기counting sheep', '벽에 병 올려놓기bottles on the wall' 등도 실패했다. 나는 프랭클의 역설적 의도를 적용하고자 노력했고, 그녀에게 불면증과 싸우려 하지 말고 밤이 지나는 동안 깨어 있으려고 노력하라고 진심으로 조언해주었다. 처음에 그녀는 이 웃겨 보이는 제안을 웃어 넘겼지만, 시도해본 결과 수분 안에 잠이 들었다. 그 후로 그녀는 이 방법을 사용해 불면증으로부터 회복될 수 있었다.

사례 5 | 비행에 대한 공포증

한 중년 여성이 비행기에서 내 옆자리의 창가쪽 좌석에 앉아 있었다. 비행기가 곧 이륙할 거라는 기장의 안내방송이 나오자, 이 여성은 떨리는 목소리로 나를 향해 자신과 자리를 바꾸어줄 수 있겠느냐고 물었다. 자리를 바꾸고 나자 비행기는 점점 속력을 내기 시작했고 그녀는 다시 내 손을 잡고 있어도 되겠느냐고 물었다. 그녀는 실신하기 일보 직전으로 보였다. '모든 것이 다 잘될 겁니다'라는 말로 안심시키는 것이 무의미해 보일 만큼 비행에 대한 그녀의 공포는 너무나 명백했다.

나는 기꺼이 그녀에게 내 손의 뼈들이 부러질 만큼 꽉 쥐라고 말했고, 그녀는 이내 웃음을 터뜨리며 내 손을 놓고 미소를 지었다. 그리고는 수년 만에 처음으로 비행이 자신에게 괴로움를 주지 않을 수 있겠다는 생각을 했다고 말했다. 더 나아가 그녀는 다음에 또 비행기를 타야 할 때 공포감이 들면 '그의 뼈를 부러뜨리자!'라고 스스로에게 말해야겠다고 할 만큼 정신이 맑아졌다. 그렇게 함으로써 따라오게 될 웃음은 의도된 진정을 가져다주기에 충분할 것이다.

프랭클은 사람들이 더는 잃을 것이 없다고 생각하기 때문에 역설적 의도를 최후의 수단으로, 무의식적으로 이용한다고 주장한다. 따라서 역설적 의도는 극심한 공포와의 전쟁에서 활용할 수 있는 기법이다. 이 '전쟁'에서 무기는 방어적인 것이 아니라, 오히려 다음의 사례에서처럼 공격적인 것이다.

사례 6 | 고소공포증

나는 이스라엘 군대의 신병 모집을 굉장한 기대감으로 기다리고 있었고, 최선을 다하기로 마음먹고 있었다. 나는 엘리트 부대인 낙하산 부대 입대를 자원했고, 자주 위험한 상황에 처했다. 예를 들면 비행기에서 처음으로 뛰어내릴 때 심한 공포를 느꼈다. 공포를 숨기려고 하면 할수록 공포와 떨림은 더 심화되었다. 그후 나는 공포와 떨림을 내가 할 수 있는 만큼 표현하기로 마음먹었다. 얼마 지나지 않아 떨림과 긴장이 멈추었다. 계획되지 않은 순간적 상황에서 역설적 의도를 적용한 결과, 진정 효과가 있다는 사실에 나는 놀라움을 금치 못했다(Frankl, 1982, p. 193).

사례 7 | 말더듬증

역설적 의도에 대한 지식 없이 이 기법을 의식적으로 사용하는 것은 기대했던 것과는 정반대의 결과를 불러올 수 있다. 복잡한 현상인 말더듬증의 경우가 특히 그러하다. 메슐람Meshoulam(1982)은 말을 더듬는 사람들이 자신이 유창하게 말하지 못할 거라고 예상 될 때 경험하는 불안감, 그리고 유창함은 의식적 노력으로 얻어야 하는 목표로 인식된다는 점을 지적하기 위해 이러한 현상에 대한 여러 연구자의 보고를 인용했다. 자신의 유창하지 못함을 통제하기 위한 여러 시도는, 그들이 절박하게 피하고자 했던 바로 그 결과의 원인이 된다. 정신분석과 행동주의적 연구는 말더듬증의 원인을 파악하는 데 실패했고, 효과적인 치료 방식을 고안해내지도 못했다. 메슐람은, 말더듬증을 앓는 이들을 대할 때 역설적 의도를 이용하는 치료자들은 환자 자신에게 익숙하지 않는 방법을 탐구하도록 장려해야 한다고 말한다. "성공적인 치료가 되기 위해서는 말을 더듬는 사람들이 오래되고 융통성 없는 기존의 사고방식에서 벗어나, 새롭고 비대립적인 태도를 취하는 것을 가능하게 만들어야 한다" (Meshoulam, 1982, p. 182-183).

말더듬증을 앓는 이들에게 이용되는 역설적 의도는, 내담자의 말더듬증의 까닭을 고려해 반드시 서서히 적용되어야 한다. 오직 내담자만이 무엇이 시도될 만하고 무엇이 시도될 만한 것이 아닌지 결정할 수 있게 하고, 그리하여 내담자가 자신의 치료적 중재에 참여할 수 있어야 한다.

> 나는 어느 동구권 국가의 의학 도서관에서 컴퓨터 프로그램 분석가로 일하는 30세 남성을 치료하고 있다. 그는 나에게 자신이 이미 여러 명의 의사와 심리학자들에게 치료를 받았으나 별다른 효과가 없었다고 말했다. 이따금씩 말더듬증이 너무 심해 서비스 이용자들이 자신의 설명을 이해하지 못할 때가 많기 때문에 그는 직업에 대한 두려움을 가지고 있었다. 자신의 직업에 대한 위협을 느낄 때마다 말더듬증을 억제하려고 노력했지만, 그럴수록 더욱 악화되었다. 그의 증상의 저변에는 어떤 병리적 기전도 없었으며, 어린 시절의 경험에는 어떤 특정한 스트레스나 외상의 흔적도 없었다. 따라서 원인이 되는 요소는 다른 곳에서 찾아야만 했다. 그가 말을 더듬지 않은 유일한 경우는, 학창 시절 친구들에게 굉장히 심하게 말을 더듬을 수 있다는 사실을 뽐냈을 때뿐이었다. 그때 그는 의도된 노력에도 불구하고 말을 더듬을 수 없었다. 불행하게도 이전에 만난 치료자들은 로고테라피적 태도나 지식이 없었으므로 학창 시절의 경험은 치료에 활용되지 않았다. 나의 조언에 따라 이 젊은이는 역설적 의도로 치료를 받고 있으며, 느리지만 말더듬 교정에 꾸준한 진전을 보이고 있다.

역설적 의도는 근본적으로 증상에 관한 태도의 수정이라고 루카스

(1986)는 말한다. 그 효과 기전을 잘 아는 사람들은 이 기법이 얼마나 쉽게 성공적인 결과를 가져오는지 알고 있다. 그러나 동시에 의도된 결과를 얻기 위해서라면 자기 자신과 거리를 두는 것이 필수적이라는 사실을 내담자는 반드시 이해하고 있어야 한다. 내담자들은 인간 영의 도전적 힘을 이용하도록 교육되어야 하며, 자신의 운명에 대한 무력한 표적이 되기보다는 의지력으로 자신의 감정을 이끄는 선장이 될 수 있어야 한다. 루카스는 이것이 모든 사람이 접근할 수 있는 자유의 영역이며, 이 영역이야말로 로고테라피 치료자가 역설적 의도 기법을 적용할 수 있는 영역이라고 강조한다.

내담자들은 그 이유와 적용의 올바른 방식을 배우고 나면 이 기법을 연습할 수 있고, 자신의 회복에 –증상 제거를 위해 굳건한 태도를 취하고, 실제로 행함으로써– 책임을 질 수 있다. 내담자들이 태도를 바꾸고 지도된 대로 연습해 설명된 바를 행한다면, 자신에 대한 새로운 인식을 얻게 된다. 이 새로운 인식은, 역설적 의도로 치료된 후에도 그 효과가 오래 지속되게 하는 근본적인 요소이다.

루카스(1986)는, 내담자들이 역설적 의도를 스스로에게 적용하기 위해서는 이 기법이 심각한 불안감을 제거하고 공포를 완화시킬만큼 충분히 유머러스해야 한다고 주장한다. 치료자와 함께 이 기법을 연습한 내담자는 처음으로 자신이 두려워했던 상황을 홀로 직면하게 된다. 재미, 조롱, 과장은 공포를 웃음으로 감싸는 데(또는 프랭클이 말한 것처럼 공포를 그 고치에서 나오도록 풀어내는 데) 이용될 수 있다. 루카스는, 치료자가 내담자를 조롱한다고 느끼게 해서는 결코 안 된다고 강조했다. 오히려 치료자의 도움으로 자신이 터무니없는 공포와 감정적 모순에 대해 웃고 있다는 것을 보아야 한다. 이것이 바로 내담자와 증상 사이에 거리를 두는 것이 중요한 이유이다. 내담자가 자신을 자신의 공포와 동일시하는 한, 어떻게 그 증상에 대해 웃을 수 있겠는가?(Lukas, 1986, p. 77). 좀 더 자세한 설명을 위해 루카스는 다음의 사례를 인용한다.

사례 8 | 엘리베이터에 대한 두려움

엘리베이터, 원형 계단, 케이블카, 그리고 소리가 울리는 긴 복도에 대해 공포를 느끼는 내담자가 있었다. 그녀는 자신이 울렁거리고 어지럽고 숨이 안 쉬어져서 기절할까 봐 두려워했다. 루카스는 그녀와 함께 엘리베이터에 타기 전에, 올라가는 동안 가능하면 각 층마다 기절 할 수 있을 만큼 기절을 해달라고 내담자에게 부탁했다. 루카스는 그녀가 다음 층에서 다시 기절할 수 있도록 꼭 깨워주겠다고 약속했다. 또한 루카스는 역설적 의도로 치료 효과를 높이기 위해 "우리가 20층까지 올라가는 동안 층마다 기절하는 주문을 하도록 해요" 라고 말했다. 이 우스꽝스러운 표현은 내담자가 처음 느끼는 두려움을 바로 완화시켰고, 그녀가 치료적 경험을 시도해볼 수 있도록 해주었다. '첫 번째 층을 통과한 후' 루카스가 말했다. "나는 그녀가 아직 똑바로 서있는 것에 실망한 듯 행동했습니다. 두 번째 층에서 나는 조바심나게 고개를 흔들며 그녀에게 기절의 수를 채우고 싶으면 빨리 하라고 재촉했습니다. 다섯 번째 층에서 나는 화를 내면서 그녀가 적어도 한번은 기절하기로 약속했으니 이제 그러기에 충분한 시간이 되었다고 말했고, 열

번째 층부터는 적어도 식은땀 정도는 흘리려고 노력해보라고 애원했습니다…. 내담자가 웃으면서 기절하지 않은 채 꼭대기 층에 도착했을 때 우리는 옥상 식당에서 레모네이드 한 잔을 마시며 두려움을 극복한 것을 축하했고, 역설적 의도로 엘리베이터 타는 것을 다시 연습하러 갔습니다. 하루가 저물기 전 그녀는 내 도움 없이 기절하지 않고 왕복하는 데 성공했습니다"(Lukas, 1986, pp. 76-77).

사례 9 | 광장공포증

광장공포증이 있는 내담자가 루카스 박사를 방문했다. 그녀는 북적거리는 길거리로 나오는 것에 대한 두려움을 호소하며, 버스를 탈 때도 사람이 너무 많아 직장까지 걸어가야 한다고 말했다. 루카스가 말했다. "당신은 두려움을 여기로 함께 가지고 오셨나요, 아니면 길에 두고 오셨나요?" 처음에 내담자는 루카스의 질문이 무엇을 의미하는지 이해하지 못했다. 내담자는 루카스에게, 계속 두려움이 자신을 압도했고 자신이 할 수 있는 것은 아무것도 없었다고 말했다. 그러자 루카스는, 두려움 – 그녀가 아직 제대로 다루지는 못하지만 곧 극복하게 될 – 에도 불구하고 그녀는 생각하고, 행동하고, 계획하고, 결정할 수 있는 사람이며 '두려움'이 더는 그녀를 놀라게 하지 않을 것이라고 말했다. 이 광장공포증 내담자는 루카스의 노력에 응답하기 시작했고, 어느 날 이렇게 말했다. "오늘은 두려움을 밖에 두고 왔어요. 두려움 없이 당신에게 올 수 있었어요. 당신이 나를 도와주리라는 것을 알아요"(Lukas, 1986, p. 77).

루카스는 내담자들이 일단 건강을 과장된 두려움과 집착에 대한 감정에서 분리해서 볼 수 있다면, 그들에게 역설적 의도를 소개시킬 수 있다고 설명한다. 그녀는 역설적 의도를 처음 시도하는 치료자에게 이 기법이 이론적으로는 단순해 보일 수 있다고 말한다. 그러나 실제 임상 현장에 적용할 때는 좀 더 어려울 수 있다. 왜냐하면 내담자가 치료 전에 경험해왔던 공포에 대한 바람을 불러일으키는 것은 그렇게 간단한 것이 아니기 때문이다. 왜냐하면 그런 바람이 자연스럽게 나타나기에는, 내담자의 인간 영human spirit과 유머(두려움의 적수인)가 활성화되고 적용되어야 하기 때문이다. 루카스는 이렇게 기술한다.

> 내담자들은 역설적 의도를 실행하는 처음 몇 번 동안은 의심 많고 주저하는 모습을 보인다. 그들은 웃어야 되는지 울어야 되는지 갈피를 잡지 못한다. 성공에 대한 확신이 없어 불안정함을 느낀다. 많은 내담자가 다른 종류의 치료를 기대한다. 치료자가 우스꽝스러운 방법으로 그들의 두려움을 묻는 것보다는 그들의 과거를 탐색하고, 꿈을 해석하고, 어린 시절을 분석할 것이라고 생각한다. 이것이 첫 단계가 매우 중요한 이유이다. 그러므로 치료자는 각 내담자의 개성을 고려하는 데 모든 노력을 기울여야 할 것이다. 로고테라피 치료자들은 경험을 통해 내담자를 위한 적절한 역설적 의도 기법을 찾을 수 있을 것이다. 기본적인 믿음, 즉 내담자와 치료자 사이를 잇는 인간 다리는 흔들려서는 안 된다. 왜냐

하면 내담자와 치료자 사이의 믿음은 성공에 대한 자신감을 갖게 하고, 성공에 대한 자신감이 결국 내담자가 정말로 두려워하는 것을 원하게 되는 순간까지 갈 수 있도록 하기 때문이다. 이 단계까지 오면 치료 과정은 거의 내담자 혼자 계속할 수 있게 된다(Lukas, 1986, p. 77).

요약하면, 역설적 의도는 다양한 공포증과 강박증을 치료하는 데 폭넓게 적용할 수 있는 로고테라피 기법이다. 이 기법은 개인의 유머 감각과 삶의 문제에 직면하는 인간 영의 도전적 힘에 그 기반을 두고 있다. 오히려 두려움의 대상을 과장되게 원하는 방법으로 두려움을 해결하는 것, 그리고 그것을 삶에 대한 건강한 태도로 바꾸는 것은 자신과 행복에 대한 새로운 감각을 불러올 수 있다. 내담자의 책임에 대해 주안점을 두는 치료자의 역할도 강조된다. 자신을 보고 웃을 수 있는, 인간의 독특한 능력 – 프랭클에 의해 치료기법으로 만들어지고 다른 이들에 의해 더 개발되고 적용된 – 은 임상적 그리고 공동체적 측면 둘 다에서 큰 중요성이 있음이 확인되었다. 불카(1989)는 말한다. “패배에 대해 웃어 넘김으로써 우리는 그것을 초월한다. 곤경 속에서 농담을 함으로써 우리는 그것을 초월한다. 우울하게 만드는 상황 속에서 미소지음으로써 우리는 개인과 공동체의 온전한 정신을 유지한다”(p. 58).

6장

탈숙고De-reflection

앞에서 언급했듯이, 프랭클의 로고테라피에 의하면 인간에게는 두 가지 능력, 즉 자기 초월과 자기와 거리두기가 있는데, 이는 인본주의적 정신치료humanistic psychotherapy와 가장 관련이 있다. 이 두 가지 중에 자기와 거리두기에 대해서는 이전 장에서 다룬 바 있다. 자기 초월은, 자신만이 아닌 다른 사람이나 물건 등 자신 외의 것이 지닌 의미에 직접적으로 관련되는 개념이다. 프랭클이 언급했듯이, 일이나 사랑에 몰두하는 것으로 우리는 자신을 넘어서고 실현시킨다.

프랭클(1980)은 엄격히 과학적으로 구상된 심리학의 관점으로 인간을 보는 것은 인간을 잠재적 이유가 있는 세상에서 분리시키는 것이라고 주장했다. 그 결과 남게 되는 것은 이유reason 대신 원인cause이다. 겉보기에 비슷한 이 두 개념 사이에는 엄청난 차이가 있다. 사람을 행동하게 하는 이유는 그 사람 자신의 선택인 반면에 원인은 의도치 않게 결정된다. 프랭클은 다음의 예시를 인용해 그 차이를 강조했다.

"양파를 깎으면 울게 된다. 내 눈물에 원인은 있지만 내가 울어야 할 이유는 없다. 친구를 잃게 되었을 때는 눈물을 흘릴 이유가 있다." 게다가 "만약에 의미, 이유, 선택이 없다면, 그것들을 대체하기 위한 결정 요인이 어떻게든 가정되어야 한다. 그러나 이런 상황에서는 사람의 행동에서 인간성은 사라지게 된다"(Frankl, 1980, p. 6).

로고테라피에서 자기와 거리두기는 정신건강 전문가에게 유용한 두 번째 중요한 자원이다. 이것은 외부의 상황을 자신의 생각, 환상, 추억을 통해 자신과 분리하거나, 그런 환경이나 상황에 맞서는 인간의 특별한 능력이다. 우리는 외적인 상황이 아닌 내적인 상황에서도 자신을 분리하는 것이 가능하다. 이 능력은 프랭클의 역설적 의도라는 로고테라피 기법에 기반을 둔 것이다. 그리고 그것을 다양한 공포증과 집착-강박증에 적용하면서 매우 성공적인 결과들을 가져왔다.

다양한 역기능에 의한 인간의 고통과 불행에 대응하기 위해 프랭클은 또 다른 로고테라피 기법을 고안해냈는데, 그는 그것을 탈숙고de-reflection라고 불렀다. 「쾌락 원칙과 성적 신경증The Pleasure Principle and Sexual Neurosis」이라는 글에서 프랭클(1952)은 성기능 장애에 의한 고통을 다루기 위해 처음으로 자신의 로고테라피 기법과 방법을 사용했는데, 마스터스Masters와 존슨Johnson이 발기 부전증과 오르가슴을 경험하지 못하는 불감증 치료법을 제안하기 훨씬 전이었다. 프랭클은 행복을 추구하면 역설적으로 그 반대의 결과를 가져온다는 것을 알아냈다. 사람들이 행복을 좇을수록 행복은 그만큼 더 멀어진다는 것이다. 그 결과 다음의 요소들을 따르는 원을 돌게 된다. 갈망했던 목적은 결과적으로 과잉 의도hyperintention를 가져온다. 이 과잉 의도는 주로 자기 반성, 자기 관찰, 자신에 대해 사색하는 것으로 나타나는데, 프랭클은 이를 '과다 숙고hyperreflection'라고 불렀다. 앞서 언급된 두 가지 행동이 예기 불안과 연결되거나, 원했던 목적을 이루지 못하거나, 생산하지 못하는 두려움을 느끼거나, 기쁨과 행복을 강압적으로 쟁취하려고 할 때, 이것들은 – 사람들이 도달하려고 하면 항상 그렇듯이 – 더욱 더 멀어진다. 폐해만 늘리는 악순환이 병적 기저pathological basis를 통해 형성된다. 이 요소들에 대응하고 악순환을 벗어나기 위해서는 원심력이 작용해야 한다. 즉, (기쁨을 얻기 위한) 과잉 의도 대신에 자기 자신을 타인에게 향하도록 해야 하고, 과다 숙고에 사로잡히는 대신에 자기 자신에 대해 잊어야 한다.

> 잔스Zans의 랍비 하임Hayyim은 아들을 랍비 엘리저Eliezer의 딸과 결혼시켰다. 결혼식 다음 날 그는 신부의 아버지를 찾아가 말했다. "이제 우리는 친척이 되었소. 그래서 당신이 가깝게 느껴지고 내 걱정을 당신에게 말할 수 있소! 보시오! 내 머리와 수염이 하얗게 자랐소. 그리고 난 아직 속죄하지 않았다오!" 랍비 엘리저가 응답했다. "오 나의 친구여, 당신은 당신 자신에 대해서만 생각하고 있구료. 자기 자신과 세상에 대한 생각을 잊는 게 어떻겠소?" (Buber, The way of Man, 1976, p. 31)

하지만 자기 자신에 대해서만 잊으면 안 된다. 사람은 자신을 내주어야 한다. 로고테라피 기법은 성기능 장애의 치료에만 적용되는 것이 아니라 인간 성취에도 적용된다. 다르게 말하면, 사람은 역설적 의도를 통해서는 증상에 대해 웃거나 증상과 싸우면서 참 수동성right passivity을 경험하게 되는 반면, 탈숙고를 통해서는 신경증을 '무시함으로써' 참 능동성right activity을 갖게 된다. 하지만 이런 행동들은, 내담자가 독특한 삶의 의미를 향한 방향 전환과 그것을 찾는 데 필요한 일을 하는가의 여부에 달려 있다(Frankl, 1986, p. 259).

탈숙고의 역동

로고테라피 기법인 탈숙고라는 용어를 처음 접하게 되는 돕는 전문직들은 이 용어가 자신이 이미 알고 있는 카타르시스catharsis나 환기ventilation와 비슷하다는 것을 금방 눈치 챌 것이다. 그러나 그들은 프랭클이 개발한 로고테라피 기법이 정신분석psychoanalytical과 정신역동psychodynamic이라는 두 개념 어느 쪽과도 관계가 없다는 것에 놀랄 수 있다. 전자의 경우 프로이트가 내과 의사인 친구 요제프 브로이어Joseph Breuer를 통해 카타르시스 기법을 배웠다는 것으로 잘 알려져 있다. 이 기법은 한 개인의 문제에 대해 이야기하면서 감정을 발산하고 없애는 것에 중점을 둔다. 프로이트는 초창기에 이 기법과 최면을 결합해 행동 변화에 영향을 주는 데 사용했고, 그것을 카타르시스 최면cathartic hypnosis이라고 불렀다. 그 당시의 견해는 신경증적 증상의 경감은 억압되고 눌려 있던 감정의 방출을 통해 일어난다는 것이었다. 추후에 자유 연상free association과 꿈이 무의식에 이르는 더 좋은 방법임을 깨달은 프로이트는 자신의 치료와 행동 변화의 목적을 무의식을 의식화하는 데 두었다. 그리고 원래 초자아superego와 이드id의 지배 하에 있던 것을 자아ego의 통제 하에 있도록 시도했다. 프로이트는 이렇게 말한다.

> 치료에 대한 우리의 계획은 다음의 가정에 기반을 두었다. 내부 갈등Internal conflict에 의해 자아가 약해졌다면 우리가 도와야 한다. 이것은 외부 협력자의 도움이 필요한 내전 상태와 비슷하다. 분석적인 의사와 내담자의 약해진 자아가 외부의 현실 세계를 바탕으로 장애물, 이드의 본능적 요구, 초자아의 도덕적인 요구 등에 직면하여 서로 연합하는 것이다. 우리는 서로 조약을 맺는다 (Freud, 1940, pp. 62-63).

카타르시스와 환기ventilation는 돕는 전문직들이 같은 목적을 위해 이용한다. 내담자가 문제 상황을 묘사할 때 감정을 표현할 수 있게 하기 위해서다. 심리사회 이론가들에 의하면, 환기는 개인 내부의 스트레스와 갈등의 원인이 심화된 감정을 표현하거나 방출시킨다(Barker, 1987). 돕는 전문직과 내담자의 관계에서 필수적 요소 중 하나인 의도적 감정 표현purposeful expression of feelings은, 소통하지 않음으로 인해 심화될 수 있는 내담자의 감정을 표현하도록 하는 데 도움이 된다. 돕는 전문직은 의도적 감정 표현을 격려하기 위해 경청하고, 연관된 질문을 하고, 대답에 흥미를 보이며 경청하고, 편협하거나 비판적일 수 있는 행동을 피한다(Barker, p. 132).

내담자를 상담할 때 카타르시스, 환기, 의도적 감정 표현 등을 격려하는 것은, 예기 불안에 의한 고통의 결과물인 성기능 장애, 불면증, 언어 장애, 혹은 공포증을 경감시키는 데 도움이 될 수도 있다. 그러나 돕는 전문직과 정신과 의사들이 내담자에 의해 표현되는 감정을 다룰 새로운 기술이 없다면, 내담자는 평생 환기만 할 수도 있다. 이 때문에 프랭클의 탈숙고 기법은 비록 어렵더라도 중독, 불면증, 성기능 장애, 그리고 다양한 질병을 가진 내담자에게 매우 실용적인 기술이다.

프랭클(1986)은 예기 불안뿐만 아니라 신경증의 상태에서는 극심한 과다 숙고로 인해 증상이 더욱 악화된다고 말했다. 그는 이러한 자기 관찰에 대한 충동적 성향에 대응하기 위해, 탈숙고 기법을 고안해냈다. 이 기법을 사용함으로써 내담자는 어떻게 증상을 '무시하고' 긍정적 상황으로 자신의 능력을 전환시킬지를 배우게 된다. 증상을 무시하는 것이 항상 옳지는 않다. 설명을 하자면 이런 것이다. 한 변호사가 정신병원에서 근무하는 친구인 정신과 의사를 방문했다. 그들이 정원에서 산책을 하고 있는데, 내담자 중 한 명이 가까이 따라오면서 정신과 의사의 바지를 적시고 있다는 것을 알아챘다. 그래서 그는 친구에게 이에 대해 말해주었다. 정신과 의사는 어깨를 으쓱하며 이렇게 말했다. "그냥 모른 척하게. 이게 그의 증상이야."

프랭클은 자신의 책 『의사와 영혼The Doctor and the Soul』(1986)에서 프로이트가 유명한 지휘자인 브루노 발터에게 탈숙고 기법을 사용한 사례를 인용한다. 팔의 통증을 호소하던 그 위대한 지휘자가 지휘를 하자마자 고통이 사라졌다는 것을 인정했을 때, 프로이트는 시실리에 있는 고가의 예술품을 보고 오라고 조언했다. 프로이트는 분석만 하기보다는 예술 내용을 활용한 탈숙고를 사용한 것이다(p. 258). 프랭클에 따르면, 탈숙고는 내담자의 관심이 긍정적 측면을 향하는 단계일 때만 이루어진다. 그는 이렇게 주장한다.

> 내담자는 반드시 현재의 업무나 연루된 파트너의 방해로부터 탈숙고해야 한다. 그는 인생의 구체적 소명과 임무를 향해 초점을 바꾸어야 한다. 다시 말해 그의 존재의 로고스에 직면해야만 한다! 악순환을 극복하는 것은 동정이나 무시 같은 신경증적 자기 몰두self-commitment가 아니다. 자기 몰두는 치료를 받아야 한다는 신호다(Frankl, 1986, p. 258).

요컨대 탈숙고는 개인의 의미의 원을 넓혀줌과 동시에 삶을 풍요롭게 한다.

탈숙고는 본질이 부정적인 어떤 것을 긍정적인 것으로 대체하는 것으로서, 여기서 증상 감소는 단지 목표가 아닌 부산물by-product이다(Lukas, 1986). 그러나 이 부산물은 내담자들에게 매우 도움이 된다. 왜냐하면 탈숙고의 진정한 목표는 내담자로 하여금 증상을 감소시키고 완전히 없애도록 하여, 삶에서 새 의미를 찾는 길을 열어주는 것이기 때문이다. 프랭클은 탈숙고에 관한 첫 영어 출판물에서, 과잉 의도의 결정적 요인은 성적 결합에서 기인하는 내담자의 '요구 단계'라고 설명한다. 몇 개의 병인이 되는 압력이 복합적으로 이 요구 단계에 영향을 준다. 그 결과 성적 불감증에 도달하게 된다. 주요 요인은 수행에 대한 사회적 압박, 또는 파트너에 대한 관심보다는 성적인 절정에 대한 집중이다. 예를 들어, 불감증으로 오랫동안 고통받았고 관계하는 동안 자신의 몸에 어떤 일이 일어나고 있는지 끊임없이 생각하던 여성에게 이제는 남편에게 집중하라고 조언하자, 그녀는 며칠 후 오르가슴을 느낄 수 있었다(Frankl, 1952).

탈숙고를 이루기 어렵게 만드는 것은, 치료자가 내담자에게 방해가 되는 몸의 반응을 신경 쓰지 말라고 계속해서 조언할 수는 없다는 사실 때문이다. 사람들에게 불편한 것을 신경 쓰지 말라고 하면, 오히려 어쩔 수 없이 신경을 쓰게 된다. 프랭클은 이런 인간의 성향을, 하인인 람페Lampe가 도둑질하는 것을 목격하고 내쫓아야겠다는 의무감을 느낀 임마누엘 칸트Immanuel Kant의 이야기를 통해 설명한다. 그를 내쫓기에는 너무나도 오랜 기간을 함께한 것이 칸트의 마음 깊은 곳까지 아프게 했다. 그래서 칸트는 책상 위에 커다란 메모를 붙여놓았다. '람페를 잊어야만 한다.' 그리고 당연하게도, 그 메모를 보면서 그는 람페를 떠올렸다(Frankl, 1986, p. 255). 치료자는 내담자의 생각을 막을 수는 없으므로 내담자에게 자신을 괴롭히는 것 외의 것만을 생각하라고 얘기해주는 것밖에 달리 할 수 있는 일이 없다. 즉, 치료자는 내담자로 하여금 증상에 집중하기보다는 더 긍정적이고 귀중하고 노력할 가치가 있는 것, 예를 들면 타인과 애정어린 만남을 갖거나 잘 완수할 수 있는 과제에 관심을 기울이도록 해야 한다.

과잉 의도, 과다 숙고하는 내담자를 위한 자기 초월은 추상적인 문제가 아니다. 자신의 약함에 포로로 잡힌 악순환을 벗어나는 능력은 사람의 마음 속에 자리 잡고 있다. 전술했던 행동들이 의미하는 것이

신체 기능이든, 아니면 사회적으로 습득된 기능 – 예를 들면 시험을 보거나 이성에게 데이트 신청을 하거나 만원인 강당에서 강의를 하는 것 – 이든 이는 사실이다. 불안과 공포의 감정에 집중하는 것보다는 업무에 신경 쓰는 것이 중요한 관건이다. 내담자가 관심을 다른 것으로 변경하도록 돕는 것이 탈숙고의 기능 중 하나다.

탈숙고의 실무 적용

과다 숙고하는 내담자는 주위의 현실보다 자신의 건강, 행동, 생각에 지나치게 과장된 관심을 갖고 자신감이 부족한 인물로 특징지어질 수 있다. 자신을 향한 집착은 건강하지 못한 것이다. 아픔의 신호나 증상은 찾아내려고 하면 할수록 발견하게 될 가능성이 높아진다. 게다가 과다 숙고는 가상과 현실의 질병을 혼동하게 할 가능성을 높일 뿐이다. 그러므로 과다 숙고하는 사람들은 고통받는 인간이며, 고통으로부터 구원과 도움이 필요한 인간이다. 그는 증상으로부터 자유로워지고 건강한 활동으로 인도되어야 한다. 루카스(1980)에 의하면, 인간의 고통은 불가피한 것이지만 불필요한 경우도 있다. 이 불필요한 고통은 내담자가 보통 의도치 않게 스스로 초래한다. 로고테라피에서는 두 종류의 고통(불가피한 것과 불필요한 것)을 다루는 두 가지 다른 기법이 있다. 불가피한 고통에 대한 로고테라피 접근은 태도를 수정하는 것인 반면에, 불필요한 고통은 탈숙고 기법을 적용한다. 탈숙고는 자신의 약함으로 인해 부적절하게 고통받는 내담자들에게 종종 사용하는 로고테라피 상담 기법이다. 상담은 다양한 돕는 전문직들이 개인, 가족, 집단, 그리고 단체를 위해 자주 사용하는 방법이다. 상담은 충고를 해주거나, 대안을 상세히 설명해주거나, 목적을 명확히 할 수 있도록 도와주거나, 필요한 정보를 제공해주는 것을 의미한다(Barker, 1987, p. 35).

정신치료에서 상담은 세 단계로 이루어진다. 진단, 치료, 추후 관리가 그것이다. 이것들은 돕는 전문직의 방법론인 사정assessment, 중재intervention, 평가evaluation에 해당한다. 치료자는 각 단계마다 뚜렷한 기능과 목적을 갖는다. 진단 혹은 사정 단계에서는 내담자에 대한 정보를 얻는 것이 목적이다. 치료자는 내담자의 병력, 사회적 환경, 그리고 현재 직면하거나 고통받는 문제를 알기 위해 조사지, 테스트, 심층 면담을 활용한다. 치료 단계에서 치료자는 내담자가 어려움을 극복할 수 있도록 도와주는 데 전념한다. 중재 단계에서는 치료 계획과 협력에 대해 내담자와 치료자 사이에 상호 합의를 가정하는 것을 기초로 한다. 그리고 추후 관리 단계에서는 세웠던 목표를 달성했는지, 그리고 내담자의 건강을 유지하고 증상에서 벗어나는 데 추가로 도움이 필요한지를 평가하거나, 그의 안녕에 필요한 다른 전문기관에 의뢰하기도 한다.

정신치료의 세 단계는 서로 밀접한 관계가 있고, 각 단계의 성공은 이전 단계의 성공적 종결에 의존한다. 부정확한 진단을 하고 난 후의 치료는 실패할 것이고, 실패한 치료는 추후 관리가 될 수 없다고 루카스(1980)는 주장한다. 또한 각 단계마다 치료자와 내담자 사이의 관계를 방해하거나 해칠 수 있는 위험이 있다. 위험은 진단 단계에서 가장 크지만, 저항은 치료 도중이나 추후 관리 단계에서도 언제든지 발생할 수 있다. 루카스(1982)는 정신치료 방법론을 사용하는 치료자들은 기본적으로 이 경험에 관여하지 않고 제3자의 입장에 머물러 있다는 것을 알아냈다. 이 경험이 통합적 부분이 되려면 먼저 스스로 그렇게 살아봐야 한다. 이 뜻의 의미에 대해 루카스는 이렇게 말한다. "로고테라피를 경험할 수 없다면 치료할 수 없다. 그리고 로고테라피를 경험한다는 것은 내담자가 삶의 의미를 깨우칠 수 있도록 하기 위해 자신의 일부를 제공하는 것을 의미한다"(p. 96).

돕는 전문직들이 잘 알고 있듯이, 내담자가 회피적, 적대적, 비협조적일 수도 있고 치료자에게 폭력적인 경우까지 있다. 이런 행동은 치료자의 태도에 영향을 줄 수 있고, 서로의 관계가 끝이 나는 결과를 가져올 수 있다. 소위 '진상(버티는)' 내담자를 받아들이고 같이 작업하는 것은 절대 쉬운 일이 아니며, 특히 자아도취에 빠져 있는 자기중심적인 사람을 의미 발견으로 안내하는 일은 더욱 어려운 일이다. 자기초월이 내담자 또는 치료자에게 손쉽게 찾아오는 것이 아닌 것처럼, 탈숙고 또한 기적의 기술이 아니다. 치료자에게 엄청난 노력과 실망에 대한 인내를 요구한다. 이 기법들을 습득하기 위해서 치료자는 고통받는 것부터 배워야 한다. 그리고 영적인 발전을 행동으로 안내하기 위해서는 본인이 희생할 준비가 되어 있어야 한다. 결국 탈숙고는 어려운 과업이다. 내담자가 자신의 문제에 대한 집착으로 인해 자신의 잠재력을 깨닫지 못하고 있는 경우에는, 그가 자각하지 못하는 숨겨진 영적 힘을 이끌어내는 것을 목표로 해야 한다.

내담자가 경험하는 위기는 상황을 악화시킬 수도 있지만, 오히려 자극이 될 수도 있다. 치료자는 사람들에게 우울과 인간 성취 중에 하나를 선택하도록 요구할 수 있다. 사람들은 마음 속 깊숙한 곳에 놓인, 자유로워질 그리고 사용될 기회를 기다리는 숨겨진 힘에 대해 좀처럼 의식하지 않는다. 탈숙고는 개인의 증상을 경감시켜주는 것 이상의 기법이다. 영적noogenic 차원을 건강한 움직임 안에 고정시키는 것이 첫걸음이다. 동시에 루카스는 아래와 같이 조언한다.

> 로고테라피 원칙들을 세 단계에 적용시킬 때, 치료자는 다음 사항에 유의해야 한다. 특정한 로고테라피적 진단이라는 것은 없다. 치료에는 로고테라피 기법 이상의 것이 필요하다. 그리고 추후 관리는 로고테라피를 넘어서는 지식이 요구된다. 순수한 로고테라피는 심리학적 상담에 충분하지 못한 것은 사실이지만, 상담에 로고테라피 원칙을 적용시키지 않으면 불완전하다는 것 또한 사실이다(Lukas, 1980, p. 13).

가장 탁월한 로고테라피 전문가인 루카스가 조언한 위의 진술 내용은 모든 돕는 전문직에게 매우 중요한 내용이다. 이것은 로고테라피와 돕는 전문직 사이에서 상호 보완적인 밀접한 관계의 역할이 강조되는 부분이며, 돕는 전문직이 로고테라피의 특정한 지식을 내담자의 서비스에 이용할 수 있는 개연성을 시사한다.

탈숙고는 때때로 즉흥 수준의 질, 즉 순간적으로 직관적 수준의 치료적 안내를 해야 하기 때문에, 사용할 때 진지한 윤리적 배려를 요구한다. 루카스(1986)는 탈숙고를 사용하는 것과 관련된 윤리적 난제를 제시한다. 즉, 내담자에게 개방적이고 정직해야 하는 로고테라피의 원칙, 내담자를 조종하는 것을 금하는 로고테라피의 윤리적 의무, 내담자에게 문제에 대해 생각하지 말고 다른 것에 대해 생각하라고 말하는 것과, 그 이상의 방안을 찾아내기 위한 치료자의 필요 사이의 충돌이 그것이다. 루카스는 '계략trickery'을 통해 이 난제가 해결될 수 있다고 한다. 하지만 이게 바로 문제가 되는 부분이다. 즉, 내담자의 안녕을 위한 계략과 조종을 어떻게 차별화하느냐는 것이다.

탈숙고 기법을 적용하기 전에, 치료자는 내담자의 장애 또는 문제에 어떤 생리적 원인이 없다는 것을 명확히 확인해야 할 것이고, 그것의 근본 원인이 다른 곳에, 아마도 내담자의 과장된 자기 관찰 또는 과잉 의도에 있음이 확실하게 가정될 수 있어야 한다. 이 기법은 최소한의 필요 수준에서, 즉 일반적인 정신치료와 특별히 로고테라피의 윤리적 경계 안에서 허용될 수 있는 방법이 루카스(1986)에 의해 개발되었고, 이 방법은 다음과 같다.

1. 치료자는 내담자에게 증상과 증상에 대한 그의 반영 사이의 관계에 대해 설명한다. 내담자가 문제를 해결하기 위한 계획에 치료자와 함께 참여하고 과다 숙고를 감소시키는 데 동의하면, 다음 단계로 넘어간다.
2. 치료자는 내담자에게 삶을 풍요롭게 할 다양한 활동을 생각해 보라고 제안한다. 내담자에게 루카스가 말하는 그런 활동들의 '대안 목록alternative list'을 적으라고 한다. 이에 더해, 내담자에게 급성 문제처럼 보이는 상황과 해볼 만하다고 생각되는 대안 활동들을 적으라고 한다.

3. 그런 다음, 내담자는 그 활동들 중 하나를 자신이 과다 숙고를 할 것 같을 때마다 선택하여, 그것을 치료에 대한 '준비'라고 생각하고 실행해보라고 권유된다. 이것이 탈숙고 기법의 시작 부분이다. 왜냐하면 현실에서는 이러한 시도가 탈숙고 치료이기 때문이다. 일단 내담자가 다양한 대안들을 테스트해 보기를 시작하면, 의도하지 않았지만 자연스럽게 증상을 감소시키는 길에 들어선 것이다. 그리고 탈숙고를 위해 사용 가능한 대안 중 무엇이 사용될 것인지에 대한 결정이 서면, 치료 과정은 벌써 일어난 것이다.

루카스는 탈숙고를 성기능 장애와 불면증을 치료하는 데 사용할 뿐만 아니라, 자율적 신체 기능의 방해에 관련된 모든 종류의 경우에 사용한다. 그 모든 경우에서, 루카스는 내담자로 하여금 자신이 대면하고 있는 문제의 무력한 피해자가 아니며 자신을 잡아두는 습관에서 벗어날 수 있다고 증명할 수 있도록 돕는 것을 목표로 한다. 그리고 일단 이러한 벗어남이 일어나면, 내담자는 자유로운 인간에 대한 새로운 자아상을 얻는다. 당연히 이 새로운 자아상은, (전문직들도 잘 알고 있듯이) 내담자로 하여금 자기가 선택한 목표를 향한 과정을 계속 해나갈 수 있도록, 강화되고 지속적으로 지지되어야 한다(Lukas, 1986, p. 93).

탈숙고의 사용은 자연적 신체 기능, 중독, 정신적 문제로 인한 장애, 그리고 삶에서의 다양한 다른 문제로부터 발생하는 문제에만 국한되지 않는다. 루카스는 의학적 도움이 더는 가능하지 않은, 치료 불가능한 질환과 임종 환자의 경우까지 탈숙고의 적용을 확대했다. 내인성 우울증, 신체적 질병, 뇌전증과 같이 증상이 제거될 수 없는 사람들에게도 똑같이 적용된다. 이 모든 사례에서 탈숙고는 과다 숙고와 질병에 대한 집착적 경향에 맞서, 남아 있는 시간과 에너지를 인간 고통을 감소하는 데 사용하고, 자기 초월의 도전에 응하는 데 이용될 수 있다 (Lukas, 1981, p. 21).

집단 치료와 탈숙고

비슷한 문제나 같은 상황에 처한 사람들(예를 들어 과부, 중독자, 범법자, 상호이익으로 뭉친 사람들)이 일관되고 한결 같은 행동으로 자신의 문제를 해결하기 위해 구성된 작은 지지모임에 내재된 치료적 가치는 정신건강 분야의 전문가들에게 오래전부터 알려져 있었다. 19세기 후부터는 돕는 전문직 분야에서 효과적인 주요 중재 방법으로 집단 치료group therapy가 포함되었다.

바커(1987)에 의하면, 집단 치료의 목적은 반드시 정서적 문제를 치료하는 것이 아니다. 집단 치료의 목적에는 정보 교환, 사회성과 여러 작업 기술의 개발, 가치 지향을 바꾸는 것, 그리고 반사회적 행동을 생산적 활동으로 전환하는 것 등이 포함되어 있다. 그리고 중재 기법에는 통제된 치료적 토론이 포함된다(p. 152). 집단 정신치료, 또는 집단 치료는 상호작용과 상호관계를 강조하는 것으로, 정서 장애emotional disorder가 있는 사람들의 치료를 목표로 한다. 치료는 돕는 전문직의 지도 하에 진행되지만 구성원이 서로의 문제를 다른 구성원과 공유하고 해결할 방법을 상의하고, 문제 해결을 위한 자료와 기술에 대한 정보와 방법을 교환하게 한다. 전문적으로 통제된 집단 환경 내에서, 구성원들은 자신의 어려움을 극복해 나갈 기회가 주어진다. 바커(1987)는 집단 치료는 행동주의behaviorism, 교류 분석transactional analysis, 가족치료family therapy, 게슈탈트 요법gestalt therapy, 정신분석psychoanalysis 등 다양한 영역에서 돕는 전문직들에 의해 사용되는 형식이라고 말한다.

로고테라피 지향적인 전문가들도 로고테라피 기법인 탈숙고를 사용하면서 다양한 정서적 문제를 치료하기 위해 집단 치료를 사용한다. 크럼보Crumbaugh(1988)는 로고분석logoanalysis의 창시자이다. 로고분석은 자기 개선self-improvement을 위한 방법으로, 다양한 정서 문제를 다루는 심리상담이나 개인 상담을 할 때 사용할 수 있는 보조적 방법이다. 로고분석은 자신의 삶의 경험을 분석하면서 혁신적인 생각으로 개인의 창의력을 자극시키는 과정이자 방법이다. 크럼보는 사람들이 자신감을 기르고 성공으로 이끌 수 있도록 돕기 위해 단계적인 훈련 프로그램을 고안해냈다. 그는 문제 음주자와 알코올 중독자를 치료하는 자신의 치료적 영역뿐만 아니라 로고테라피의 원칙, 가치, 기법 등을 사용하는 임상심리학의 선구자다(Crumbaugh, 1973/1988).

크럼보, 우드Wood와 우드Wood(1980)는 로고테라피 원칙을 통해 알코올 중독자들을 돕는 주요한 중재 방법에 관한 저서를 집필했다. 하지만 이 책은 알코올 중독으로 고통받는 사람뿐 아니라 더 폭 넓게 적용될 수 있다. 크럼보가 개발해낸 방법은 일상 생활에서 많은 문제를 겪는 사람들에게도 적절하다. 치료자와 내담자든, 집단의 지도자와 구성원이든 진정으로 더 나은 삶을 사는 것에 동기부여가 되어 있는 사람이라면 이 자립self-help 책은 똑같이 도움이 될 것이다. 크럼보의 견해로는, 알코올 중독증의 근원을 이해하고 치료하기 위해 이번 세기에 정립된 심리학적 견해를 적용하여 수행된 수많은 연구는, 성공적인 치료의 좋은 예측 인자가 되는 객관적 요인을 제시하지 못했다. 크럼보(1982)에 의하면 치료의 열쇠는 한 단어에 있다. 바로 동기부여다. 하지만 중독자들 중에 진정한 동기로 나쁜 버릇을 버리고, 삶의 방식을 바꾸고, 인생의 새로운 장을 시작하려는 사람들과, 반대로 동기를 꾸며내기만 하는 사람들을 어떻게 판별해낼 수 있을 것인가?

크럼보는 로고테라피는 '동기를 찾기 위해' 충분히 동기부여되어 있는 사람들과 자신이 가지고 있는 능력을 발견하기 위해 삶에서 진정한 의미를 찾으려는 사람들을 도울 수 있고, 이러한 그들의 목적을 달성하기 위해 로고테라피가 사용될 수 있다고 말했다.

그는 두 가지 태도 척도attitudinal scale를 개발했다. '삶의 목적The Purpose in Life(PIL)'과 '영적 목표 찾기The Seeking of Noetic Goals'가 그것이다. PIL은 대상자가 삶의 목적을 발견한 정도를 측정하는 것이고, 영적 목표 찾기는 대상자가 그러한 의미를 찾고자 하는 동기의 강도를 측정하기 위해 개발되었다(이 두 도구는 이 책의 10장에서 자세히 다루어진다). 크럼보가 알코올 중독자들을 돕기 위해 고안한 집단 치료는 3주 동안 이어지는, 짧지만 집중적인 프로그램이다. 그는 자신의 방법으로 이익을 보려는 성향이 강한 알코올 중독자들을 선별하기 위한 검사를 했다. 로고테라피적 가치에 기반해서, 크럼보는 탈숙고를 주요 기법으로 적용한 다섯 단계의 치료 방법을 개발했다. 크럼보는 동기부여가 알코올 중독을 극복하는 데 주요한 역할을 한다는 것을 강조했다. 다시 말해, 그는 집단 치료 참여자들에게 인간존재는 동기부여가 되는 삶의 목적이 필요하다고 설명했다. 이러한 동기가 없으면, 사람들은 삶의 좌절에 굴복하고 편리한 것(알코올)이라면 무엇이든 이용해서 도피하려 할 것이다. 로고테라피가 이 동기를 찾는 열쇠가 될 수 있다. 그가 개발한 다섯 단계는 집단 치료 참여자들이 로고테라피의 원칙을 전달받고 난 후에 적용된다. 이 다섯 단계의 주요 내용은 다음과 같다.

1. 기본적인 삶의 방식이나 세상과 인간성의 본질에 대한 견해를 확인한다. 크럼보의 견해에 의하면, 대부분의 알코올 중독자들은 목적론적 우주론, 다시 말해 모든 자연은 어떤 궁극적 목표나 목적을 향해 있다는 것에 동의한다. 그리고 이러한 관점은 알코올 중독자들을 포함해 종교인과 비종교인 모두가 수긍한다. 첫 번째 단계의 중요한 과업은 로고테라피적 관점(과학적으로 증명할 수 없더라도)에 대한 믿음을 개발하는 것이다. 믿음을 발전시키는 여러 요인 중에서 가장 중요한 것은 자신감self-confidence이다. 크럼보는 다음과 같이 말한다. "우리가 자신을 믿는다면, 자연에 대한 우리의 판단도 신뢰할 수 있다. 우리는 필요한 판단을 고르고 지지하고 행할 수 있다. 그렇게 하지 않으면, 우리는 지적으로 퇴보되고 삶의 능률이 저하될 것이다" (Crumbaugh, 1982, p. 167).
2. 두 번째 단계는 자기 암시autosuggestion를 연습하는 것으로 자신감을 기르는 것인데, 이는 세 번째 단계와 연관된다.
3. 명상meditation과 성찰projection로 창조적 생각을 격려한다.

4. 우리 자신을 넘어서서 남에게 도달하는 만남을 계획한다. 이러한 만남은, 삶의 핵심적인 의미가 되는 깊은 대인관계의 만남이다.
5. 과업이나 삶에서의 활동을 찾는다. 크럼보는 마지막 단계를 '탈숙고'라고 이름지었다.

이 다섯 단계는 단주회, 알코올 중독자 갱생회Alcoholics Anonymous와 12단계 회복 프로그램(12-step recovery programs)(Holmes 1991; Koster, 1991; Wadsworth, 1992)에서 사용되는 접근과 유사하다고 볼 수 있지만, '종교적인 정신missionary spirit'은 덜하다. 크럼보의 관점으로, 문제 음주로부터 회복하기 위해 가장 중요한 것은 다섯 단계를 통해 발견한 의미를 향해 전념하는 것이다. 누군가 이 약속에 전념하려고 하지 않는다면, 삶의 의미를 찾겠다는 말은 무용지물과 같다. 크럼보의 관점에서, 이 모든 로고테라피의 과정은 탈숙고의 일부이며 마지막 분석에서 이 과정은 알코올 중독자를 영적noetic 차원으로 안내한다. 다섯 단계를 밟으면서 발견된 의미를 향해 실제로 전념하는 작업이 이 과정에 내재화되어 있다. 의미를 발견하는 일을 이루어내는 일에 전념하지 않으면 이 다섯 단계는 무용지물이라고 크럼보는 말한다(1982, pp. 167-168). 그러므로 치료자는 내담자에게 긍정적인 생각과 행동을 강조해야 한다.

헨리온Henrion(1987)은 미시시피의 걸프포트에 있는 재향군인병원Veterans Administration Hospital의 알코올 중독자들을 치료하면서 로고테라피의 탈숙고를 사용해 좋은 결과를 냈다. 그녀는 치료 과정에 크럼보의 다섯 단계를 적용했다. 그녀는 환자 계획회의patient planning conference에서 내담자들의 극적인 변화, 특히 부정에서 긍정으로 태도 변화가 있었고, 치료 팀이 로고테라피에 대해 긍정적인 피드백을 받았다고 보고했다. 인내perseverance와 확고한 의지determination는 다섯 단계를 통해 새로운 목적과 삶의 의미를 찾는 데 전념하게 하는 중요한 요소라고 헨리온은 진술한다(1987, p. 117).

루카스(1986)는 정신신체의학psychosomatic medicine의 결과에 기초해 집단 치료를 개발해왔다(Takashima, 1984). 이전 내용에서 언급했던 집단의 장점을 이용해 집단 구성원들이 주변 세상의 긍정적인 측면에만 관심을 갖도록 안내했다. 집단 토의의 주제로는 기쁨, 구성원들이 경험한 즐거움, 소소한 기쁨들에 대한 생각과 제안, 보고 등이었다. 탈숙고 집단에 대한 보고서에서 그녀는 내담자들의 정신적 증상은 줄어들었지만 여전히 치료자가 원인이 되어 생긴 몇가지 역효과는 남았다고 보고했다, 다시 말해 치료자에 의한 폐해가 생겼다는 것이다. 루카스는 이와 같은 탈숙고 집단 치료 경험이 집단 치료 참여자들의 정서적 상태를 안정화시키고 면역성을 증가시키는 치료적 가설을 증명하지 못하는 경우가 종종 있다고 지적했다. 반면에 그녀의 탈숙고 적용 집단에서는 가설이 틀린 경우에는 발생하지 않았다고 진술한다(p. 117). 루카스의 관점으로, 탈숙고 집단의 가장 큰 이점은 구성원들이 서로를 모델로 삼아서, 부정적인 삶에 안주하는 것이 아닌 긍정적인 것을 강조한다는 것이다.

이어지는 사례들은 로고테라피 문헌에 제시된 탈숙고 사례를 모아 놓은 것이다. 처음에는 프랭클 본인이 작업한 고전적 사례가 제시된다. 그다음에는 이 책의 저자와 루카스 등 다른 이들의 작업 사례를 실었다. 여기서는 5장과 마찬가지로 10가지 사례를 제시했다. 다양한 내담자의 문제에 탈숙고를 적용할 때 활용할 수 있도록 선별한 사례들이다.

사례 1 | 불감증 여성

어느 젊은 여성이 자신의 불감증을 걱정하며 프랭클을 찾아왔다. 그녀는 어린 시절 아버지에게 성적 학대를 당했다. 하지만 그녀의 불감증은 정신분석 문헌을 읽은 것에 의한 것임이 드러났다. 그 결과 그녀는 정신적 외상의 경험이 언젠가 끔찍한 피해를 불러올 것을 예상하게 되어버린 것이다. 예기불안으로 자신의 행위에 과다하게 집중하게 되었고 자신의 여성성을 증명하기 위한 과잉 의도를 초래했다. 그 결과 그녀는 오르가슴을 느끼지 못하게 되었고, 파트너에게 집중하여 자연스러운 과정에 맡기는 대신, 그녀가 원하는 의도된 대상(여성성 증명)을 만들었다. 탈숙고를 치료 기술로 사용한 단기 로고테라피의 도움으로 그녀는 파트너에게 다시 집중하고 자연스럽게 절정을 경험할 수 있게 되었다

(Frankl, 1962, p. 123).

사례 2 | 자신의 삼킴에 대한 강박적 관찰자

B씨는 자신의 삼키는 동작을 강박적으로 관찰했다. 그녀는 음식물이 잘못된 곳으로 내려가거나 질식할 거라고 걱정스럽게 예상했다. 그녀의 예기 불안과 강박적인 자기 관찰(혹은 과다 숙고)로 인해 그녀는 거의 먹지 못해 매우 여위었다. 그녀가 자신의 몸을 신뢰하고 자신의 강박증에 대한 탈숙고를 위해 다음의 치료 문구를 이용하는 처치가 이루어졌다. '나는 내가 삼키는 걸 볼 필요가 없다. 왜냐하면 난 굳이 삼킬 필요가 없기 때문이다. 실제로 나는 삼키지 않는다. 오히려 삼켜진다.' 그리고 결국 그녀는 본능적이고 무의식적이며 고의가 아닌, 삼키는 행위에 맡길 수 있게 되었다 (Frankl, 1986, p. 256).

사례 3 | 건망증이 있는 대표이사

대기업 이사인 56세 A씨는 최근에 자신의 건망증 때문에 우울하다. 그는 기억의 쇠퇴를 통해 자신이 늙었다는 징조를 확인했다. 전문 잡지들에서 건망증이 조로早老와 지력知力 쇠퇴의 신호라는 것을 읽었을 때 그는 충격을 받았다. 그는 진단을 받으러 간 병원에서 자신이 겪는 문제가 노인성 치매의 징후라는 말을 들었다. 이 '의학적 소견'을 들은 A씨는 충격으로 일에 대한 관심을 잃고, 우울해지고, 불면증에 시달렸다. 여러 다른 의사들을 만나본 그는 휴식을 취하고 약을 먹으라는 진단을 받았지만 아무것도 도움이 되지 않았다. 그의 우울증은 심해졌고 점진적인 기억 상실 외에는 아무것도 생각할 수 없게 되었다. 의사이며 로고테라피 치료자인 다카시마(1990)는 그에게 이렇게 말했다. "나는 당신의 기억이 쇠약해지고 있다는 것을 이해합니다. 하지만 당신의 회사는 당신에게 돈을 내고 있습니다. 기억력 때문이 아닙니다. 당신의 지식과 판단 때문이죠. 당신에겐 당신보다 좋은 기억력을 가진 비서가 있습니다. 그녀는 그것 때문에 돈을 받고 있습니다. 당신이 모든 걸 기억하려고 하면 그녀는 직장을 잃어버릴 거예요."

A씨는 그 상황의 유머를 인지했고, 안도감을 갖고 다카시마의 사무실을 나왔다. 며칠 뒤 그는 다카시마를 저녁에 초대하기 위해 찾아와서는 자신이 기억력은 약하지만 판단력은 좋다고 말했다. 그래서 그는 식당을 골랐고 그의 비서는 날짜를 상기시켜주었다(Takashima, 1990, p. 88). 이 사례는 의사가 원인cause을 제공한 신경증 사례이다. 의사가 원인이 되었지만, 탈숙고와 역설적 의도, 태도 수정으로 구성된 로고테라피 지식을 가진 의사를 만남으로써 성공적으로 치료되었다. 이 세 가지 로고테라피 기법은 경우에 따라서 병용해 사용할 수 있다.

탈숙고를 적용함으로써 얻는 이점을 강화하는 것은 이 기법으로 치료된 모든 사례에서 중요하다. 내담자들은 극심한 자아 숙고self-reflection에서 돌아서서 새로운 관심, 성취, 건설적인 노력 등으로 향하는 방법을 배워야 한다. 루카스의 『의미있는 삶Meaningful Living』(1986)에서 인용한 다음 사례는 로고테라피 탈숙고 기법의 대표적 사례이다.

사례 4 | 동성애로 의심받아 고통받는 남성

사람들이 자신을 동성애자로 의심해서 몹시 불행한 어느 젊은 남성이 있었다. 그는 동성애자와 짧은 만남을 가졌는데, 그 만남이 다시 반복될까 봐 두려웠다. 그는 위축되었고, 점점 소심해졌고, 자신에 대해 확신이 없어졌고, 결국 자신을 동성애자라고 생각하게 되었다. 치료자는 그를 성적 자기 숙고self-reflections로부터 벗어나도록 돕기 위해 자기집중을 덜 하고 다른 사람에게 좀 더 개방되기를 바라면서, 누구든 좋으니 매일 한 사람에게 좋은 일을 해보라고 제안했다. 하지만 그 젊은 남성은 이렇게 말하며 거절했다. "왜 내가 남들에게 잘해줘야 하죠? 남들은 나한테 잘해줄 생각조차 안 하잖아요!"

루카스는 그가 다른 이들에게 먼저 뭐라도 베풀려고 하지 않으면 남들에게서 연민과 사랑을 더더욱 받기 어려울 것이라고 설명했다. 루카스는 여러 차례 설득을 했고, 결국 그는 루카스의 제안에 동의했다. 자기 자신을 관찰하는 것으로부터 탈숙고하기 위해, 그는 다른 이들을 관찰하고 자신의 작은 친절에 대한 타인의 반응을 정밀하게 메모하도록 지시받았다. 얼마 지나지 않아 그는 어느 젊은 여성을 폭풍우가 내리는 중에 만나 비를 피하게 도와주었고, 카페로 초대하여 다시 그녀를 만났다고 보고했다. 이것으로 치료는 끝났다. 젊은 남성은 치료를 받는 시간이 부족했다. 데이트를 하느라 너무 바빴던 것이다. 루카스는 그가 더는 치료를 필요로 하지 않는다고 믿었다. 그가 사랑을 하는 동안은 동성애에 대한 생각을 전혀 하지 않을 것이란 확신이 있었다(Lucas, 1986, pp. 39-40).

사례 5 | 자살 기도를 한 노부인

자신의 삶에 대해 비통하게 불평하면서 '죽는 것밖에는 남은 게 없다'고 딱 잘라 말하는 노인들을 만날 때마다 나는 75세의 K 할머니와의 만남을 떠올리게 된다. K씨는 노인 주거 시설에 살고 있었다. 그녀는 친척도 없이 혼자였고 남편은 3년 전에 죽었다. 나는 열려 있는 창문 밖으로 한 다리를 내놓은 채 앉아 있는 그녀를 만났다. 그녀의 집은 공교롭게도 아파트 11층이었다. 그녀는 창가에 위험하게 앉아 있는 자신의 모습을 보고 놀라는 노인들을 보는 걸 즐겼다. 그리고 그녀를 구하고자 다가오는 사람들에게 "당신 일이나 신경 쓰시오!"라고 외치며 쫓아냈다. 하지만 그녀는 나에게는 호의적인 것처럼 보였다. 그녀가 뛰거나 창문 밖으로 떨어질까 봐 두려웠음에도 불구하고, 나는 위험한 자세를 눈치채지 못한 것처럼 행동하며 그녀 자신에 대해 말해주기를 요청했다. 이때 나는 한 가지 조건을 제시했는 데, 그것은 그녀가 창가에서 일어나 숙녀가 그래야 하듯 내 옆에 앉는 것이었다. '숙녀'라는 단어가 그녀의 행동에 분명한 변화를 불러왔다. 그녀는 무너져내렸다. 그리고 눈물을 흘리며 자신의 삶, 상실, 그리고 죽음에 대한 계속되는 집착에 대해 말했다. 그녀의 죽음에 대한 과다 숙고는 사라져야 했다. 그렇지 않으면 그녀가 자살 기도를 할 것이라고 생각했다. 그래서 나는 프랭클의 탈숙고를 사용했다. 나는 이렇게 말했다. "나는 당신이 창문 밖으로 떨어지려고 작정한 것이 아니라는 것을 알아요. 왜냐하면 당신은 언제든 그렇게 할 수 있기 때문이죠. 당신은 그저 죽음을 두려워하지 않는다는 것을 보여주고 싶을 뿐이죠. 하지만 죽기까지는 충분한 시간이 당신에게 남아 있어요. 또 모르죠. 당신이 모세처럼 120세까지 살지. 왜 빈둥거리며 의미없이 당신의 삶을 보내버리려고 하나요 ?" 그녀는 잠시 주저하는 듯하다가 물었다. "그러면 내가 무엇을 해야 할까요 ?" 서먹한 분위기가 깨지자, 우리는 K씨를 위해 그녀가 매우 좋아하는 작업인 세입자 소식지 발행을 사무실에서 돕도록 하는 계획을 세웠다. 그 후 열린 창문에 앉아 있는 것은 그녀가 매우 잊고 싶은 일이 되었다.

사례 6 | 우울에 빠진 예술가

B씨는 음악, 연극, 미술에 상식이 풍부한 62세의 여성이었다. 그녀는 암을 앓고 있었고 예후가 좋지 않았다. 그럼에도 불구하고 그녀는 쾌활했고 활력으로 가득 차 있었다. 추후 검사 결과가 '말기 질환'으로 판정되었을 때까지만 해도 그랬다. 그때부터 그녀가 생각할 수 있는 것은 고통과 다가오는 죽음뿐이었다. 그녀는 우울해지고, 위축되고, 무관심해졌다. 전에는 해 아래 있는 거의 모든 것에 관심이 있었지만, 지금은 단 한 가지에만 집중하게 되었다. 고통과 죽음에 대한 두려움이다. 나는 루카스(1980)가 추천한 것처럼 탈숙고를 사용했다. 나는 현재 상태에 대한 질문을 이전의 희망, 관심, 포부, 관계 등에 대한 질문으로 대체했다. 이를 통해 나는 소묘와 그림을 대중에게 전시하고 싶어 하는 그녀의 내면의 소원을 알게 되었다. 그녀는 그 염원이 현실이 되도록 노력해보라는 제안에 흔쾌히 응했다. 새로운 관심은 그녀에게 행동으로 옮겨지는 희망과 의미를 주었다. 그녀는 열심히 노력했고 매우 성공적인 전시회를 열었다. 이 경험은 그녀에게 새로운 자아상과 새로워진 삶에 대한 관심을 가져다주었다.

사례 7 | 만성 통증

탈숙고는 만성 통증으로 고통받고 있는 내담자들에게 유용할 수 있다.

이들은 고통에 너무 집중한 나머지 그들에게 아직 열려 있는 의미를 더는 보지 못하게 될 수 있다. 만성적 통증이 있는 내담자들은 통증과 진통제에 집중하기보다는, 잠재적 의미를 구성하는 삶의 부분들 - 그들이 수행하기를 기다리고 있는 - 을 찾아내는 방법에 대해 배워야 한다. 탈숙고는 이런 사람들에게 불가피하고 필수적인 치료의 요소이다. 만성적 통증이 있는 사람들에게 이 기술을 적용할 때, 치료자는 내담자의 아픔과 고통에 대한 과다 숙고를 대안적 활동과 새로운 의미의 발견으로 바꾼다. 그 과정에서 치료자는 내담자가 새로운 희망과 목표, 그리고 새로운 자아상을 얻도록 돕는다.

만성 통증이 있는 내담자를 치료하는 데는 생리적·정신적·철학적 요소가 전체 치료방안working whole으로 통합되어야 할 필요가 있다. 즉, 첫 번째는 의학적 돌봄, 두 번째는 지시된 심상 요법guided imagery과 관심 전환distraction, 그리고 세 번째 요소로는 로고테라피(넓은 의미의 탈숙고)가 있다. 다음의 사례에서 보듯이, 아이오아 주 녹스빌의 재향군인 의학 센터Veterans Administration Medical Center의 임상심리학자인 위던Whiddon(1985)은 이러한 통합적 접근을 관절염, 암, 두통, 그리고 부상으로 만성 통증 상태에 있는 사람들을 치료하는 데 성공적으로 이용했다.

> 30세 여성 잰Jan은 우울증으로 입원하게 되었다. 그녀는 사고 후유증으로 등에 통증이 있었다. 직장과 가정에서도 문제가 있었는데, 이는 그녀의 우울증과 관련이 있었다. 이것들은 결국 증가하는 무기력, 우울증, 자살에 대한 생각 등 잔인한 굴레로 이어졌다. 병원에서 제공하는 의학적 · 정신적 치료는 부정적인 면에 집중

하도록 했기 때문에 도움이 되지 않았다. 따라서 로고테라피적 접근이 필요했다. 만성 통증이 있는 이 내담자의 치료에는 루카스(1980)의 탈숙고 방법이 도움이 되었다. 잰은 치료에 잘 반응했다. 자신의 인간 자원을 깨닫도록 격려받은 후 그녀는 에너지와 긍정적 감정이 돌아왔다고 말했다. 그녀는 부정적 상황에서 의미 있는 가능성으로 관심을 돌렸고, 능동적으로 의미 있는 존재가 되고자 했다. 그 결과 삶에 대한 만족감 증진, 더 긍정적인 자아상, 육체적 불편함의 감소 등의 변화가 찾아왔다(Whiddon, 1980, p. 80).

만성적으로 아픈 사람들만이 가장 힘든 상황에 있는 사람들의 정신적·영적 역량에 대해 이해할 수 있다. 그들과 같이 힘든 상황에 있는 가족들은 불가피함을 받아들일 수 있고, 질환의 원인을 이해할 수 없을지라도 세상과 영적noological 차원과의 평화는 달성될 수 있음을 증명할 수 있다. 그들이 자신의 삶에 대해 '예yes'라고 하는 시범을 보일 때, 그들의 긍정적 본보기가 삶에 절망하는 수천 명의 사람에게 영감을 줄 수 있다. 또한 그들이 자신의 운명을 용감하게 견뎌내면, 그들의 모범적 태도는 삶에 대한 두려움에 사로잡힌 더 많은 사람에게 동기부여가 될 수 있다(Lukas, 1992, p. 97).

사례 8 | 백혈병을 앓는 소년

9세 때부터 백혈병을 앓은 12세 남자아이의 사례다. 아이의 아버지는 의사였다. 치료자는 그를 의학 학회에서 만났다. 자녀의 질환이 점차적으로 악화되는 것을 보면서 의사로서 그가 할 수 있는 건 조금이나마 증상을 완화시켜주는 것뿐이었다. 치료자는, 만성 질환이 있는 자녀를 가진 의사로서 특별히 더 힘든 것이 있는지를 물었다. 그 의사는 자신의 가족이 아픈 아들을 통해 얻은 것이 잃은 것보다 더 많은 것처럼 보일 때도 있다고 말했다. 그의 말에 놀란 치료자는 그에게 더 구체적으로 이야기해달라고 부탁했다. 그는 아내가 몇 년 동안 우울증을 앓아왔는데, 아들의 10번째 생일 이후 우울증이 멈추었다고 말했다. 그녀는 아들에게 생일 선물로 무엇을 원하느냐고 물었고, 아이는 '행복한 엄마'라고 대답했다. 엄마는 눈물을 글썽이며, 아들이 아픈데 엄마가 어떻게 행복하겠느냐고 물었다. 그러자 아들은 이렇게 대답했다. "하지만 엄마, 내가 백혈병과 함께 살 수 있으면 엄마도 그럴 수 있어요. 그냥 나를 받아들이듯이 이 병도 받아들이세요."

아이가 보여준 자신의 질환에 대한 태도는 엄마뿐만 아니라 아이의 자매들과 이웃의 아이들까지도 도움을 주었다. 그들은 아이와의 만남을 통해 더 섬세하고 성숙해졌다. 예를 들어 한 이웃 아이는 자신이 쓰지 않는 새 축구공을, 불우한 환경에서 자랐다고 친구들에게 따돌림을 당한 한 남자친구에게 주었다. 그 후로 이 가난한 남자아이는 또래들 사이에서 인기을 얻게 되었고, 친구들과의 관계가 회복되었다. "그런데 당신은 어떤가요 ?" 치료자가 의사에게 물었다. "당신은 아들에게 어떤 것을 얻었나요 ?" 의사는 잠시 말을 잃은 것처럼 보였다. 이윽고 그는 이렇게 말했다.

"내가 제일 많은 것을 받았죠. 기도를 다시 하게 되었거든요" (Lukas, 1992, p. 95).

사례 9 | 놀랍게 치유된 목사

목사 F씨는 오랫동안 치료 결과가 좋지 않았는데, 어느 날 갑자기 정확한 이유도 없이 스스로 회복했다. 그가 병원에 왔을 때는 불안과 암울함으로 가득 차 있었다. 그는 설교를 준비할 수 없었고, 교구 주민들이 어떤 요청을 할까 봐 무서워하고, 병원의 환자들이 만나러 와달라고 요청할까 봐 두려워하고 있었다. 상담 과정에서 그가 행복한 결혼생활을 하고 있고 석사 학위도 땄다는 것을 알 수 있었지만, 그의 두려움은 여전히 신뢰를 잃는 감정과 연관되어 있다는 것이 확인되었다. 그는 이 교구에서 일하는 것이 자신의 높은 수준에 맞지 않는다고 생각했고, 그에게 이것밖에 해주지 않는 신에게 화가 나 있었다. 치료자는 탈숙고를 사용해 목사의 공포를 완화시키고 더 긍정적인 방향으로 나아가게 할 수 있었다. 치료의 성공이 임박해 보였지만, 목사에게는 무능함, 적대감, 죄책감 등의 감정이 뒤섞인 공포와 불안이 남아 있었다. 목사는 자신의 문제를 이해하면서도 행동에 옮기기를 거부하고 있었다. 다시 한번 탈숙고를 적용했고, 이전과 비슷한 결과를 보였다. 그러고 나서 6주 후에 그는 치료자가 어리둥절해 할 정도로 갑자기 그리고 완전히 바뀌었다. 겁쟁이에 망설이고 내성적인 사람인 대신에 그는 외향적인 사람이 되었고, 자신의 소명을 자각함으로써 문제에서 벗어났고, 전도 활동이 자신의 삶에 새로운 의미를 부여하는 듯했다. 치료는 끝이 났다. 어느 날 길에서 그 목사를 만난 치료자는 그의 건강 상태를 물어봤다. 그는 "이보다 더 좋을 순 없습니다"라고 대답했다. "내가 당신의 도움에 항상 감사하고 있다는 것을 알아주셨으면 합니다. 아, 내 아내도 마찬가지랍니다. 당신이 나를 치료해준 것이라고 우리는 생각하고 있거든요." 치료자가 대답했다. "그 보상을 받아들일 수 있다면 좋겠네요. 하지만 불행히도 나는 그럴 수 없어요. 사실, 그 어떤 치료자도 정서적 질환을 앓는 내담자를 치료할 순 없습니다. 나는 그저 당신이 스스로를 돕는 방법을 보여드린 것뿐이죠. 당신의 삶의 잠재력을 같이 탐구하고 나서, 당신이 필요하다고 느낀 것을 행동으로 옮긴 당신의 선택이 치유로 이끈 겁니다"(Crumbaugh, 1988, pp. 34-37).

크럼보가 말하기를 문제의 원인, 심지어 가능성이 있는 해답을 통찰하는 것만으로는 절대 치유력이 생기지 않는다. 그 통찰을 실용적으로 이용하려면 동기가 필요하다. 무언가가 그 목사에게 자신의 삶과 목적에 다가가고 발전시킬 새로운 생기와 자신감과 믿음을 준 것이었다. 그가 왜 그랬는지는 여전히 미스터리로 남아 있다. 그리고 미스터리는 그 자유로움으로 인해 항상 영적이다. 사람만이 자신의 태도를 자유롭게 선택할 수 있다(Crumbaugh, 1988, pp. 34-37).

알베르트 아인슈타인은 이렇게 말했다.

> 우리가 경험할 수 있는 가장 아름답고 심오한 감정은 신비로운 감각이다. 그것은 모든 진실한 과학의 씨앗이다. 그 누구에게도 이러한 감정은 낯선 것이다. 궁금증으로 설레며 경외감에 넋을 잃은 채 서 있어보지 못한 자는 죽은 자나 마찬가지다(Crumbaugh, 1988, pp. 35).

탈숙고와 비종교적이고 함축적인 의미의 영성은 서로 직접적인 관계가 있다고 크럼보는 말한다. 나는 탈숙고에 대한 크럼보의 접근에 완전히 동의한다. 이 직접적인 관계는 탈숙고의 최종 목적이 삶의 새로운 영적 의미란 것을 알았을 때 – 다시 말해, 완전히 물질주의적이고 이기적인 목적에서 돌아서서 영적noological 차원을 대표하는 더 높고 영적으로 고취되고 열망을 향하는 것을 깨달을 때 – 분명히 나타난다. 돕는 전문직에게 이것은 '전문적 이타주의자'가 되는 진정한 가치로 요약될 수 있다. 삶의 의미를 찾기 위한 마지막 분석 단계는 항상 영적 경험이다.

사례 10 | 강박증이 있는 관리인

모든 충동과 강박 관념은 탈숙고로 다루어질 수 없고, 모든 중독이 로고테라피 요법으로 성공하는 것은 아니다. 사실, 로고테라피 문헌에 따르면 알코올 중독자에 대한 성공률은 20%에서 25%정도라고 한다. 단주회Alcoholics Anonymous와 약물 중독자 모임Narcotics Anonymous에서 중독자들을 위한 12단계 협력 프로그램에 참여한 사람들 중 15%만이 프로그램을 성공적으로 마쳤다고 보고되었다(Majer, 1992). 지나친 과잉 의도와 성격 장애가 복합적으로 결합된 사례는 특별히 어려운 경우에 속한다. 이런 내담자들은 생각, 인식, 반응 등에 변화가 없는 부적응성 인격 패턴을 보인다. 그들은 지적인 방면으로 집요하게 세심하고 자기 파괴적일 수 있다(Barker, 1987). 그들은 불필요하게 고통받는 대상으로도 분류될 수 있다. 다음 사례에서 설명하듯이 그들은 고통을 받으면서도 탈숙고를 거부하는 것처럼 보인다.

중년의 과부인 C씨는 지난 1년 동안 사회봉사 조직의 관리인으로 복무했다. 그녀는 관리 업무에 대한 전문 교육을 받아 기초 지식을 갖추었으나, 최종적으로 기관에 합류하기 전 감독관은 그녀가 동료 및 스태프들과 일하는 것이 점점 더 어려워진다고 판단해 상담을 받도록 했다. 치료자에게 의뢰된 문제는, 이 내담자의 일 처리 방식과 대인관계 때문에 기관의 이미지가 손상된다는 것이었다. 내담자는 주어진 과업이 완료될 때까지 그 업무에 집중할 수 있는 역량이 부족했다. 새로운 계획에 필요한 경제적이고 전문적인 협의에 대한 존중 없이 여러 업무에 관여하려는 그녀의 충동 때문에 많은 분쟁이 일어났다.

그녀는 업무 관계에서 사소한 세부 사항이나 규칙들에 대해 융통성 없고 권위적인 격식과 서투른 결정 능력을 보였다. '항상 옳다'는 강한 확신과 연관된 이 특징들은 그녀의 일을 매우 어렵게 만들었다. 추가적인 문제들로는, 완전히 부족한 유머 감각, 자신의 문제를 남들이 어떻게 다루는지에 대한 지나친 추측, 그리고 사소한 비판조차 회피하기 위해 자주 눈물로 호소하는 것이었다. 많은 치료자가 그녀에게 다양한 심리치료 방법을 적용해보았지만 효과가 없었다. 로고테라피의 가치와 기술을 소개시켜주려는 시도조차 거부당했다. 내담자는 자신의 과잉 의도에 의해 계속 고통받았다. 그녀는 점차 신체와 정신이 붕괴되고 있었고, 한번은 입원까지 했다. 그럼에도 그녀는 치료에 참여하라는 친절한 조언을 계속 거부했다. 치료자들은 프랭클의 탈숙고 기술을 이용해 그녀의 부정적이고 자멸적인 생각과 태도를 바꾸어 긍정적인 방향과 관계로 이끌려 했지만, 이런 시도도 거절당했다. 전문적인 개입 없이는 내담자는 결국 무너질 것이고, 그러면 정신병원에 가게 될 것이 뻔한데도 그녀는 계속 치료를 거부했다. 치료자는 탈숙고에 다른 기술을 결합해도 도움이 될 수 없다는 결론을 내릴 수 밖에 없었다.

요약

이 장에서는 프랭클의 두 번째 주요 로고테라피적 기법을 개념적인 면에서, 그리고 실무 적용 면에서 살펴보았다. 탈숙고의 치료적 가치와 중요성은 로고테라피 치료 선구자들의 연구에서 인용한 사례를 통해 설명되었다. 로고테라피 개념인 탈숙고는, 제한적이고 압박적인 상황과 환경을 넘어서 이에 대항하는 인간 능력에 기반을 두고 있다. 인간 영spirit이 가려지는 과도한 고통을 야기하는 상황 그 너머를 바라보며 일어서는 것은 고통받는 사람의 눈 앞에 새로운 미래를 열어준다. 부정적 힘에 대항하여 인간 성취로 바꾸는 것은 탈숙고의 핵심이다. 탈숙고 기법은 개인을 더 높고 더 긍정적인 삶의 목표로 이끄는 수단의 역할을 한다. 왜냐하면 메드지보저 랍비Medzibozer Rabbi가 가르쳤듯이 개인은 세상의 발전에 기여하도록 이곳에 놓인 존재이기 때문이다. 하지만 어떤 사람의 영spirit이 세상의 모든 좋은 것과 만족감에 대한 끈질긴 추구에 묶여 속박되어 있을 때, 그리고 오직 그의 필요를 채우는 데 치중해 있을 때 – 다른 사람의 요구와 관심을 고려하지 않고 – 충동적 요소와 과잉 의도적 요소, 자기부정적 요소 등이 합쳐 그를 인간으로서 가치가 없는 단계까지 깎아 내린다.

탈숙고의 치료적 힘은 중독, 만성적·정신신체적·신경증적 상태의 사례에서 집단과 개인 치료 모두에 성공적으로 쓰일 수 있다. 치료자는 주의깊게 진단을 내리고 잠재적인 윤리적 문제에 대해 알도록 강력히 권고된다. 어떤 행동이 행해지기 전에, 그 행동이 후회의 원인이 될지 예측해봐야 한다. 치료자는 이 장에서 상세히 거론되는 루카스의 대안 목록 만들기를 시험해보고, 이 기술로 얻어진 긍정적 결과들을 재강화해볼 수 있다.

수면과 오르가슴 같은 정상적 상태가 내담자에 의해 강압되고 과잉 의도로 인해 차단될 때, 탈숙고는 로고테라피적 단일 기법으로 쓰일 수 있다. 이런 사례들에서 탈숙고는, 이전에 막힌 상태를 만든 태도를 바꾸도록 해준다. 내담자는 많은 괴로움과 불필요한 고통을 야기한 정상적 그리고 비정상적 행동 패턴에 갇혀 있을 수 있다. 둘 다의 상황이 존재할 때, 치료자는 로고테라피적 기법들을 복합적으로 사용할 수 있을 것이다. 즉, 내담자를 예기 불안으로부터 자유롭게 함으로써, 가리고 있는 장애물을 걷어내고 내담자의 태도를 자신에게서 다른 사람을 향하도록 바꾸는 것이다. 많은 일탈적 행동이 방향의 전환으로 인해 제거되거나, 적어도 그 강도는 감소될 수 있다. 자기를 압박하고, 자기 비하적이고, 자기 중심적인 삶을 건강한 의미 있는 삶으로 전환할 수 있는 것이다.

7장

소크라테스 대화법

‘삶과 죽음은 언어의 손에 달렸다’는 옛 속담이 있다. 실제로 모든 돕거나 치료하는 전문직에서 지식을 전달하고 수용하는 모든 방법을 포함하는 의사소통과 정보 교환은, 돕는 자와 도움을 받는 자, 전문가와 내담자 사이의 주요 수단으로 작용한다. 자연 언어 혹은 일상적 의사소통은 삶을 영위하게 한다. 의사소통에는 언어적, 비언어적 표현, 몸짓이 사용된다. 목소리의 어조, 찡그린 표정, 미소, 고개를 끄덕이는 것 등은 모두 인간의 의사소통 수단이다. 이런 것들 중 어떤 것은 특정한 문화나 민족에서만 통용되는 특유의 문화이고, 어떤 것은 인종이나 문화집단에 상관없이 모든 사람에게 보편적이고 똑같이 이해된다.

일상적인 의사소통 효과적인 정신치료적 담론discourse은 둘 다 같은 말인 것 같지만, 차이점은 내담자와 전문가가 개념을 다르게 해석하고 사용한다는 것이다. 일상의 언어에서 사용자의 목적은 무언가를 얻는 데 있다. 확실성, 정보, 이익 등이 그것이다. 담론 상대는 질문 없이 수락되고, 그 교환은 목적에 대한 상호 관계를 기반으로 한다. 즉, 두 파트너는 단어에 특별한 의미를 부여하지 않고 서로의 말을 이해하려고 하는 것이다. 예를 들자면, 두 사람이 새로 나온 책에 대해 이야기를 할 경우, 그들의 대화는 서로에 대한 이야기가 아니다. 그들의 의견이나 비판은 각각의 주제에 대해서만 언급하는 것으로 인식된다. 관심에 대한 상호 관계는 토론을 편안하게 한다. 파트너들은 서로를 동등한 존재로 간주한다. 대화에 부여하는 노력은 상대방이 무슨 말을 하는지 이해하려는 것이지 그 사람이 어떤 사람인지가 아니다. 담론의 언어는 치료 수단으로 사용되며, 이는 프로이트가 말한 것처럼 '말하는 치료'이다.

로린츠Lorincz(1993)가 지적한 것처럼, 일상의 대화와 치료적 담론 간의 이러한 차이점은 치료적 담론이 어떻게 목적을 이루는지 설명해 주지 않는다. 치료자의 기대는 내담자의 언어적 행동의 변화가 치료적 담론의 심리적 차원의 변화에 해당할 것이라는 것이다. 하지만 그 기대는 현실을 기반으로 한 것이 아니다. 치료 중에 언어는 변하지만 실제 행동에서는 변하지 않는 내담자가 많다.

정신분석에서는 언어가 내담자를 변화시키는 힘을 가지고 있지만, 병리학적으로 볼 때 잠재의식subconscious에서만 가능하다는 가정이 있다. 변화는 내담자의 행동 표면이 아닌 영혼 깊숙한 곳에서 일어난다. 라코프Lackoff(1982)는 언어는 영혼을 여는 창문이며 언어의 규칙은 영혼이 뛰어나가서 놀 수 있게 해주는 문으로 인식한다. 치료자의 역할은 내담자를 위해 게임의 규칙을 바꾸는 것이다. 이 규칙을 바꾸는 것은 내담자의 명백한 행동만큼 깊이가 있는 것은 아니지만 치료적 상담의 본질이다. 대부분의 돕는 전문직은 설정된 규칙을 내담자를 위한 치료 목적과 목표를 이루기 위한 주요 수단으로 사용하는 반면에, 로고테라피 치료자는 소크라테스 대화법으로 내담자들을 상담한다.

소크라테스 대화법 : 로고테라피의 '핵심 기법'

소크라테스는 고대 그리스의 가장 영향력 있는 철학자였다. 그는 기원전 469년에 태어나서 기원전 399년까지 살았다. 그의 철학적 담론은 그의 가장 유명한 제자인 플라톤에 의해 기록되었다. 왜냐하면 소크라테스는 자신의 지혜의 진주를 기록하지 않았기 때문이다. 오히려 그는 아테네의 젊은 층에게 민주주의, 품위, 진리의 발견에 대해 가르치는 일에 헌신했다. 그는 진리의 힘으로 사랑하는 도시 아테네를 그 시대의 사회적 병으로부터 구원하는 데 중점을 두었다. 그가 가르치는 방식은 일반적으로 '산파술midwifery'로 알려져 있다. 어머니의 출산을 돕는 조산사와 비슷하게, 소크라테스는 청중과 제자들이 자신의 영혼 속에 존재하는 진리를 깨닫도록 도왔다. 그는 자신의 어머니가 아기가 세상에 나올 수 있게 돕는 조산사였다고 종종 말했는데, 그는 제자들이 자신의 숨겨진 생각을 이끌어내도록 도왔다. 그가 가르치는 방식은 '나이브한naive' 혹은 역설적인ironical 것으로 여겨졌다. 그는 대화를 시작할 때 자신을 지식이 없는 사람으로 제시하는데, 물론 이는 사실과는 거리가 먼 것이다. 그는 자신이 아는 단 한 가지 확실한 것이 있다고 강조했다. 자신은 아무것도 모른다는 것이었다. 이런 식으로 그는 청중을 담론에 참여시키는 데 성공했고, 종국에는 세상에 대한 자신의 견해를 표현하고 진실을 가르칠 수 있었다.

소크라테스는 귀납적인 교육방법을 확립한 것으로도 인정받고 있다. 청중이 사용하는 생각과 개념을 명확하게 하고, 그것을 올바른 의미로 정의하는 것은 그의 교육 방법의 일부였다. '윤리의 아버지'인 소크라테스는 진실뿐만 아니라 지역 사회에 이익이 되는 선善을 발견하는 데 관심이 있었다. 그는 선과 좋은 것에 대한 지식이 필연적으로 올바른 행동으로 이어질 것이라고 생각했는데, 이는 아리스토텔레스에 의해 강하게 비판받은 사상이다. 실제로 역사가 보여주듯이, 소크라테스는 나이브한 기대를 가지고 있었고, 결국 그 대가를 치렀다(Pais, 1993). 아테네의 신들을 존중하지 않고 젊은이들을 잘못 이끌었다는 모함으로 70세의 나이에 사형 선고를 받았던 것이다. 소크라테스는 감옥에서 탈옥하라는 친구의 조언을 받아들이지 않았다. 틀리거나 불공평하더라도 품위 있는 사람이라면 법과 평결을 존중하는 것이 그가 모두에게 가르친 방식의 행동이었다. 따라서 그는 기꺼이 자신에게 주어진 독을 마시고 죽었다. 그의 삶과 가르침은 오늘날 돕는 전문직의 윤리적 행동에 이상을 제시했고, 진리와 의미를 발견해내는 그의 방식은 도움을 구하는 사람들과 함께 로고테라피의 '핵심 기법workhouse'이 되었다.

소크라테스의 사상과 프랭클의 철학적 신념, 그리고 그들의 실제 적용과 방법론을 인간 행동의 측면에서 비교해보면, 두 거인 사이에 많은 유사점이 있음을 알 수 있다. 소크라테스가 선행이라고 인식했던 것을 예로 들자면, 프랭클은 선행을 의미로 간주했다. 소크라테스는 행복을 선행에서 찾을 수 있다고 말했고, 프랭클은 의미 있는 과제와 다른 인간을 돌보는 것에서 선행을 발견한다. 이들 철학자와 교수는 둘 다 인간이 선택을 할 수 있고 해야 하는 존재라는 것에 동의한다. 그리고 둘 다 미래를 위해 과거를 배우는 것은 필수적이라고 주장한다. 하지만 자살의 주제에 대해서는 서로 차이를 보인다. 소크라테스는 자살이 자신을 위한 선택지일 수도 있다고 생각했지만, 프랭클은 자살은 결코 선택지가 될 수 없다고 주장했다. 영적 차원의 자원을 사용한다면 우리는 삶을 포기하는 대신에 삶에서 의미를 찾을 수 있다. 두 사상가 사이의 또 다른 차이점은 진실을 찾거나 의미를 발견하는 방법론이다. 소크라테스의 나이브한 질문은 자신이 선호하는 교육의 도구였지만, 프랭클은 이러한 변증법적 방식에 자신이 개발한 특정 로고테라피 기법인 역설적 의도와 태도 수정을 추가했다. 소크라테스와 프랭클의 철학과 방식에 대한 추가적인 유사점과 차이점은 굴드Gould에 의해 정리되었다(1988).

다른 주요 로고테라피 기법들처럼 소크라테스 대화법은 프랭클에 의해 개발되었다. 프랭클은 1946년에 출판된 『의사와 영혼The Doctor and the Soul』(1986)에서 골결핵으로 인해 다리가 절단된 어느 여성의 이야기를 들려준다. 절단하기 전날 밤에 여성은 친구에게 편지를 썼는데, 자살을 암시하고 있었다. 그 편지는 다행히 이 여성이 머물렀던 병동의 의사에 의해 발견되었다. 이는 의사가 그녀와 대화할 구실이 되었다. 프랭클은 그 의사가 소크라테스 대화법을 사용해 환자가 자살에 관한 생각을 단념시킬 수 있었다고 말했다. 프랭클은 다리의 상실이 실제로 모든 것의 의미를 앗아가는 것과 연관이 있다면 인생은 실제로 매우 열악한 것일 거라고 조언했다. 이 사례는 소크라테스 대화법을 성공적으로 적용함으로써 환자의 생명을 구해낼 수 있음을 보여준다(Frankl, 1986, p. 283).

로고테라피에 적용하는 소크라테스 대화법은 무엇일까? 무엇보다도 우선 이 기법은 자아 발견을 위한 도구 혹은 기술이다. 소크라테스 대화법은 도움을 구하는 사람들을 위해 일하는 업무 분야에 많은 목적과 목표를 제공한다.

소크라테스 대화법은

1. 영적 무의식과 연결하는 것을 돕는다.
2. 숨겨져 있는 내적 힘을 인식할 수 있게 한다.
3. 인생에서 의미를 찾도록 안내한다.
4. 과거의 경험을 검토하고 미래를 구상할 수 있게 한다.
5. 한때는 의미가 있었지만 지금은 잊어버린 절정 경험을 생각해 보게 한다.
6. 현재 상황과 직면한 문제를 해결할 힘과 능력을 재평가할 기회를 제공한다.

프랭클은 의미는 우리 자신 안에서 발견된다고 본다. 여기서 치료자는 권위적인 위치에 있기보다는 교육을 하고 변화를 촉진하는 역할을 한다. 소크라테스 대화법은 일종의 교육 방법이다. 즉, 내담자가 자신의 힘, 환상, 꿈, 그리고 다른 사람이 의미를 찾도록 돕는 방법 등을 가르친다. 소크라테스 대화법은 모든 로고테라피 상담에서 사용되는 도구이다. 다시 말해 이 대화법은 내인성 우울증으로 고통받고 있는 사람들과 함께 그들에게 의미 있는 과제를 찾게 하고, 정신적·영적 우울증에서 개인적인 의미를 찾고 그들의 가치의 시야를 넓히고, 실존적 공허와 좌절에서 자아초월로 향하도록 돕고, 삶에서 가치의 우선순위를 정하도록 하고, 부정적인 자아 개념·죄책감·자기 비난에 빠진 사람들의 자존감을 강화시키고, 자신에 대한 태도를 수정하도록 돕는다(Khatami, 1989). 소크라테스 대화법은 로고테라피 상담의 네 단계에서 사용된다.

1. 질병의 증상으로부터 거리를 두도록 돕는다.
2. 새로운 태도를 갖도록 이끈다.
3. 자신이 행한 이전의 업적과 공적을 깨달아 증상을 극복하게 한다.
4. 로고테라피 치료자가 내담자로 하여금 의미를 찾도록 협력하는 것을 가능케 한다(Fabry, 1984).

이 기술은 소크라테스가 사용하는 방법과 유사하게 치료자가 질문한 내용을 기반으로 한다. 질문은 내담자의 무의식적 결정, 숨겨진 희망과 기대를 의식으로 가져온다. 그것들은 자신을 더욱 잘 알 수 있게 돕는다. 내담자는 스스로를 자세히 관찰하고 자신이 진정 누구인지 알아내야 한다. 내담자는 자신의 삶이 의미 있다고 느끼고, 활력 넘치는 경우를 떠올리고, 과거의 사건을 통해 현재의 어려움과 생활의 문제를 처리할 수 있는 자신의 능력에 대해 확신을 갖도록 도움을 받는다. 소크라테스 대화법은 내담자의 자기 인식을 높이고 선택의 자유를 의식하게 하는 것을 목표로 한다. 내담자의 감정을 알기 위해 치료자는 다음과 같이 묻는다. '그 상황에서 당신은 무엇을 했나요?' 내담자의 가치, 판단, 행동에 대한 의사결정에 대해 알아보기 위해 치료자는 다음과 같이 질문한다. '현재의 상황이 당신에게 무엇을 요구한다고 생각하나요?' 이러한 대화는 내담자가 자신의 삶과 행동에 책임을 지는 존재임을 인식하도록 돕는다. 또한 수면 밑을 바라보고 자신의 시야에서 숨겨져 있는 것이 무엇인지 찾도록 해준다(생텍쥐페리의 『어린 왕자』에서 어린 왕자가 여우한테 "의미 있는 것은 우리 시야에서 숨겨져 있다"고 가르침을 받았듯이 [1991, p. 70]).

로고테라피 치료자는 내담자와 일하며 공감하는 데 시간을 투자한다. 이 동맹은 모든 소크라테스 대화법과 마찬가지로 내담자가 새로운 삶의 의미를 찾는 것을 목표로 한다. 필요하다면, 로고테라피 치료자는 내담자와 직면confrontation하는 것을 주저하지 않는다. 이 직면은 내담자가 치료자로부터 독립할 때, 자존감을 얻었을 때, 그리고 진정한 사람an authentic person이 되었을 때 끝난다. 프랭클(1986)은 무의식적 자아와 진정한 자아를 구분한다. 무의식적 자아는 상황에 따른 무의식적 반응에 적용된다. 이 반응은 사람의 유전적 성질, 관습, 생리학, 사회 환경 등의 결과이다. 프랭클의 이론에서 무의식적 자아는 '내가 무엇인지'가 아니라 '내가 무엇을 가졌는지'이다. 무의식적 자아와는 반대로, 진정한 자아는 자신의 본질과 독창성, 지향하는 책임감, 의사 결정과 의미이다.

하타미Khatami(1988)는 우울한 환자들과 일할 때 소크라테스 대화법의 일부로 로고차트logochart를 사용한다. 하타미는 로고차트가 치료 기술이며, 환자가 현실을 왜곡하거나 책임을 거부하는 것을 선별하는 방법을 알도록 돕기 위한 과제라고 말한다. 이것은 간단한 기술이어서 환자들은 자신의 일상 생활에 적용시킬 수 있다. 이 기술은 '중요한 타인significant others'에게 사용할 수도 있다. 이는 다른 형태의 치료와 호환된다. 차트에 기록하는 일은 환자의 일상적 기능을 도우면서 치료 도중이나 후에 이루어질 수 있다. 인식, 의미, 반응은 이 기법의 측정 지표이다. 이 중 첫 번째는 자신의 주관적 가치와 신념 체계를 통해 들어오는 정보를 걸러내는 방식이다. 두 번째는 의미를 찾는 것이다. 그리고 세 번째는 자신의 생각과 주어진 상황에서 보는 의미에 따른 반응으로, 실제로 무엇을 하는지에 대한 것이다(p. 68). 하지만 각 차트는 환자가 다루고자 하는 하나의 문제만을 다룬다. 사건이나 문제는 로고차트의 상단에 기록되고 페이지는 세 부분으로 나뉜다. 자신, 무의식적 자아, 그리고 진정한 자아가 그것이다. 이것들은 인식, 의미, 반응/행동 등에 관한 질문으로 더 나뉜다. 하타미는 소크라테스 대화법이 환자들이 무의식에서 진정한 자아로, 그리고 정신생물학적인 것에서 영적 차원으로 전환하는 데 도움이 된다고 말한다. 이는 환자의 성숙화를 촉진시켜 책임감 있게 행동할 수 있게 한다.

소크라테스 대화법을 통한 의미 찾기

이 책의 3장에서 나는 로고테라피에서 세 가지 유형의 고통을 구분할 수 있다고 언급했다. 변하지 않는 운명과 관련된 것, 감정적으로 고통스러운 경험의 결과로 찾아오는 것, 그리고 인생의 무의미함에서 비롯된 것 등이 그것이다. 이러한 고통 중 첫 번째는 환자가 변할 수 없는 그 무엇, 즉 운명이 개인에게 가지고 온 어떤 것을 받아들이는 것이 필요하다. 예를 들면 늙고 병드는 것, 배우자·친구·사랑하는 사람을 잃는 것, 불치의 병 등이 첫 번째 유형이다(Kimble & Ellor, 1989). 여기서 소크라테스 대화법은 운명과 조화시키는 것을 목표로 하며, 이 상황에서 그 사람이 자유를 인식하도록 돕는다. 이러한 자유는 피할 수 없는 것에 대한 부정적 인식을 긍정적 생각으로 바꾸는 데 있다.

다른 유형의 고통, 다시 말해 가족 문제, 직장이나 학교에서의 괴롭힘, 개인적인 실패, 그리고 다른 곤경에 처한 경우 소크라테스 대화법은 사람들이 선택할 수 있도록 도움을 준다. 즉, 상황에 계속 머무르면서 고통을 겪거나 고통을 끝낼 수 있는 의미를 발견해낸다. 로고테라피는 고통을 당하는 사람에 대해 대부분 돕는 전문직의 생각과는 다른 견해를 요구한다. 로고테라피에서는 고통당하는 자는 도움을 구하는 사람이고 로고테라피 치료자는 조력자이다. 일반적으로 돕는 전문직군에서 사용하는 '내담자'라는 용어는 전문가에게 의존하는 형태를 의미한다. 로고테라피 치료자는 이러한 의존성을 용납하지 않는다. 인간에 대한 로고테라피적 사고로 볼 때 도움을 구하는 자와 조력자는 모두 의미를 찾는 사람이다. 그들은 공동의 목적을 위해 함께한다.

그 목적은 인생에 대해 '예'라고 말할 수 있는 의미를 찾는 것이다.

로고테라피의 상담 기법인 소크라테스 대화법의 전제 조건은 (도움을 주는 자와 받는 자, 즉 내담자와 돕는 전문직군 사이의) 신뢰다. 파브리(1979)는 내담자는 신뢰의 분위기 속에서 자신의 자아를 찾아낼 수 있다고 강조했다. 그런 분위기 속에서 그는 자신의 희망과 소망에 대해 진실을 말할 것이다. 집단 치료 참가자들에게도 마찬가지로 적용된다. 여기서 참가자들은 다른 참가자들이 자신에 대해 진실성을 나타내는 것을 통해, 그리고 의미 있는 삶을 위한 선택과 해결책에 대해 서로 나누는 것을 통해 자신의 자아 인식이 강화될 것이다. 이러한 나눔은 다른 참여자들에게 동기를 부여하고, 자신의 수렁에 갇힌 사람들이 증상으로부터 거리를 두도록 돕는다. 로고테라피 치료자는 집단의 도움을 받아 참여자들이 더 큰 의미를 찾는 능력을 가진 존재임을 인식하게 만든다. 다시 말해 공포, 집착, 우울증의 희생양이 아닌 자신의 결점을 극복할 수 있는 존재라는 것을 인식하도록 돕는 것이다.

로고테라피 치료자는 소크라테스 대화법을 다양한 목적으로 사용하며, 실직자들이 삶의 상황에서 의미를 찾도록 도울 수 있다. 소크라테스 대화법은 실직자들이 자신의 영적 무의식, 영적 차원, 힘, 희망, 업적 등을 떠올리게 하고, 극도로 어려운 삶의 상황에 내재된 의미를 인식하도록 돕는다(Greenlee, 1990). 소크라테스 대화법과 다른 로고테라피 기법을 추가로 함께 사용하기도 한다. 베스터만(1993)은 실존적 딜레마로 고통받는 사람들을 상담할 때 로고앵커 기술을 사용한다. 베스터만은 고립된 느낌, 만족스러운 친밀한 관계와 안도감의 부족, 그리고 죽음에 대한 공포를 느끼는 사람들에게 로고앵커 기술이 도움이 될 수 있다고 말한다. 이 기법은 겁 먹고 외로운 아이를 위로하고, 파트너 간의 소통의 격차를 줄이고, 슬픔과 상실을 치유하고, 죽음의 공포에 맞서고, 살기 위한 동기를 찾는 것을 위해 효과적으로 사용할 수 있는 과거나 미래에 대한 다양한 의미 경험을 기반으로 한다(Westermann, 1993, pp. 27-28). 이런 내담자들을 상대하면서, 요더Yoder(1989)가 주장한 것처럼, 소크라테스 대화법은 전의식 상태로 존재하는 '기억의 조각들particles of home'과 지혜를 수면 위로 불러낸다. 내담자들은 과거와 현재에서 생겨난 자신의 개인적 지혜를 이해할 수 있게 되고, 의미를 찾는 것은 자신의 선택에 달려 있다는 것을 인식할 수 있다.

란츠(1987)는 프랭클의 이론과 치료법을 기반으로 가족 요법을 개발했다. 그의 의미요법 기반의 가족 요법은 가족의 의미를 찾는 것을 지향한다. 그가 사용하는 방식은 직접적 혹은 간접적인 두 가지 접근 방식을 사용한다. 이 두 가지 접근법은 실존적 공허를 경험하고 다양한 역기능적 증상을 보이는 가족들이 좀 더 기능적이 되도록 돕는다. 란츠는 그런 가족들이 의미를 발견하도록 돕는 직접적 접근법 중 하나인 소크라테스 대화법을 사용했다. 로고테라피 치료자는 소크라테스 대화법을 사용해 가족 구성원들이 자신의 영적 차원을 인식하고 가족의 문제를 해결하는 데 이 인식을 사용할 수 있게 한다(Lantz, 1987, pp. 23-24).

소크라테스 대화법은 의미를 찾는 데 사용되는 로고테라피의 주요 방법이다. 인생에서의 의미를 찾는 길은 적어도 12가지가 있다. 이 중에서 자아 발견, 선택, 유일성, 책임, 자아 초월에 대해서는 이 책의 전반부에서 이미 제시되고 논의되었다. 파브리(1988)는 과거의 각 영역에 대한 유용한 이정표를 제공하고 이 임무를 수행하도록 돕는 소크라테스 대화법의 역할을 강조한다. 소크라테스 대화법이 무엇인지 자세하게 보여주기 위해, 파브리가 제시한 소크라테스 대화법의 일부 사례가 이 장 후반부에 인용되었다. 추가적으로, 프랭클의 개인적 의미의 세 가지 주요 근원은 3장에서 소개되었고, 여기에는 창조적, 경험적, 태도적 가치들이 포함된다. 의미 발견의 방법인 태도적 가치에 대해서는 인간의 3대 비극인 죄책감, 고통, 죽음과 연관하여 4장에서 논의되었다. 그리고 의미를 찾는 12가지 방법 중 하나인 상징적 성장 경험을 이제 소개하려 한다.

상징적 성장 경험

프랭클은 자연이나 예술의 아름다움에 굴복하는 것처럼 세상에 대한 수용력은 경험적 의미의 근원이라고 말했다. 의미의 발견을 위한 근원으로서의 경험적 가치experiential value는 '세계에서 우리가 얻은 것'에 중점을 둔다. 이러한 경험에서 비롯된 우리의 '의미 충만함'은 우리 마음에 강한 감정적 공명을 제공한다. 이 완전한 의미는 이 책의 다른 부분에서 언급된 것처럼, 개인에게 더 높은 의미를 나타낸다(Frankl, 1986).

의미와 가치를 가진 이러한 기본적인 수동적 만남은 항상 개별적이고 특별하다. 이 만남은 의미로 하나가 되게 하는 상징적, 인지적 요소를 포함한다.

프릭Frick(1987)은 경험적 가치를 의미의 수단으로 해석할 때 상징적이고 인지적인 요소를 프랭클이 간과했다고 주장했다. 그래서 프릭은 상징적 성장 경험Symbolic Growth Experience, SGE을 개발했다. 그는 '상징적 성장 경험'이라는 용어의 의미를 설명하기 위해 포스터E. M. Foster의 소설 『기나긴 여행The Longest Journey』에서 주인공 리키 엘리어트Ricky Elliot가 말했던 구절을 인용한다.

> 내가 보기에 삶의 여기저기에서 우리는 상징적인 사람이나 사건을 만나는 것 같다. 그 사람이나 사건만으로 보면 아무런 의미가 없을 수 있지만, 그것은 어떤 영원한 원칙을 의미하는 순간일 수 있다. 우리는 어떤 희생을 치르고서라도 그것을 수락하고 생명을 받아들였다. 하지만 우리가 두려워하고 거부한다면, 그 순간은 의미 없이 지나간 것이다. 그 상징은 다시는 제공되지 않는다(Forster, 1962, p. 149).

프릭의 정의에 의하면, 경험은 인식을 높이고 의미를 발견하고 개인적 성장으로 이끄는 즉각적 경험의 상징적 차원에 대한 의식의 인식과 이해이다. 프릭은 각각의 상징적 성장 경험은 개인의 경험의 신속성으로부터 의미를 설명하기 위한 특별한 기회의 순간을 뜻한다고 말한다. 같은 항목에서 프릭이 제시한 네 가지 흥미롭고 계몽적인 실례들 중에서, 나는 인간의 성장과 발전에서 SGE의 힘을 보여줄 수 있는 가장 심오한 것을 골랐다.

구스타프 말러Gustav Mahler 음악의 유명한 지휘자이자 연주자인 브루노 발터는 말러의 전기에서 말러의 두 번째 교향곡이 베를린에서 완전한 오케스트라로 초연되었을 때의 영향에 대해 이야기한다.

> 나는 그 작품에 대해 철저히 알고 있다고 생각했다(나는 네 손을 위한 피아노 곡 외에도 두 손을 위한 피아노 곡으로 편곡을 해보기까지 했으므로). 하지만 마음 속으로만 경험했던 소리를 생생하게 들었을 때, 그곳에 내 인생의 과제가 놓여 있는 절대적인 종착지임을 느꼈다. 나는 작품과 승리, 그리고 말러의 음악에 내 미래의 에너지를 쏟겠다는 결심으로 행복했다(Walter, 1941, pp. 45).

발터가 경험한 음악의 힘, 미적 감각, 행복함, 경외감은 그를 인지 수준cognitive level에서 말러의 작품에 그의 삶을 바치는 결정을 하도록 이끌었다. 이와 같이 SGE는 전환점이 되는 삶의 특정한 순간을 말한다. 즉, 개인이 갑작스러운 인식의 영향으로 인해 자신의 삶과 미래에 대한 평행을 이루는 순간, 어떤 중재적 영향이 마음에 공명을 일으키고 인생 전반에 영향을 미치는 결정을 하는 순간, 수동적이지만 심오한 경험이 창조적 미래 과업으로 바뀌게 되는 순간 등이 그것이다.

로고테라피에 사용되는 SGE는 일반적으로 알려진 '통찰력insight'과는 다르다. 통찰력은 보통 내담자의 삶에 개입하는 과정에서 발생할 수 있는 감정, 동기, 문제 등에 대한 인식과 자각을 의미한다. 바커(1987)는 여러 형태의 정신치료와 돕는 전문직에서의 통찰력은 내담자의 내부 갈등과 그 근원, 과거에는 잘 이해하지 못한 영역에 대한 인식을 높이거나 밝히는 것이라고 말한다(Barker, 1987, p. 80).

로고테라피에 적용되는 SGE는 의미 발견을 위한 풍부한 근원이 된다. 프릭은 의미를 발견하는 데 필요한 개념의 방향과 인지 기술을 로고테라피 사용자에게 가르칠 수 있다고 생각한다. 그는 SGE 워크숍 참가자들과 정신치료에 선택된 내담자를 위한 절차를 개발해 특별한 순간의 경험을 인지하고 소중히 여기며 상징적 요소에 내포된 분명한 의미를 찾을 수 있도록 가르친다. 참가자들은 우선 SGE의 개념과 중요한 특징들을 소개받는다. 그런 후 그들은 자신에게 매우 중요한 기억이라고 여기는 과거의 경험을 선택해 탐구하도록 요청된다. 그런 다음 프릭은 다음과 같은 소크라테스 대화법을 사용한다. 이 경험에 포함될 수 있는 상징적 요소는 무엇이 있을까? 내담자가 간과한 이 경험은 비유적으로 무엇을 의미하는 것일까? 이런 상징적 요소들에서 어떤 특별한 의미가 발견될까? 프릭은 참가자들의 발견을 통해 과거의 경험을 토대로 인생의 현재와 미래에 생산적인 과제와 목표에 대해 새로 갖게 된 인식을 적용할 수 있다고 언급한다.

소크라테스 대화법과 꿈 해석

SGE 외에도 –SGE에서는 소크라테스 대화법이 잠재적 의미를 안고 있는 무의식적 경험을 수면 위로 끌어올리는 중대한 역할을 한다– 꿈의 분석은 '영적 무의식을 향하는 지름길'이다(Fabry, 1989). 다른 부분에서 언급되었듯이, 로고테라피에서는 소크라테스 대화법을 사용해 내담자들이 자신의 영적 무의식과 접촉하도록 돕는다. 의미에 대한 우리의 의지가 억압되고 실존적 공허 상태가 되었을 때, 삶은 의미 있고 가치 있는 것으로 다시 인식될 수 있도록 해야 한다.

프랭클은 자신이 가장 창조적이던 20세기 중반에 개발한 다른 모든 로고테라피 개념 및 기법과 함께 꿈 해석을 치료에 사용했다. 그의 노력에도 불구하고, 로고테라피적 꿈의 분석은 로고테라피 문헌에도 게재되지 않았다. 사실은 『저널 오브 서치 포 미닝Journal of Search for Meaning』이 미국에서 출판된 지 15년 만에 이 주제에 관한 글을 발표했는데, 이 글은 그 저널의 첫 편집자이자 공동 작업자이며 개인적으로 프랭클과 친구인 파브리(1989)의 한 논문에만 실렸다. 게다가 로고테라피적 꿈의 분석과 해석은 'Recent Publications of Interest to Logotherapists'로 분류되는 돕는 전문직종의 저널에 실리는 기사, 연구, 보고서 등에서 완전히 제외되었다. 파브리는 이 상황이 대단히 수수께끼라고 생각했지만, 그 자신은 이 부주의에 대한 이유를 제시하지 못했다. 더욱이 프랭클 이후의 선구적인 로고테라피 전문가, 이론가, 작가인 엘리자베스 루카스는 꿈의 분석에 대해서는 언급하지 않았으며(적어도 영어로 번역된 그녀의 책과 기사 중에는 그런 것이 없다), 그녀의 로고테라피적 실무와 연구에서도 꿈의 분석의 사용에 대해 언급하고 있지 않다. 따라서 이 장에서 설명하려는 로고테라피의 꿈의 분석은 1989년 『제7회 로고테라피 세계대회 회의록Proceedings of the Seventh World Congress of Logotherapy』에 실린 파브리의 기사를 기반으로 한 것이다.

억압된 트라우마들과 그것들의 정신분석적 해석에 대해서는 이 책의 2장에서 제시된 바 있다. 파브리는 억압된 트라우마가 노이로제를 유발할 수 있는 것과 같은 방식으로, 무시되었던 의미가 공허함, 좌절감, 가치 갈등, 우울증 등을 일으킬 수 있다고 주장한다. 즉, 인간의 무의식은 정신과 영혼의 일부인 것이다. 이는 사람들이 직면하고 싶어 하지 않는 감정을 억누르는 본능적인 부분과, 사람들이 자신의 의미에 대한 의지를 억누르는 영적인 부분이 포함된다. 파브리는 우리의 영적 무의식에서 양심의 소리가 나온다고 말한다. 꿈은 무의식 속에서 경고하는데, 주로 비종교적인 사람들이 꿈을 통해 의미를 찾는다.

로고테라피에서 이러한 꿈 해석의 첫 번째 증례는 프랭클의 1985년 저서『무의식의 신The Unconscious God』에서 발췌한 것이다. 성공한 대중음악 작곡가에 관한 글이다. 이 작곡가는 특정 여성에게 전화를 걸고 싶지만 다이얼이 너무 복잡하고 숫자가 많아 전화 연결을 하는데 실패한 꿈을 꾸었다. 꿈에서 그는 좌절했다. 프랭클에게 꿈에 대해 이야기하면서 그는 그 여성과 성적인 관계는 없었다고 말했다. 이 경우 프로이트 학파라면 해석을 위해 어떤 억압된 욕망을 탐구했을 것이다. 작곡가는 결국 자신이 알고자 하는 숫자가 여성의 번호가 아니라 종교음악 회사의 번호라는 것을 깨달았다. 그 회사는 그가 일에서는 만족했지만 임금이 낮은 곳이었다. 의미치료적 꿈 해석을 통해 그는 꿈에서 그가 가치 선택을 했다는 것을 알게 되었다. 돈은 잘 주지만 무의미한 작곡을 하는 대신, 돈은 적게 주지만 의미 있는 일을 선택하려고 한 것이다. '발렌Wahlen'이라는 독일어 단어가 '전화를 거는 것'과 '선택하는 것'을 의미한다는 것을 알았을 때 꿈의 상징은 더욱 분명해졌다. 프랭클은 꿈을 통해 말하는 양심의 소리가 있다고 말했다 (1985, p. 42).

꿈은 인간의 세 가지 차원 중 하나에서 비롯될 수 있다. 파브리는 자신의 꿈을 포함하여 학생들의 꿈에 관한 자료를 수집했다. 소크라테스 대화법을 통해 그는 그들에게 중요한 주제를 발견한다. 꿈은 갈등에 대한 해결책을 제공하고 고통으로부터 안심시킨다. 또한 꿈은 훌륭한 이야기꾼이기도 하다고 파브리는 언급한다. 꿈의 상징을 해석하기 위해서는 소크라테스 대화법이 요구되는 경우도 있다. 어떤 경우에는 설명이 너무나도 단순해서 소크라테스 대화법을 사용해 그것을 이해하려고 할 필요가 없다. 파브리의 다음 이야기에서는 단순한 꿈에 대한 예시가 나온다.

> 어느 여성은 40년의 결혼생활 후 남편을 잃었다. 결혼생활 동안 발생한 수많은 문제에 대해 결정을 내린 쪽은 항상 남편이었다. 그녀는 최고의 구루Guru를 만나서 조언을 구하기 위해 티베트에 간 꿈을 꾸었다. 그녀는 가파른 산을 오르면서 답을 얻게 될 것이라는 것과, 그 구루가 믿을 수 있는 사람이라는 것을 알고 있었다. 산 정상은 안개로 덮여 있었다. 그녀가 정상에 다다랐을 때 왕좌에 앉아 있는 어떤 인물을 보았다. 그녀는 그 인물에게 다가갔고, 안개는 서서히 걷혔다. 하지만 왕좌에 앉아 있던 자는 바로 그녀 자신이었다. 꿈에서 깨어나자마자 그 메시지는 분명해졌다. 이제 결정을 내리는 것은 그녀에게 달려 있었다. 그녀 자신이 자신에 대한 최고의 구루였던 것이다.

꿈은 낮은 자아 존중감을 높이는 데 도움이 될 수 있다. 로고테라피적 꿈의 분석을 통해 치료자는 내담자가 자신의 꿈에서 의미를 찾을 수 있게 해주고, 특히 자아 존중감이 부족한 사람에게 긍정적인 방향을 향하도록 이끌어준다. 파브리는 로고테라피 치료자이며 로고테라피에 관한 책과 기사의 저자인 요더가 얘기해준 꿈을 실례로 인용했다.

자기 비하적인 태도와 실직으로 분투하던 내담자는 꿈에서 전기톱을 보았으나, 녹슨 엔진에서 나온 은으로 된 줄이 자신의 심장까지 엉켜 있어 그 톱을 쓸 수 없었다. 소크라테스 대화법을 하던 중 그는 손을 가슴에 얹고 자신 안에 있는 '전기톱 세트'가 '모두 녹슬었다'고 불평했다. 그는 "감전된다는 공포로 만지기가 두렵다"고 말했다. 하지만 요더는 은색 줄을 집어 들고서 내담자에게 친구가 있다는 것을 상기시켜주었다. "어디선가 이 은선을 통해 에너지가 당신에게서 다른 이들에게 흘러가고, 당신은 그 고통에 굴하지 않고 일어서고 있습니다." 환자는 울기 시작했고, 그 꿈은 치료의 전환점이 되었다.

파브리는, 로고테라피 치료자는 꿈에 내재된 기회를 탐구하도록 장려해야 한다고 말한다. 그는 이렇게 제안한다. "정신분석에서는 꿈 분석을 통해 환자를 도울 수 있다. 이 과정에서 소크라테스 대화법이 적용될 수 있다"(Fabry, 1989, p. 76).

다음은 의미를 찾기 위한 12가지 수단 중의 하나로서 로고테라피 치료자에 의해 사용된 소크라테스 대화법을 소개하고자 한다. 내담자가 자신의 문제에 대한 인식과 사고방식, 해결책 등에 전환점을 가져오는 소크라테스 대화에 관한 나의 사례들도 포함했다.

소크라테스 대화법 : 몇 가지 깨달음의 조각들

파브리(1988)는, 자기 비하로 고통받으며 녹슨 발전소로부터 이어진 은색 줄이 자신의 심장에 대롱거리는 꿈을 꾼 젊은 남성에게 요더가 소크라테스 대화법을 적용한 증례를 제시했다. 이 증례에는 역량 있는 로고테라피 치료자가 꿈과 목표와 경험에서 긍정적 내용을 찾아내 내담자가 자각할 수 있도록 '다시 재인식시키는' 방법이 기록되어 있다.

프레드 : (실패와 실망으로 가득 차 있다고 표현한 자신의 인생에 대해 말하고 나서) 이해가 되실진 모르겠지만, 저는 종종 한 발자국 더 나아가는 것이 두려울 때가 있습니다.

요더 : 당신의 과거를 한번 보죠. 당신의 과거가 거미가 만드는 거미집과 같다면(프레드가 이 표현을 썼다), 당신은 어떤 거미줄을 만드시나요? 당신의 삶에는 업적, 경험, 관계와 같은 보석들이 포함되어 있는 걸로 보입니다.

프레드 : (울먹이면서) 예, 그렇게 말할 수 있습니다.

요더 : 아무도 당신에게서 그것들을 빼앗아 갈 수는 없습니다. 그런 보석들로 가득 찬 과거를 보고서 무엇을 배우십니까?

프레드 : 기분이 우울하고 버림받은 것 같더라도 무언가 배우기는 합니다. 저의 일부는 쉬고 있고, 나중에 인생에서 다시 한번 기회를 맞이할 준비를 하고 있습니다.(그는 요더에게 강제 수용소에서의 경험을 다룬 프랭클의 글을 읽었다고 말했다.)

프레드 : 저는 그것을 읽은 후 일주일 내내 프랭클이 한 말에 대해 생각

했습니다.

요더 : 무엇이 떠오르셨나요?

프레드 : 비관주의라고 말해야겠어요. 저는 제 자신을 아마도 정신적으로나 영적으로 살아남지 못했던 사람들 중 하나였을 거라고 봤습니다. 하지만 그건 전적으로 사실이 아닙니다. 제 자신에 대한 희망이 조금 있습니다. 저는 제 자신을 형제를 팔아서라도 생존하려고 하는 자처럼… 영적으로 온전하게 유지해내지 못한 99% 중의 한 명으로 봅니다… 하지만 프랭클은, 어떤 이들은 타협을 하지 않고도 여전히 살아 남았기 때문에 그 한 명도 살아남을 수 있다는 것을 증명합니다.

요더 : 희망에 대해 얘기해보세요. 당신이 아직 희망을 갖고 있다고 말하는 걸 들었어요.

프레드 : 네, 저는… 저는 제 자신에 대해 기록하기 싫습니다. 하지만 저는 (거부와 함정에 관한 이야기로 되돌아간다)…

요더 : 프랭클이 말했듯이, 모든 사람은 자신만의 강제 수용소가 있습니다. 당신의 것에 대해 말해주세요, 당신의 필요, 당신의 희망에 대해서요. 당신이 오늘 이 자리에서 당신의 고통, 선택의 자유, 희망에 대해 서로 이야기한다는 그 사실 자체만으로 당신이 살아 남았다는 것을 보여줍니다.

프레드 : 그러게요… 그게 사실인 것 같아요. 어떻게 간신히 빠져 나올 수 있었을까요? 몇몇 사람이 저를 걱정했었는데.

요더는 프레드에게 자신의 삶을 어떻게 살기를 원하는지 보여주었고,

이 대화 이후 프레드는 요더에게 꿈에 대해, 그리고 자신을 신경 써주는 사람들에 대해 이야기했다. 요더는 프레드에게 이것이 바로 활동의 전환점이라고 말해주었다. 프레드는 더 긍정적인 시각으로 자신을 보는 것을 받아들일 줄 알게 되었다. 요더는 이 대화에 대해 이렇게 언급했다. "내담자는 모든 고통 가운데 긍정적이고 용기를 갖는 상태를 항상 추구한다. 이 활동만으로도 프레드는 회복의 길을 따라가면서 자신의 무의미함과 우울함을 극복했다는 것을 알았다"(Fabry, 1988, pp. 25-27).

영적 신경증과 소크라테스 대화법

소크라테스 대화법에 관한 다음 부분은 다카시마의 책『인본주의적 정신신체 의학Humanistic Psychosomatic Medicine』(1990)의 히브리어 번역본에서 발췌한 것이다. 다카시마는 1981년에 호주를 방문해 동료에게 한 환자를 봐달라는 요청을 받았다. 환자는 딸이 사망한 후 우울증과 불안으로 고통받는 50세 여성이었다. 이 여성은 병든 딸을 돌보는 것이 자신의 역할이라고 생각했고, 그 과정에서 남편에게 소홀했다. 불행히도 딸의 죽음은 이 여성이 휴가를 떠나있는 동안에 찾아왔다. 이 비극적인 사건으로 인한 우울증으로 그녀는 자살을 시도했고, 실패하고 나자 더 우울해졌다. 이 상황이 다카시마에게 의뢰된 환자의 병력이었다. 다카시마가 수행한 소크라테스 대화법은 두 명의 의사와 두 명의 간호사가 지켜보는 가운데 이루어졌다.

Q : 딸이 살아 있다면, 누가 고통을 겪고 있을까요 ?

A : 제 딸이요.

Q : 그녀를 여전히 사랑하시나요 ?

A : 네, 아주 많이요.

Q : 만약 그녀가 살아있다면, 그녀 대신에 고통을 겪을 의향이 있나요 ?

A : 물론이죠. 기꺼이 고통을 대신 받을 겁니다.

Q : 하지만 그녀는 이미 죽었고 고통을 겪지 못합니다. 따라서 누군가 고통을 겪어야만 한다면 당신이 그녀 대신 고통을 겪을 수 있습니다. 예를 들어 보겠습니다. 고통이 물과 같은 것이라고 가정해봅시다. 당신은 지금 물에 빠져 익사하고 있으며, 할 수 없다는 걸 알면서도 스스로를 구하려고 노력할 겁니다. 그렇죠 ?

A : 저에게는 쉽지 않은 일입니다.

Q : 하지만 고통의 물에서 당신은 가라앉는 대신 수영을 할 수 있습니다. 맞나요 ?

A : 네, 그럴 거라고 생각해요.

Q : 당신은 멋지게 수영할 수도 있겠죠 ?

A : 네, 그러려고 노력해볼게요.

다카시마는, 단순하고 교육 수준이 낮은 이 여성은 자신의 고통에 의미가 있음을 이해할 수 있었고, 그것을 받아들였다고 말했다. 그녀는 고통에 대한 사고방식을 부정적이고 자멸적인 것에서 긍정적이고 생산적인 것으로 바꾸었다. 그녀와 그녀의 남편은 서로 손을 붙잡았다. 그녀는 지혜, 의미 지향, 자유로운 결정으로 자신을 치유했다(Takashima, 1990, pp. 98-100).

소크라테스 대화법과 나이브naive 질문하기

루카스(1986)는 환자들에게 건강하지 않거나 위험하기까지 한 사고방식을 보여주기 위해 자신만의 소크라테스 대화법을 개발했다. 그녀는 치료자가 환자의 건강하지 못한 태도를 변화시키는 역할을 한다고 보았다. 건강하지 못한 태도에서 비롯된 저항의 패턴을 환자가 계속 유지하는 것은 곧 자신의 불행한 태도에 저항하는 것이다. 그다음 단계에서, 건강하지 않은 태도의 강화를 피하기 위한 치료를 받을 때 환자는 불안정해진다. 치료자는 이 불확실성을 활용해 환자로 하여금 '막혀 있는' 사고방식에 의문을 제기하고 다시 생각을 하게 한다. 이러한 대화의 다음 단계는, 루카스의 저서 『고통의 의미Meaning in Suffering』에서 소크라테스 대화법으로 나이브 질문을 사용한 다음의 증례에 나타나 있다.

X 부인 : 저도 제 딸에 대해 많은 죄책감을 느낍니다.

루카스 : 무슨 의미죠?

X 부인 : 예를 들어, 딸이 어렸을 때 제가 항상 그녀를 따뜻하게 해줬기 때문에 종종 기관지염을 겪었어요.

루카스 : 하지만 X 부인. 그건 죄책감이 될 이유가 아니잖아요!

X 부인 : (고착된 건강하지 못한 태도에서 비롯된 저항을 하며) 아니요, 그 아이가 추위에 약하고 쉽게 병드는 건 다 제 탓입니다. 전 한번도 좋은 엄마가 되어준 적이 없어요. [루카스는 나이브 질문을 통해 치료자에 대한 그녀의 저항을 근거 없는 죄책감에 대한 저항으로 바꾸려는 시도가 이루어질 수 있다고 말한다.]

루카스 : 겨울에 항상 딸을 따뜻하게 입히셨나요?

X 부인 : 네, 그랬죠.

루카스 : (나이브하게) 그럼 그녀가 기관지염에 걸리기를 원하셨나요?

X 부인 : 아니요, 아니요. 그런 걸 원한 적은 없어요!

루카스 : (나이브하게) 딸이 아프게 되는 것을 원한 건 아니셨잖아요? 무엇을 원하셨던 건가요?

X 부인 : 저는 그 아이가 건강하기를 바랐어요. 그래서 따뜻하게 입혔던 거고요.

루카스 : (나이브하게) 겨울에 목도리와 모자를 씌우지 않고, 2월에 양말을 신기지 않고 신발을 신기고, 추위에 부적절한 옷을 입혔다고 가정해봅시다. 그런 후에 딸이 기관지염에 걸리게 되었습니다. 그랬다면 당신은 당신의 잘못일 수도 있다는 생각을 하지 못했을까요?

X 부인 : 잘 모르겠네요. 어쩌면 그랬어도 그 아이를 따뜻하게 입히지 않았다고 죄책감을 느꼈을 거예요. 네, 그렇게 생각해요. 목도리와 모자를 씌우지 않은 제 자신을 비난했을 거예요.

루카스 : (나이브하게) 그럼 어떤 경우에도 모두 당신의 잘못인가요?

X 부인 : 글쎄요, 가장 좋은 게 뭐였는지는 알 수가 없잖아요. 안 그래요?

루카스 : (나이브하게) 하지만 당신이 생각했을 때, 최선을 다했어도 당신 자신을 비난해야 하는 건가요?

X 부인 : 아뇨. 최선을 다 했다면 더 이상 자신을 비난 할 수는 없겠지요.

루카스 : (평소 목소리로) 그렇습니다, X 부인. 우리의 잘못은 우리의 의도에 따라 결정됩니다. 당신은 실제로 딸에게 생기는 모든 질병을 자신 탓으로 돌리려 하고 있습니다.

X 부인 : (웃으며) 그럼 저의 잘못이 아니네요. 저는 그 누구도 아프기를 바랐던 적이 없는 걸요.

루카스 : 그럼, 딸의 기관지염은 당신 때문이 아니고, 질병에 노출될 수 밖에 없는 인간의 운명을 탓하는 데 동의하시는 거죠?

X 부인 : 네, 그 말이 맞네요. 덕분에 기분이 나아졌어요.

요약

이번 장을 요약하기 위해, 소크라테스 대화법의 효과에 대한 대표적 일례로서, 난치 암에 걸리고 결과적으로 우울증에 빠진 80세 여성과 프랭클의 대화 일부를 인용한다. 프랭클은 이와 같은 사례의 경우 소크라테스 대화법에서 사용하는 질문은, 과거의 깊은 곳에서는 잃어버린 것이 없고 과거의 모든 것이 안전하고 건전하게 보관된다는 치료자의 확신을 환자에게 전달하는 방법이 된다고 말한다. 프랭클은 다음의 대화에서 즉흥적으로 이러한 질문을 사용했다.

프랭클 : 당신의 삶을 되돌아 봤을 때 어떤 생각을 하십니까?

환자 : 음, 의사 선생님, 저는 좋은 삶을 살았다고 말할 수 있겠네요. 사실 저는 아름다운 삶을 살았고, 제게 삶을 준 것에 대해 하나님께 감사해야 합니다. 저는 극장과 콘서트에 가고… 처음에는 프라하에서, 나중에는 비엔나에서 하녀로 봉사했던 가족과 함께했습니다. 그런 모든 훌륭한 경험에 은혜를 베풀어 주신 하나님께 감사 드립니다.

[프랭클은 그녀가 자신의 인생의 최종 의미에 대해 의구심을 품고 있는 것처럼 느껴졌고, 그녀를 그런 의심으로부터 구해주고 싶었다. 그러나 그는 먼저 야곱이 자기를 축복해줄 때까지 천사들과 싸우는 것과 같은 방법으로 그녀를 자각시키기 위해 노력해야 했다. 프랭클은 "그녀가 자신의 삶에 대해 말하는 모든 것이 '예'일지라도, 그녀가 자신의 삶을 '축복'할 수 있도록 소크라테스 대화법으로 그녀의 무의식적인 실존적 공허(삶의 모든 것이 무의미하다고 생각하는 사고방식/비관)와 싸워보고 싶었다"고 말한다. "나의 목표는 그녀가 자신의 삶의 의미를 의식적으로 궁금하게 하고 그녀의 의심을 억누르지 못하게 하는 것이었다."]

프랭클 : 당신은 아름다운 경험에 대해 얘기하는군요. 하지만 이 모든 것에 끝이 다가오고 있습니다.

환자 : (반사적으로) 네, 모든 것에는 끝이 있죠. 안 그런가요?

프랭클 : 이제 그 아름다웠던 모든 경험이 처음부터 없었던 것처럼 사라질 것이라고 생각하게 되나요?

환자 : (깊은 생각에 빠진다) 이 모든 아름다운 경험이…

프랭클 : 하지만 제게 알려주세요. 누군가 당신이 경험한 행복을 없던 걸로 할 수 있다고 생각하십니까? 지울 수 있겠습니까?

환자 : 아니요, 안 돼요 선생님. 아무도 지울 수 없어요!

프랭클 : 누군가 당신이 인생에서 얻은 좋은 것들을 다 지울 수 있습니까?

환자 : (그녀의 감정적 개입이 더 강해진다) 그 누구도 지울 수 없어요!

프랭클 : 당신이 얻고 완수한 것들은요?

환자 : 그 누구도 지울 수 없어요!

프랭클 : 그토록 용감하게 고통을 견뎌냈는데, 과거에 안전하게 보관한 그것들을 누군가가 이 세상에서 가져가버려도 괜찮겠어요?

환자 : (흥분해서 눈물을 흘리며) 그 누구도 가져갈 수 없어요! [정적] …맞아요. 저는 제 인생에서 많은 고통을 겪었지만, 항상 용기와 긍지로 견디려고 노력했습니다. 있잖아요, 선생님. 저의 고통은 형벌입니다. 저는 하나님을 믿습니다.

프랭클 : ('환자의 입장이 되어') 어떨 때는 그 고통 자체가 하나의 도전이지 않았나요? 하나님께서 당신이 그것을 어떻게 견디는지 보고 싶어하시지 않을까요? 아마도 '하나님'께서 그러실 것 같습니다. 당신이 용기를 갖고 이 고통을 견뎌냈다고 인정하실 겁니다. 자, 이제 말해 주세요. K 부인! 누군가가 이 업적과 성과를 세상에서 가져갈 수 있나요?

환자 : 그 누구도 가져갈 수 없다고 확신합니다!

프랭클 : 그럼 남아 있는 거겠네요? 그렇죠?

환자 : 예!

프랭클 : 혹시 자녀가 있나요?

환자 : 아니요.

프랭클 : 자녀가 있어야 인생에 의미가 있다고 생각하시나요?

환자 : 그 아이들이 착하다면 축복이라고 할 수 있겠죠. 안 그런가요?

프랭클 : 맞아요. 하지만 잊지 마세요. 예를 들어 가장 위대했던 철학자인 칸트도 자녀가 없었습니다. 그렇다고 그의 삶에 위대한 의미가 있었다는 것을 의심하는 사람이 있나요? 자녀만이 삶의 유일한 의미라면, 인생은 무언가를 낳기 위한 것으로 그 의미를 잃어버릴 겁니다. 그 자체만으로도 의미가 결여되어 있다는 것은 의심할 필요도 없습니다. 인생에서 더 중요한 것은 무언가를 얻으려 하는 것입니다. 그리고 당신이 한 것이 바로 이것이었습니다. 당신은 당신의 고통을 극복했습니다. 당신은 고통을 견뎌내는 당신의 능력으로 제 환자들을 위한 본보기가 되어주었습니다. 이런 업적을 이룬 당신에게,그리고 당신 같은 본보기를 직접 두 눈으로 볼 수 있는 다른 환자들에게도 축하드립니다. [이렇게 말하고 프랭클은 자신의 제자들을 향해 돌아서서 외친다.] 에케 호모Ecce homo!(라틴어로 '이 사람을 보라!') (그러자 그들은 마음에서 우러난 박수를 터뜨렸다.) K 부인! 이 박수는 당신을 위한 겁니다. (그녀는 울고 있었다.) 이 박수는 위대한 업적인 당신의 인생을 위한 것입니다. 자랑스러워 해도 됩니다. K 부인! 자신의 삶을 자랑스러워 할 수 있는 사람은 많지 않습니다. 당신의 인생은 하나의 기념물입니다. 그 누구도 그것을 이 세상에서 빼앗아 갈 수 없습니다.

환자 : (자제력을 되찾고) 프랭클 교수님. 당신이 해주신 말이 위로가 됐

습니다. 저를 격려해주고 있습니다. 저는 그런 말을 한 번도 들어본 적이 없습니다. …(그녀는 조용히 방을 나갔다.)

그녀는 기운을 차린 것처럼 보였다. 일주일 뒤 그녀는 세상을 떠났지만, 이 마지막 한 주 동안 그녀는 우울하지 않았다. 오히려 그녀는 긍지와 신념으로 가득 차 있었다! 숨을 거두기 전에 그녀는 마지막으로 이런 말을 남겼다. "내 인생은 기념비적인 것입니다. 프랭클 교수님께서 강당에서 모든 청중, 모든 학생에게 하신 말씀이었죠. 내 인생은 헛되지 않았어요"(Frankl, 1985, pp. 144-147).

8장

그밖의 로고테라피 기법들

오늘날 돕는 전문직군이 내담자를 돕기 위해서는 다양한 상황에서 적용될 수 있는 돕는 기법의 발전이 요구된다. 이 돕는 기법에서 중요한 부분은 태도를 변화시키는 것이다. 이 태도 변화는 돕는 전문직군이 내담자들에게 권위적이고 통제하는 직군으로 여겨질 때 저항에 부딪히게 되지만, 반대로 내담자들이 자연스러운 환경의 소규모 치료나 관심 집단에 적극적으로 참여해 실제 인생 경험과 연관지을 수 있는 치료 과정을 경험할 때 더욱 효과적으로 이루어질 수 있다. 이런 치료 집단은 다양한 연령층의 필요에 부응하고, 단기적 효과뿐 아니라 사고방식과 기능의 장기적 변화를 가져올 수 있다.

돕는 전문직군이 내담자를 대할 때 결정론적이고 완강한 태도가 아니라 따뜻하고, 도움이 되고, 융통성 있고, 이해심 있는 태도를 보인다면 내담자들을 더 잘 돌볼 수 있고 더 효과적일 수 있다. 내담자는 믿을 수 있는 돕는 전문직의 제안과 견해를 더 자연스럽게 받아들이는 경향이 있으며, 돕는 전문직군에 대한 내담자의 인식은 전문 지식과 학력 및 직장만을 근거로 하기보다는 그 사람으로부터 뿜어져 나오는 친절함과 따뜻함에 영향을 받는다(Alperin & Neidengard, 1984; Pecora. Delawski, Booth, Haapala & Kinney, 1985).

돕는 전문직군 분야에서는 학문의 객관화, 다시 말해 결정론적deterministic 사고방식에 따라 과학적 지식과 측정에 근거한 지식 창출을 위해 노력한다. 그러나 1980년대 이후, 인간에 대한 심층적 이해를 위해서는 자아 개념self-concept의 주관과 건강한 감각을 강조하는 현상학적 접근이 많은 전문가가 지지하는 '과학적 접근'보다 더 적절하다는 주장이 대두되었다. 주관적이지만 지식 기반인 현상학적 접근phenomenological approach은 과거에 형성된 중요한 경험을 포함하지만, 개인 또는 사회적 건강 측면에서 볼 때 현재 상황에 대한 개인의 인식에 더 의미 있는 가치와 중요성을 부여한다. 레이턴Leighton(1973)은 이 접근이 돕는 전문직군의 업무나 목적에 더 직접적으로 관련되며, 치료에 대한 내담자의 긍정적 태도에 더욱 효과적이라고 말한다. 버트림Butrym(1983)은 많은 임상 실험에서 보편적 공리주의utilitarianism와 유사과학pseudoscienticism을 대체하고 인본주의를 지향할 필요성에 대해 주장한다. 이 목표를 이루려면 돕는 전문직이 내담자들에 대해 전문적인 성향과 권위적인 태도를 바꾸어, 인본주의적이고 전체론적인 입장을 받아들일 필요가 있다.

자신과 다른 사람에 대한 태도와 행동의 변화 역학이, 이 목적을 추구하는 프랭클과 후학들이 개발한 로고테라피적 기법들과 함께 다음 내용에 설명되어 있다. 보완적인 설명을 위해 로고테라피 문헌에 제시된 해설들을 인용했다.

변화의 역학

내담자의 행동 변화를 이루어내는 것은 어려운 일이다. 이는 치료자의 진정성과 관계와 신뢰를 유지하는 데 있어 일관성을 포함한 많은 요인에 따라 달라진다. 내담자에 대한 치료자의 태도는 치료 결과에 가장 중요한 요소 중 하나이다. 치료적 관계가 복합적이기 때문에, 성공적인 치료는 대부분 치료자의 기술, 이론, 전문적 배경, 경험, 상담의 질적 수준, 그리고 변화를 이끌 수 있는 신뢰와 믿음의 분위기를 내담자와 함께 발전시킬 수 있는 능력에 의존된다.

오늘날의 심리 치료 현실에는 수정되어야 할 치료적 접근법이 많이 있다. 몇몇 치료자들는 '미리 준비된' 방식과 기술을 토대로 치료 목적을 달성하기 위해 내담자의 증상과 행동에서 친숙한 점을 찾으려고 한다. 또 어떤 치료자들은 직관적인 지식과 이해에 더 의지한다. 치료자는 자신이 조절할 수 없는 다양한 요인이 있기 때문에 주의 깊은 접근이 필요하다. 어떤 치료자들은 아직 검증되지 않은 실험을 내담자에게 적용하려고 한다.

인간 행동의 다양한 측면은 인격에 대한 완전한 이론을 요구한다. 그 이론은 '왜?'라는 질문에 답을 해야 한다. 예를 들면 이런 것이다. 비슷한 상황에서 어떤 사람들은 스트레스와 좌절에 대응할 수 있는 반면 다른 사람들은 왜 그렇게 하지 못할까? 어떤 사람들은 건강한 상태로 있는 반면에 어떤 사람들은 어째서 정신병리학적인 반응을 보일까? 왜 어떤 사람들은 변하는데 어떤 사람들은 그대로일까? 좋은 이론은 이러한 행동 유형이 수정될 수 있는 견해를 제시한다. 안토노브스키Antonovsky의 업적이 그런 예인데, 간략하게 인용하면 다음과 같다.

의료 사회학 분야의 연구자인 안토노브스키(1980)는 최악의 위기를 경험한 사람들이 왜 병에 걸리지 않았는지 관찰했다. 안토노브스키는 스트레스와 스트레스성 생활 사건에 대한 병적인 반응과 병적이지 않은 반응 사이에 무슨 차이가 있는지, 어째서 어떤 이들은 스트레스에 대처하고 어떤 이들은 할 수 없는지에 대해 관심을 가졌다. 그의 탐구 결과는, 교란된 항상성homeostasis 상태를 뜻하는 긴장을 완화하는 데 적용할 수 있는 힘이라고 정의한 저항 자원resistance resources이었다. 안토노브스키의 관점으로, 이 힘의 중심은 문제가 해결되는 신속성과 완전성, 그리고 긴장감이 사라지는 것을 의미하는 긴장 관리의 개념이다.

정신치료적 중재는 이론적 토대에 상관없이 내담자의 행동과 자신과 타인에 대한 태도에 대해 원하는 변화를 일으키기 위한 '어떻게?'라는 질문에 대한 답을 시도한다. 어떻게 치료적 중재를 시작해야 할까? 어떻게 자신감을 끌어올려야 할까? 어떻게 그리고 언제 치료적 중재를 할까? 중재가 내담자에게 적절한지 어떻게 알 수 있을까? 여러 심리학파는 사람의 행동, 건강, 병리학, 변화 등에 대한 관점에 따라 이런 질문에 답을 제공하려고 했다. 이번 세기에 급부상한 학파들 중에서 네 가지 실례를 간략히 설명하겠다.

변화의 정신분석적 개념

파인Fine(1981)은 정신분석 치료를 받은 사람들은 '분석적 이상analytic ideal'을 향해 나아간다고 주장한다. 즉, 그들은 더 성실하게 사랑을 할 수 있고, 기쁨을 찾고, 삶에 대한 느낌을 갖고, 가족의 일원으로 역할을 수행할 수 있고, 정체성에 대한 감각을 갖고, 창조적으로 일할 수 있고, 사회 체제에서 적극적인 역할을 하고, 더 소통을 하고, 그리고 가장 중요한 것은 증상으로부터 자유롭다는 것이다. 전통적인 프로이트학파 정신분석의 변화는 다양한 요소에 기인한다. 긍정적 전이, 변화된 더 유연한 방어기제의 사용, 초자아superego의 변형(징벌에서 건설적인 것으로)이 그것이다. 치료적 태도의 본질은 환자를 돌보는 것이다. 이 돌봄은 좋은 부모의 돌봄과 닮아야 한다. 자녀의 요구를 이해할 뿐만 아니라 미래(자녀의 성장을 위한 목표)에 대한 비전이 있는 좋은 부모처럼, 정신분석도 환자의 성장과 성숙함을 발전시키기 위해 치료적 노력을 기울여야 한다(Blumel, 1993).

정신분석적 관계는 분석가와 환자 사이의 효과적 상호작용을 목적으로 한다. 변화는 다음 4가지 요소의 조합과 관련된다고 본다.

1. 환자의 내면 세계의 현실에 대한 통찰력, 그리고 분석 과정에서 행해지는 정확하고 확실한 해석이다.
2. 현재에 과거의 감정적 사건들을 떠올리는 것. 분석에서의 갈등은 원래의 상황보다 덜 심각하다.
3. 새로운 관계의 발전. 분석가는 부모와는 다른 태도를 취한다.

변화는 내적 자아inner ego와 대상관계object relations를 나타내는 인식과 감정이 충돌하면서 발생한다.

4. 치료 환경 분석에서 새롭게 배운 행동의 활성화. 이런 활성화는 환자로 하여금 자신감을 필요로 하는 새로운 정신적 태도와 자신과의 동기화를 가능하게 한다. 분석 중인 환자는 문제가 발생했을 때보다 더 성숙하고 성장한다. 그들은 새로이 개발된 자아의 일부를 그렇지 못한 부분을 처리하는 데 사용할 수 있다. 그러므로 변화가 일어날 확률이 더 높다.

변화를 위한 내담자 중심의 접근법

로저Roger는 진정한 인간적 요소를 객관적인 과학적 방법으로 적용하는 것에 대해 『사람이 되는 것On Becoming a Person』(1961)에서 가장 잘 요약했다.

> 치료는 내가 나 자신을 주관적으로 나아가게 하는 경험이다. 연구는 내가 나 자신을 속이고 있었는지의 여부를 판단하는 데 있어서, 모든 품격 있는 과학적 방법을 적용해 풍부한 주관적 경험을 객관적으로 보기 위해 노력하고 나의 주장을 분명히 할 수 있는 경험이다. 나는 중력이나 열역학 법칙과 같이 인간 삶의 과정 또는 인간 관계성에 중요한 인격과 행동의 법칙을 발견할 것이라는 확신을 갖게 된다(Rogers, 1961, p. 14).

로저스의 내담자 중심 치료는 다양한 단계를 거쳐 발전되었다. 처음에는 하나의 테크닉으로 치료자가 느낌의 반영reflection of feeling을 사용하는 것에 중점을 두었다. 이는 내담자가 표현한 감정을 인식하고 명확하게 하는 데 한정된, 즉 치료자의 최소한의 활동과 안내만 있는 비지시적 견해nondirective view였다. 두 번째 단계에서는 현상을 평가하는 내담자의 향상된 능력과 자기 개념을 재조직화하는 과정에 관심을 두었다. 세 번째 단계에서는 치료자들이 분리되는 것보다는 상호 작용에 관여하도록 격려했다. 결과적으로 이 세 단계는 원하는 변화로 이끌 수 있는 요소들을 포함한다고 인식되었다(Rogers, 1966). 이 치료법의 창시자는 치료적 움직임이나 변화에 중요한 3가지 조건을 제시했다. a) 조화 또는 진실함, b) 무조건적인 긍정적 존중, c) 공감적 이해가 그것이다.

로저스는, 진실한 치료자란 그 스스로 진실한 사람이라고 언급했다. 치료자는 개방적이고, 내담자는 그를 신뢰할 수 있다고 믿는다. 치료자는 내담자에게 무조건적인 돌봄의 태도와 위협적이지 않은 분위기를 제공한다. 이런 것들은 결과적으로 내담자를 변화로 이끌 수 있는 자기 탐구의 맥락을 만든다. 로저스는 내담자의 능력에 대한 신뢰, 치료적 관계의 중요성, 과정에 대한 예측 가능성이 변화의 열쇠라고 가르쳤다. 성장은 돕는 관계를 통해 생긴다. 성숙하고, 독립적이고, 생산적인 사회 구성원이 되고자 하는 내담자의 욕구가 치료 계획과 절차에 포함될 필요가 있다. 이러한 욕구가 있고, 돕는 관계가 공고해지고, 내담자가 그 과정에서 적극적인 부분을 맡도록 격려될 때 변화가 일어날 것이다.

로저스의 내담자 중심의 치료법은 1970년대에 집단(Rogers, 1970)과 민족, 문화적 단체뿐아니라 여러 인종, 국제적 관계로까지 확산되었다. 로저스는 자신의 치료에서, 현상학적인 접근, 자신에 대한 중요성, 변화 과정 등을 실제 삶에서 그의 이론과 적용에 핵심으로 여겼다. 그렇게 해서 그의 치료법은 프랭클의 치료법에 가장 가까운 것이 되었다.

켈리의 개인적 구성개념 이론personal construct theory과 변화

켈리는, 인간이 세상을 인지하는 방식은 그가 현실에 맞게 만들고 시도하는 명료한 패턴이나 템플릿과 유사하다고 보았다. 켈리는 이러한 양식을 '구성개념constructs'이라고 부른다. 사람은 자신의 세상을 만들고, 이로 인해 생기는 사실 또는 허구일 수도 있는 사건을 해석한다. 켈리는 객관적이고 완전한 진실이란 없다고 말한다. 현상은 개인에 의해 설명하거나 이해되는 방식과 연관될 때만 의미가 있다. 켈리는 정신병리학을 불안에 대한 이상 반응, 특히 개인의 구성개념 체계의 기능 장애로 정의했다. 이는 불확실한 추측이나 무효화가 반복되더라도 구성개념 체계의 내용과 구조에 대한 완고한 집착을 특징으로 한다.

켈리는 다음과 같이 주장한다.

> '신경증적neurotic'인 사람은 자신의 세계의 사건들을 해석하는 새로운 방법을 미친 듯이 찾아 다닌다. 어떨 때는 '작은' 사건, 어떨

> 때는 '큰' 사건에 공을 들이지만 그는 항상 불안과 싸운다. '정신병적인psychotic'인 사람은 자신의 불안에 대한 임시적인 해결책을 찾아낸 듯 보인다. 그러나 그것은 위태로운 해결책일 뿐이고, 대부분의 사람들에게 수용되지 않는 증상에 불과하다(Kelly, 1955, pp. 895-896).

켈리에게 긍정적인 변화의 과정은 더 나은 구성개념 체계의 발전을 의미한다. 그러므로 그의 정신치료는 결함이 있는 생각을 재구성하는 것과, 새롭거나 이미 작동 중인 것을 대체하는 것에 기반을 둔다. 켈리에 의하면, 새로운 구성개념 형성에 호의적인 세 가지 조건이 있다.

1. 연구를 통해 검증하려는 노력이 있어야 한다. 명확한 구성개념 형성을 위해서는 과학에서처럼 시도해봐야 한다. 가설이 개발되어야 하고, 실험이 수행되어야 하며, 경험적 근거를 기반으로 그 타당성에 대해 평가되어야 한다. 만일 잘못된 것으로 밝혀지면, 완전히 다 버리고 새로운 것들로 교체해야 한다. 치료자의 역할은 내담자를 과학자가 되게 하여 치료 과정에서 적극적인 부분을 맡도록 돕는 것이다.
2. 치료자는 변화를 유도하기에 알맞은 새로운 요소들을 공급해야 한다. 이 새로운 요소들은 그 사람을 구속하는 오래된 생각으로부터 자유로워야 한다. 변화의 일부로서, 치료자 자신은 내담자에 의해 새로운 구성개념으로 보일 수도, 배척받을 수도

있다. 이 새로운 구성개념은 내담자에 의해 검증될 수도 있고 거절당할 수도 있다. 그 이후의 전이transference는 치료자가 변화를 위해 내담자와 협력하는 데 사용된다.

3. 변화에 유용한 자료의 검증이 있어야 한다. 이는 치료자가 내담자에게 결과에 대한 자신의 인식과 반응을 제공해야 한다는 것을 의미한다. 이러한 것에 대한 타당성은 내담자에 의해 확인될 수 있다. 현실과 맞지 않는 자신의 구성개념을 검증하고 오류를 확인하기 위해 내담자에게 주어진 기회를 통해 부적합한 구성개념은 제거되며, 새롭고 더 현실적인 것들을 위한 방법이 모색된다. 이렇게 하여 변화라는 치료의 목적을 이룰 수 있다.

켈리는 내담자에게 검사, 실험, 새로운 요소, 자료 검증 등의 기회를 제공하는 특정 기술인 '고정 역할 치료fixed-role therapy'를 개발했다. 심리학적으로 얘기하면, 고정 역할 치료는 내담자 자신이 무엇이 되고 무엇을 하는지를 나타낸다. 이 기술은 내담자가 새로운 방법으로 자신을 보여주도록 격려하고, 새로운 방식으로 행동하기 위해 자신을 분석하는 것을 기반으로 하기 때문에, 실제로 새로운 사람이 되도록 이끈다. 마치 새로운 사람인 것처럼 하는 것은, 즉 무대 위에 있는 훌륭한 배우와 비슷하게 새로운 역할을 연출하는 것은 내담자와 전적인 합의가 이루어져야 한다. 치료자는 그 새로운 인격이 지나치게 위협적이지 않게 해야 한다. 환상, 공상, 그리고 새로운 자신과의 가능성을 즐기는 것은 영혼을 자유롭게 하고, 자신이 소망하는 모습이 될 수 있게 한다.

사회인지이론과 변화

사회인지이론Social Cognitive Theory은 학계와 의학계에서 가장 늦게 알려졌다. 몇몇 지지자는 이 이론이 더 과학적인 맥락에서 로고테라피를 잘 나타내고 있다고 주장하지만, 실제는 그 근원이 다르다. 행동주의와 비슷하게 사회인지이론의 근원은 학습이론에 있다. 다만 사회인지이론은 인간의 기능인 사고 과정의 중요성을 강조한다는 데서 차이가 있다. 이 이론의 거장인 반두라Bandura(1977)는 행동의 인지 매개체로서 효능에 대한 자아 인식self-perception의 중요성을 강조했다. 그의 관점에 의하면, 사람은 결국 자신의 생각, 감정, 그리고 행동에 영향을 일으키는 판단을 한다. 게다가 행동의 목표와 목적에 영향을 주는 인간의 행동과 동기에 대한 사회적 기원이 있다. 다시 말해 인지적 역량은 주어진 사회 환경에서 기대와 계획을 통해 관찰 학습과 직접 경험을 함으로써 발전한다.

피아제Piaget와 프로이트 같은 '발달 단계 이론가들'은 인간 발달을 성숙해지는 과정의 단계들을 넘어서는 것이라고 여겼다. 다시 말해 한 단계에서 인지 기술을 습득하는 것은 이전 단계를 통과한 사람에게 가능하다. 하지만 반두라의 관점에 의하면, 발달 단계 이론은 인지 기능이 어느 수준에서나 일치하는 것은 아니기 때문에 누구에게나 적합한 것은 아니다. 이는 상황에 따라 변하고, 개인차가 있고, 행동으로 옮겨진 다양한 요인의 영향을 받는다. 이러한 사고와 행동의 개별성은 변화를 위한 인간의 능력을 강조한다.

사회인지 이론가들에 의하면, 교육의 노력은 출생과 사회적 환경의 결함을 근절하고, 자기 효능감을 향상시키고, 도덕적 판단을 강화하고, 공격성을 줄이고, 더 오랫동안 감사와 희열을 느끼게 할 수도 있다. 사람들은 좌절을 다루는 데 도움이 되는 인지적, 행동적 역량을 개발시켜야 한다. 행동은 그 결과에 의해 통제된다. 그러므로 행동주의처럼 보상이나 처벌을 사용할 뿐만이 아니라 다양한 결과에 대한 잠재적 측면을 상황에 따라 구별할 수 있는 더 나은 능력을 통해서도 변화는 가능하다. 반두라는 다음과 같이 말한다. “사회적 학습의 관점으로 봤을 때, 정신적 변화는 그것을 이루기 위해 사용된 방법에 상관 없이 공통 메커니즘에서 얻어진다”(Bandura, 1977, p. 79). 개인의 효능 기대에 대한 변화는 정신적 절차의 결과이다. 역기능적 기대와 자아 개념, 자기 평가는 비효율적이란 느낌을 가져올 수 있고, 결과적으로 우울증을 초래할 수 있다. 반두라는 자기 효능감이 낮을수록 우울감이 높다고 말한다. 비슷한 보고가 알코올 중독자를 대상으로 연구한 크럼보(1988)에 의해서도 보고되었다.

사회인지이론에 관한 여러 연구는 낮은 자기 효능감이 우울증과 편집증 같은 온갖 정신적 장애와 연관되어 있음을 보여준다. 반두라는 행동의 변화에 대한 통합적 이론을 개발하려고 많은 노력을 했지만, 이것을 적용하는 데는 신중을 기한다. 그는, 치료의 절차는 치료자가 관련된 기본적 메커니즘을 이해하고 그 방법의 효과를 입증하기 위한 적절한 실험을 한 후에 임상적으로 적용되어야 한다고 본다. 이런 접근법은 훈련되지 않은 치료자에 의해 수행되었을 때 환자에게 좋은 것보다는 피해를 주게 되며, 로고테라피 기법 중 하나인 역설적 의도과 관련한 프랭클의 염려와 비슷한 결과를 가져오게 된다.

사회인지 관점의 변화는 새로운 행동을 유발하는 새로운 패턴과 생각의 습득뿐만 아니라 그것들의 유지를 포함한다. 변화에 대한 강조는 효능감을 습득하는 것과 결국 행동으로 바뀌는 자신에 대한 학습 기대에 있다. 모델링modeling과 지시적 참여guided participation는 사회인지 치료자가 내담자 행동에 변화를 가져오기 위해 사용하는 치료 방법이다. 예를 들어 중독이나 강박적 행동을 치료할 때 절제보다는 자기 효능감을 강화하고 증진하는 데 초점을 둔다. 이런 방법으로 내담자는 이전에 회피했던 상황에 맞서고 새로운 기대를 배울 수 있게 된다. 지시적 참여 또한 로고테라피에서 사용된다. 예를 들어 루카스(1986)에 의하면 공포증 환자의 행동을 변화하도록 치료하는 데 쓰인다. 이 접근과 관련된 로고테라피 기법은 역설적 의도이다.

태도 수정 : 로고테라피 기법

자신과 다른 사람을 향한 태도 변화의 부분에서, 로고테라피는 태도 수정 기법을 적용한다. 이 기법은 프랭클이 삶에서 의미를 발견하는 가장 중요한 원천으로 여기는 태도적 가치attitudinal value 개념에 기초한다. 이 기법은 내담자의 괴로움과 절망을 완화하는 방향에 목표를 둔다. 의미 지향을 넓히고 강화하면서, 새로운 잠재력을 찾도록 도와주고, 내담자가 사회 환경에서 더 성숙하고 책임감 있는 성인이 되도록 인도한다.

루카스(1986)는 정신치료의 도움을 받는 사람들을 두 집단으로 나누었다. a) 의심을 하는 사람들과 b) 절망에 빠진 사람들. 두 집단의 사람들은 모두 무조건 아픈 것은 아니지만 병에 걸리기는 쉽다. 전자에 속한 사람들은 아직 그들의 삶에서 의미와 목적을 찾지 못한 특징이 있으며, 프랭클이 '실존적 공허'라고 정의한, 지루함과 공허함의 상태로 살아간다. 앞서 언급했듯이 실존적 공허 상태, 즉 탈출의 희망 없이, 더 이상의 성장과 발전 없이, 영적인 자양분이 없는 상태로 살아가면 우울증, 신경증, 심지어 정신병으로 이어질 수도 있다. 루카스는 모든 정신적 질병의 5분의 1이 실존적 좌절과 가치 갈등으로 인해 발생하고, 나머지 정신적 문제 또한 그것들과 무관하지 않다고 주장한다.

절망에 빠진 사람들은 한 번쯤 의미를 지향하다가 힘든 역경이 닥쳤을 때 그것을 잃거나 자신의 생활 방식에 지친 사람들이다. 이런 사람들은 외관이 '성공적인' 사람이더라도 자신을 실패자로 보려는 경향이 있다. 그들 중 대부분은 특히 정치적·경제적 변화를 겪는 국가들에서 운이나 '커넥션'으로 부유해졌다. 그들은 크라토치빌Kratochvil이 (루카스에 의해 인용된) '피라미드형 가치 체계'에서 삶의 안정감을 찾아냈다고 말한 집단에 속한다. 그 체계에서는 하나의 큰 가치가 가장 위에 있고 그 외의 다른 가치들은 훨씬 밑에 있다. 피라미드형 가치 체계를 수용한 사람들은 자신의 삶에 주요한 관심사로 하나의 목표만을 추구하고 나머지는 무시한다. 그들은 부, 권력, 직업 등

허무한 것을 추구하는 데 인생을 소비한다. 그런 사람들은 자신의 업적에 집중하는 동안 무엇이든 그리고 누구든 무시한다. 이런 사람들은 군대, 정치, 상업, 무역 등 어떤 분야에서든 발견할 수 있다. 심지어 대학에도 그런 사람들이 가득하다. 그들은 상대적인 가치를 절대화시키려는 경향이 있다. 월리키Wolicki(1987)는 세상과 세상의 사건들을 통합적으로 인식하는 능력을 잃은 개인을 절망이 압도할 수 있다고 주장한다.

한 가지 가치의 절대화, 사랑, 가정 생활, 건강, 성공 등에 실패했을 때 사람들은 그 실패에 굴복하고 절망, 신경쇠약, 삶의 모든 것으로부터 도망가려는 시도를 할 위험이 있다. 세상을 바라보는 견해를 단 한 가지 요소로만 좁게 바라보거나 윤택한 삶만을 추구하는 것은, 자신을 하나의 도구로 전락시키는 희생양이 되어버리게 한다. 최고 가치가 무너지면 인생 전체가 무너져버린 것처럼 보인다. 따라서 개인이 절망에 빠지지 않도록 보호하는 가장 좋은 방법은 가치를 절대적 단위에서 해방시켜 그것을 잃었을 경우에 슬퍼할 수 있게 하는 것이다. 슬픔은 상실에 대한 태도를 수정하고 잃은 것에서 얻을 수 있는 것으로 생각과 감정을 재정립함으로써 호전시킬 수 있다. 이런 유형의 사람들에 대한 실례로, 과학 도서관에서 사서로 40년 동안 일을 한 60세의 A씨가 있다. 그는 법적으로 은퇴해야 한다는 말을 들었을 때 공황상태에 빠졌다. 그는 은퇴하느니 "차라리 죽을 것"이라고 치료자에게 말했다. "내 인생은 내 직업 없이는 아무것도 아닙니다. 뭘 해야 할지, 이 운명의 공격으로부터 어떻게 살아남아야 할지 모르겠습니다." 그는 은퇴일이 다가올수록 더욱 더 우울해지거나 성을 잘 내고, 혼란스러워하고, 바뀐 환경에서 생존할 수 있는 능력에 대한 의구심으로 고문당하는 것 같아 보였다.

은퇴라는 변화에 맞닥뜨린 A씨는 삶에 의미를 준 피라미드적 가치의 상실 때문에 절망에 빠진 전형적인 사례이다. 그 또한 로고테라피적 도움이 필요하다. 그의 고통은 병이나 자살로 이어져서는 안 된다. "어떤 어려운 상황이더라도 희망은 있다Every cloud has a silver lining"는 격언이 있다. 피라미드적 가치의 붕괴로 인한 모든 괴로움은, 삶의 새로운 의미를 찾아낼 수 있는 가능성을 내포하고 있다. 프랭클이 가르친 것처럼 '인간 영의 도전적 힘'은 운명의 일격에 반격하고 의미의 시야를 넓히는 작업으로 안내할 수 있다. 즉, 잃어버린 과거의 '영광'들을 생각하고, 우울해지는 대신에 새로운 의미와 잠재력을 찾아내고, 남아 있는 정신적 에너지를 쏟아부을 새로운 목표와 목적을 설정할 수 있도록 도와야 한다. 다시 말해 내담자의 태도를 바꾸어 인생에서 긍정적이고 건강한 사고방식을 찾을 수 있도록 하는 것이 치료의 목표다.

삶에 대한 극심한 무관심을 나타내는 허무주의에 빠진 내담자들은 자살을 하려는 경향이 절망에 빠진 사람들보다 더 심하다. 후자의 경우 자신에 대해, 그리고 삶에 대해 긍정적인 영역, 업무, 기능 등을 바라보도록 생각과 태도를 바꾸는 것으로 도움을 받을 수 있지만, 전자의 경우에는 무관심에 의해 자신의 삶을 포기하는 일이 일어나지 않도록 감시해야 한다. 로고테라피는 내담자가 운명의 공격에 맞서 싸울 수 있는 인간 영의 자원을 이끌어내 건강을 회복시키는 것을 목표로 한다. 불치병이나 실직, 중독과 같이 그 자체로 의미가 없는 상황에서 의미를 찾으려는 것은 쉬운 일이 아니다. 하지만 로고테라피의 도움이 있다면 이룰 수 있다. 태도 수정은 내담자가 부정적이고 자기파괴적이고 병적인 태도에서 생산적이고 삶을 강화시키는life-enhancing 노력으로 전환하는 데 도움이 된다. 돕는 전문직은 삶에 대한 다른 태도를 처방할 수는 없지만 신뢰가 확립된 후에는 어떤 제안을 할 수 있다. 치료자는 내담자가 건강한 태도와 유해한 태도를 구분할 수 있게 도울 수 있고, 적어도 내담자의 행동, 생각, 감정에 영향을 주려는 시도를 해볼 수 있다.

로고테라피 기법으로 태도 수정을 한다는 것은, 치료자가 내담자에 의해 드러나는 특정 태도가 해로운지 아닌지를 사정하면서 자신의 지식, 경험, 직감 등을 사용하는 것을 의미한다. 치료자가 내담자에게서 부정적이고 위험하며 파괴적인 태도를 발견하면, 치료자는 내담자와 열린 토론을 하는 데 주저해서는 안 된다. 치료자는 내담자가 '좋은' 또는 '나쁜' 태도를 결정하는 데 관여하지 않는다. 오히려 치료자는 내담자의 태도가 건강한지 아닌지를 숙고하는 것을 추구한다. 만약 태도가 건강하지 않음이 발견되면, 치료자는 내담자의 내적 세계로 들어가는 데 주저하지 않을 것이다. 로고테라피 치료자는 인간의 세 가지 차원을 기억해야 한다. 이 세 가지 차원은 밀접히 연관되어 있고 각각은 다른 것에 영향을 끼친다. 만약 치료자가 그것들 사이의 연관성을 무시하거나 간과한다면, 치료자는 내담자에게 의원성 신경증(iatrogenic neurosis, 치료자에게 원인이 있는 신경증)과 해를 입힐 수 있다. 동시에, 신체·정신·영의 세 가지 차원 중 어떤 차원에서 일어나든 긍정적 방향으로의 변화는 성장을 위한 기회를 제공할 수 있다.

다카시마(1990)는 한 단계를 더 제안한다. 그는 네 가지 차원에서 진단과 처방을 고려해야 한다고 주장한다. 즉, 앞서 언급한 세 가지 차원에 기능적인 것을 추가한 것이다. 질병은 이 네 가지 차원 중 하나에서 시작해 나머지 부분에 영향을 끼칠 수 있다. 그는 기능적 차원에 장애를 일으키는 장기 질환인 궤양을 예시로 인용했다. 하지만 이 질환의 증상들은 정신적 차원에서 장기간의 불안이나 공포의 결과일 수도 있다. 즉, 질환이 정신적 차원에서 발생해 기능적인 것에 영향을 끼치고 신체적 차원에서 피해를 일으킨다고 할 수 있다. 로고테라피 이론은 인간의 영은 병들 수 없다고 주장한다. 이러한 주장은 질병을 치료하는 데 중요한 역할을 한다. 그 질환의 기원은 가치 간의 갈등 혹은 삶의 의미와 목적의 결여로 발생할 수도 있다. 이것들은 결과적으로 정신적 차원에서 우울증이나 불안을, 기능적 차원에서는 고통·심계항진·어지럼증·감기 등을, 신체적 차원에서는 궤양과 같은 신체기관의 질환을 야기할 수도 있다. 질병이 유래된 차원에 대한 정확한 진단과 나머지 차원이 어떻게 영향을 받는지에 대한 평가는 필수적이다. 즉, 질병에 대한 내담자의 태도를 수정할 때 약물치료, 정신치료, 그리고 로고테라피를 병행할 필요가 있다.

다카시마에 의하면, 사람들이 자신의 질환에 대해 갖는 태도는 건강, 생존, 죽음에 중대한 영향을 끼친다. 질환의 결과는 다음과 같은 여섯 가지 가능성이 있다(Takashima, 1990, p. 85).

1. 아픈 사람들은 스스로 또는 자연적으로 치유될 수 있다.

2. 그들은 의사에 의해 치료될 수 있다.
3. 그들은 의학적 치료 없이 죽을 수 있다.
4. 그들은 의학적 치료에도 불구하고, 또는 심지어 의학적 치료 때문에 죽을 수 있다.
5. 그들은 의학적 치료 후에도 만성적으로 계속 아플 수 있다.
6. 그들은 생물학적 관점으로부터는 아닐지라도 로고테라피에 의해 인본주의적, 실존적 관점에서 건강해질 수 있다. 로고테라피는 인본주의적 정신신체적 의학의 개념으로부터 질환에 대한 태도를 바꾸도록, 또는 '질환과 함께 사는' 태도를 취하도록 도와준다.

질병을 가지고 산다는 것은 (만성질환자에게) 그 병을 치료받을 수 없다는 것을 받아들인다는 것을 의미한다. 이때 할 수 있는 일은 남아있는 에너지를 인생의 목표와 의미에 집중시키는 것이다. 그리고 이러한 인식의 변화는 질병과 자기 자신에 대한 태도 수정을 요구한다. 다카시마는 의학적 중재와 태도 수정을 혼합한 치료적 접근을 통해 많은 환자를 성공적으로 치료했다고 주장한다. 그는, 절망하며 싸우기보다는 불치병을 안고 살아야 한다는 환자 자신의 인식에 의해 건강한 삶으로 이끌어진 사례들을 보았다(Takashima, 1990, p. 86).

로고테라피에서 태도 수정은 세 가지의 연결된 단계로 이루어져 있으나, 그 순서는 상황에 따라 달라질 수 있다(Lukas, 1980, 1986). 세 단계는 다음과 같다.

1. **괴로움과 절망을 주는 증상들로부터 거리를 두는 것.** 이는 받아 들일 수 없는 상실의 결과로부터 오는 부정적 감정과 절망으로부터 내담자를 안도하게 하는 데 필요하다. 고통스러운 상황에서도 찾을 수 있는 가치를 제시해줌으로써 내담자가 해로운 증상으로부터 자신을 멀리할 수 있도록 도울 수 있다. 남편과 사별한 여성이라면 남편을 특별하게 만들었던 특성들, 즉 죽음이 지워버릴 수 없는 특성들을 기억함으로써 위안을 찾을 수 있다. 잘 산 삶은 그것의 길이에 좌우되는 것이 아니라고 그녀는 자신에게 말할 수 있고, 이런 생각에서 힘을 얻을 수 있다.

레빈슨Levinson(1989)은 사별로 인한 고통은 정신 장애가 아니라고 말한다. 오히려 전이에 대한 정상적인 정신적 과정이고, 새로운 의미를 발견할 수 있는 기회가 된다. 주어진 사회에서 정상이라고 생각하는 기간과 정도를 넘어 개인이 일상의 삶으로 돌아가는 것이 지연될 때만 사별로 인한 우울증이라고 볼 수 있다. 과부에게 의미지향성meaning orientation이 필요하다는 사실은 전문적인 서적에서 좀처럼 거론되지 않는데, 이는 미국에서 사별을 경험한 사람 12만 명 중 10만 명이 여성인 것을 고려할 때 특이한 일이다. 레빈슨은 이런 여성들에 대해, 그들이 정신과 의사들에 의해 '우울하다'고 진단되지 않는 한 잠재적 치료 집단으로 여겨지지 않는다고 주장했다. 우울증은 개념적으로 정신적 장애, 임상적 병리를 뜻한다. 그런 까닭에 이런 여성들은 대부분 반응성 우울증으로 진단된다. 하지만 만약 이런 여성들 중 많은 이들이 일시적인 실존적 공허에 시달릴 수 있다는 사실을 알게 될 경우에는 로고테라피의 도움을 받는 것이 적절할 것이다. 다른 무엇보다도, 자신의 고통에서 의미를 찾을 수 있도록 그들을 도와야 할 것이다. 이는 사람들이 자신을 초월할 때, 자신의 곤경에서 자신을 멀리할 때, 죽음·사별·자신에 대한 태도를 바꿀 때 완수될 수 있다. 우리 자신의 문제를 벗어나 초월한다는 의미는, 프랭클이 다른 곳에서 설명한 바와 같이, 새로운 의미, 목표, 그리고 우리 모두에게 내재되어 있는 잠재적인 영적 힘noetic power의 이용을 향해간다는 것을 뜻한다. 따라서 과부들은 실존적 공허로부터 나오기 위해 의미를 향한 의지를 이용함으로써 곤경을 개인적 성공으로 바꿀 수 있다. 증상과 공감하는 것은, 부정적이고 건강하지 않은 삶에 대한 태도를 믿는 것을 말한다. 증상에 고착되는 위험성은 항상 있고, 이에 더 고착될수록 악순환의 굴레를 깨고 나와 증상으로부터 거리를 두는 것이 더 힘들어진다. 프랭클이 제시한 바와 같이 로고테라피 치료자의 목표는, 환자의 시야를 넓히고 확대해 그에게 의미와 가치의 모든 범위가 뚜렷하게 의식되도록 하는 것이다(Frankl, 1962, p. 110).

2. **건강하지 못한 태도의 수정**. 이 단계는 내담자가, 태도는 상황이 결정하는 것이 아니라 사람이 결정한다는 것을 깨달음으로써 시작할 수 있다. 같은 상황에 처하더라도 사람에 따라 다르게 해석될 수 있다. 따라서 사람이 사건에 대해 갖는 태도가 정신 건강에 영향을 끼칠 수 있으며, 만약 부정적이라면 질병으

로 이끌 수도 있다. 로고테라피에서는 자신의 과거에 대한 내담자의 태도는 변할 수 있다고 본다. A씨의 사례에서처럼 과거를 변경할 수 없는 잊어버린 시간으로 보는 대신, 프랭클이 가르치는 것처럼 과거를 변경할 수 없는 저장된 시간으로 볼 수 있도록 이끌 수 있다. 우리의 영혼 속에 어린 시절 경험된 삶에 대한 부정적인 태도는, 사람들이 이러한 부정적인 벽을 건강한 삶으로 극복하고자 노력한다는 가정 하에 바뀔 수 있다. 크럼보(1988)가 보여준 바와 같이 '모든 것이 얻어질 수 있다.' 사람들은 자기 충족적인 삶으로 인도될 수 있다. 만약 그들이 자신 안에서 확신을 얻을 수 있다면, 그리고 그들이 주어진 과업에 대해 '나는 할 수 없다'보다 '나는 할 수 있다'고 말할 의지가 있다면 말이다.

3. **새로운 의미 찾기**. 부정적인 증상으로부터 멀어지는 것이 성공한 후, 즉 이것들이 감소되거나 심지어 한꺼번에 제거된 후에는 다음 단계가 시작될 수 있다. 이 단계에서는 내담자가 자신의 삶에 대한 긍정적 태도를 받아들이는 데 해롭고 병적인 증상에서 자유로울 수 있도록 돕는 것이 필요하다. 자신을 괴롭히는 것에 대한 건강한 태도가 결핍되는 한, 내담자는 새로운 의미 찾기를 할 수 없고, 하지도 않을 것이다. 그는 자신의 절망과 고통에 갇힐 것이고, 그의 고치 안에 머무를 것이다.

루카스(1980)는 이렇게 기록한다. "자신의 증상에 몰입하는 것은 자기 중심적인 생각에 빠지게 한다. 부정적 요인에 대한 지나친 관심은 자신 너머로의 관점을 막는다. 자기 본위의 껍질과 부정적 요인의 방어벽을 깨고 나올 때만, 그들은 새로운 의미 있는 활동 안의 긍정적 요인을 볼 수 있고, 그들 너머를 경험할 수 있고, 그래서 치유 과정으로의 길이 열린다"(p. 35).

이 정신건강으로의 접근은 우리 영혼 깊은 곳에 숨어 있는 성스러운 영혼에 대한 하시드의 가르침과 비슷하다. 이 영혼을 덮고 있는 그런 두꺼운 층들은 영혼의 빛줄기가 비춰질 수 있도록 반드시 벗겨져야 한다. 우리 영혼 안의 빛이 비춰질 때 그 빛은 우리에게 빛을 줄 것이고, 이 빛은 인생의 길을 밝혀줄 것이다(Guttmann, 1989).

사례 예시

사례 1 | '절대 성공할 수 없는' 여자

부정적인 증상에 몰입되는 것에 대항해 내담자가 증상으로부터 거리를 두는 것이 태도 수정의 첫 번째 단계다. 다음의 사례에서처럼 말이다.

어느 젊은 여성이 나를 만나러 왔다. 그녀는 대학 입학시험에서 실패할 것이라는 두려움을 떨쳐내지 못해서 절망에 빠져 있었다. 그녀는 공부를 할 때마다 '절대 성공하지 못할 것'이라고 말한 고등학교 선생님을 떠올렸다. 이제는 그 선생님이 옳았다는 것을 그녀는 알게 되었다. "나는 지능이 부족해 시험에 합격할 수 없습니다"라고 말했다. 이 젊은 여성의 생각은 아주 확고했다. 도전 없이 그 '의견'을 받아들였고, 교사가 그녀에게 씌운 부정적인 모습을 인정해버렸다. 그녀는 자기 자신을 실패자로 보고 있었다.

나는 그녀가 자기 자신, 교사, 그리고 시험 자체를 대하는 사고방식을 바꾸기 위해 그녀의 '인간 영의 도전적 힘'을 일깨워주어야 했다. 나는 그녀에게 말했다. "아니요, 당신이 실패자가 되고 싶은 게 아니라면 당신은 실패자가 아닙니다. 당신의 선생이 한 예측은 완전히 틀렸던 걸지도 모릅니다. 과학자, 부모님, 선생님, 직장 동료 등이 많은 예측을 하는데, 결국 엄청난 실수로 드러납니다. 잘못 알았다는 것을 당신 자신과 당신의 이전 선생에게 증명할 수 있습니다. 사람들은 변하고 변하려고 할 수 있습니다. 아무래도 당신의 선생이 이런 부정적인 예측을 말했을 때 당신이 학업에 부지런히 임하지 않았을 수도 있습니다. 어쩌면 신경을 다른 곳에 쓰고 있었을 수도 있죠." 내 말을 듣던 젊은 여성은 금세 기운을 차렸다. 그녀는 피식 웃으면서 말했다. "예, 당신 말이 맞아요. 나는 어느 남자아이에 대한 생각과 환상에 사로잡혀 공부를 방치했어요. 하지만 지금은 시도해볼 수 있을 것 같다는 느낌이 들어요. 당신 말이 맞아요. 나를 믿지 않는 사람들의 말을 들을 필요는 없어요. 그들에게 보여주도록 할게요." 말을 마친 그녀는 단호한 표정을 지으며 사무실을 나갔다.

증상으로부터 거리를 두는 것이 치료의 첫 단계이다. 태도 수정은 그 다음 단계이다. 다음의 사례에서와 같이 건강하지 못하고 결정론적이고 부정적인 태도를 바꾸는 것은 내담자가 채울 수 있는 의미의 잠재력을 향하도록 이끄는 데 필요하다.

사례 2 | '빈 둥지 어머니'

B부인은 동네 전체에서 쾌활하고, 행복하고, 명랑한 사람으로 알려져 있었다. 전쟁 과부인 그녀는 홀로 큰 헌신과 힘든 일을 하며 키운 세 명의 사랑스러운 딸이 있었다. 그녀는 남편과 사별한 후 자녀들에게 아버지의 역할까지 보상해주고 싶어 매우 열심히 일하며 살았다. 그녀를 만났을 때 나는 이전의 활기 찬 그녀의 모습을 거의 찾아볼 수 없었다. 그녀는 무표정했고, 주름졌고, 얼굴에 슬픔의 기운이 있었다. 그녀는 내게 "딸들을 잃었어요" 라고 말했다. 나는 "그런 일이 없기를 바라지만, 그들이 죽었나요 ?" 라고 물었다. "아니요, 그들은 결혼해서 집을 나갔어요. 각자 다른 동네로 말이죠." 내가 말했다. "정말 좋은 일 아닌가요 ? 축하드려요 !" 하지만 그녀는 슬픈 눈으로 나를 보며 "고맙지만 고맙지 않네요" 라고 했다. "마지막 애가 집을 떠난 뒤부터, 나는 내 자신이 텅 빈 것을 느껴요. 집도 비었죠. 아무도 더는 나를 필

요로 하지 않아요. 내 자신이 쓸모 없게 느껴져요. 내 삶은 끝났어요."

나는 B부인이 우울한 상태에 있음을 느꼈다. 삶을 향한 건강하지 못한 그녀의 태도에 변화가 필요했다. 그녀는 자신이 다시 한번 쓸모 있고, 필요한 사람이고, 의미 있음을 느낌으로써 삶으로 다시 돌아가야 했다. 우리는 그녀가 영원히 잃은 것으로 표현하고 싶어 하는 그녀의 예전 행복에 대해 이야기를 나누었다. 나는 그녀에게 말했다. "당신의 딸들이 떠난 것을 재앙으로 볼 필요가 없어요. 오히려 반대죠! 딸들은 이제 독립한 거예요. 당신이 정말 딸들을 위해 원했던 게 아닌가요?" "맞아요. 하지만 이제 저는 어떡해요?" "당신 또한 독립한 거랍니다. 그리고 당신은 이 독립을 당신이 언젠가 원했고 꿈꾸었던 것들을 하기 위해 쓸 수 있죠." 그녀는 한동안 생각에 잠긴 듯이 보였다. "당신은 과거에 보여주었던 동일한 체력과 결심과 헌신을 현재의 삶을 의미 있게 하기 위해 쓸 수 있어요." 나는 이렇게 조언했다. "자신에게 물어보세요. 이 상황에서 내 도움이 필요한 사람이 누구인가? 나는 누구를 지지할 수 있는가? 내가 지금 만들어야 할 첫 번째 발걸음은 무엇인가?" 그녀는 관심을 가지고 경청했다. 그리고 조금씩 삶이 그녀 자신의 태도에 따라 인식되거나 자기 연민 속에 잊힐 수 있는, 많은 새로운 가능성이 있다는 것을 깨닫기 시작했다.

로고앵커 기법

로고훅Logohook 또는 로고앵커logoanchor는 의미가 풍부한 과거 혹은 기대하는 미래의 경험을 의미하며, 이는 현재 상황에서 앵커anchor(닻 또는 푯대)로 사용될 수 있다(Westermann, 1993). 수년 전 아내를 사별한 후 심각한 우울증으로 프랭클에게 상담을 요청한 노의사 이야기는, 이 기법을 이용해 고통이 경감된 첫 번째 사례다. 앞에서 인용했듯이, 프랭클은 그 의사에게 아내보다 먼저 죽었을 때 일어났을 일에 대해 질문했다. 그때 그 의사가 "그녀에게는 끔찍했을 겁니다. 그녀가 얼마나 괴로워했을지" 라고 말했고, 프랭클이 대답했다. "예, 그렇지요. 박사님, 그런 고통을 부인이 피하게 해주셨는데, 이제는 그녀를 위해 살아남고 슬퍼함으로써 그 대가를 치르셔야 합니다" (Frankl, 1962, p. 113).

로고앵커 기법은 내담자가 자신이 가장 최상이었던 순간과 직관적인 지식, 통찰력, 창의력, 그리고 다른 영적 차원의 특성들과 접촉했을 때 자신의 삶에서 좋았던 경험을 찾도록anchoring 안내한다. 이 기법은 파트너와 의사소통의 간극을 메우기 위해, 삶의 동기를 찾기 위해, 그리고 겁먹은 자와 외로운 자와 불안해 하는 이를 안심시키기 위해 사용된다. 목표는 로고앵커 기법을 필요한 때에 영적으로 사용할 수 있게 하는 것이다. 베스터만Westermann(1993)은 다감각 이미지를 사용하여, 이전에 개인을 경이로 채운 경험은 그 자신의 독창성과 만날 때 기억될 수 있다고 했다. 로고앵커는 사람들이 현재 사용하는 과거의 사례를 인식하게 하는 것을 목표로 한다. 로고앵커 기법을 설명하기 위해 다음 두 사례를 소개한다.

사례 3 | 외로운 고아

젊은 여성인 리사Lisa는 지난 2년 동안 심각한 상실을 겪었다. 처음에는 어머니께서 돌아가셨고 얼마 지나지 않아 아버지마저 갑작스럽게 돌아가셨다. 두 번의 상실로 인해 리사는 병에 걸리고 일을 할 수 없게 되어 직장을 잃었다. 그녀의 '운명의 공격들'은, 암으로 죽어가며 그녀의 위로를 얻기 위해 찾아온 형제 존John과 함께 계속되었다. 그가 리사의 간절하고 헌신적인 간호를 받고 나서 죽었을 때, 그녀는 자신이 완전히 혼자가 돼버렸다는 것을 알게 되었다. 그녀는 잠을 잘 수 없었고, 혼자인 것이 두려웠고, 잊힌 느낌을 받았다. 그녀는 슬픔에 압도당해 "나를 사랑하는 사람은 이제 아무도 없어요" 라고 말했다. 치료자는 리사의 이전의 삶을 조심스럽게 조사하면서 그녀가 보호받고 보살핌을 받는다고 느꼈던 시간을 찾았다. 그런 시간은 리사의 어린 시절에서 찾을 수 있었는데, 그녀가 꽃을 따도록 이웃들이 허락했고, 그 꽃을 마당에 있는 신전 제단에 놓고 신에게 기도할 수 있었을 때였다. 이것은 그 뒤에 치료자에 의해 리사가 슬픔에서 벗어나고 삶에 대한 사고방식을 바꾸고 미래를 위해 벽돌을 쌓듯이 과거의 의미를 이용할 수 있게 하는 데 사용된 로고앵커였다(Westermann, 1993, pp. 29-30).

사례 4 | 무덤으로부터의 인사

55세의 M 부인은 내인성 우울증으로 고통받았는데, 이는 그녀의 딸들 중 한 명이 교통사고를 당하고 의식불명에서 회복하지 못한 채 7주 후에 사망했을 때부터 시작되었다. 성인이 된 다른 자식들은 떠나갔고, 이 여성은 자신이 쓸모 없다고 느끼고 있었다. 어느 날 그녀는 치료자에게 절망과 혼란에 빠진 채 전화를 걸었다. 그녀는 눈물을 흘리며 오늘이 자신의 생일이라고 얘기했다. 그녀의 자녀들 중 아무도 그녀와 함께하고 있지 않았다. 그녀는 누군가 자신을 기억하고 있는지 확인하기 위해 우편함으로 갔고, 그녀의 죽은 딸에게 온 편지를 발견했다. 그 편지는 그녀의 딸이 죽었던 병원의 쇄골 골절을 연구하는 한 젊은 의사가 보낸 것이었는데, 그 의사는 수신인이 사망했다는 것을 알지 못한 채 편지를 발송한 것이다. 이 여성은 우연에 의한 '운명의 장난'에 완전히 유린당했다. 그녀는 신이 자신의 생일에 그런 편지를 보냄으로써 벌주고 싶어 한다고 생각했다. 치료자는 이 기회에 이 여성의 생각에 대한 태도 수정을 시도했다. 치료자는 그녀에게 이 편지는 무덤에서 온 인사라고 설명했다. 그 운명은 그녀의 고통을 심화시키는 것보다는 오히려 안심시키려고 한 것이라고 치료자는 말해주었다. M 부인은 오랫동안 조용히 앉아 있었다. 그런 다음 그녀는 봉투를 조심스레 핸드백에 넣고 일어서서 내 손을 꼭 잡고는 돌아갔다. 잘못 발송된 편지가 자신에게 수용될 수 있는 어떤 의미가 되었을 때 그녀는 고통을 견딜 수 있게 되었다(Lukas, 1980, p. 32).

호소 기법appealing technique

절망과 의심의 순간에 인생의 우여곡절을 극복하도록 돕는 일에 있어서 의미와 가치가 지닌 중요성에 대한 프랭클의 개념은 심리치료 분야에서 새로운 혁신적인 길을 열었다. 루카스(1986)는 로고테라피의 다양한 치료기법 중에 인간의 존엄성에 호소한 기법을 개발했고, 이는 매우 인상적인 결과를 가져왔다. 이 기법은 제안의 힘에 기초하며, 로고테라피의 자유의지 개념과는 모순된다. 자유의지는 내담자가 자신의 삶을 자유롭게 결정하고 자신의 방식을 선택하는 권리를 존중한다는 것을 의미한다. 그러므로 로고테라피 치료자는 단지 영적 차원이 일시적으로 차단된 경우에만 호소 기법을 사용한다. 이전에 설명되었던 모든 기법, 다시 말해 역설적 의도, 탈숙고, 태도 수정, 로고앵커 등은 붕괴되기 직전인 내담자에게는 사용할 수 없다. 우선은 내담자를 진정시키고, 긴장을 풀고, 흥분을 진정시킬 필요가 있다. 이 단계에 도달했을 때 인간의 영의 자원으로 통하는 길이 열린다.

루카스는 호소 기법 내에서 '의지를 암시하는 훈련suggestive training of the will'을 개발했다. 프랭클이 가르쳤듯이 영적 차원에는 사람의 의지가 포함되어 있기 때문에, 루카스는 자유로운 협력을 통한 치료 계획을 수행하기에는 에너지 수준이 너무 약한 환자에게 이 기법을 사용하는 것에 대해 언급했다. 루카스는 자신이 치료의 목표를 절대 제안하지 않는다는 것을 강조했다. 치료의 목표는 내담자가 자유롭게 결정하도록 남겨둬야 한다. 대신 그녀가 제안하는 것은, 모든 로고테라피 기법에서 기본적인 로고철학으로 간주되는 의지의 자유와 인간 영의 도전적 힘the defiant power of the human spirit을 강화시키도록 안내한다. 그녀는 내담자가 자신의 운명, 감정 혹은 충동의 무력한 희생자가 아니라는 사실에 주목한다. 오히려 그들은 자신의 운명과 삶을 형성하고 그들에게 자격이 있는 목표를 위해 노력할 수 있다.

루카스(1986)는 우리의 의지력을 이용해 감정 상태를 안정시키고 면역력을 높이면 건강하게 지낼 수 있다고 말한다. 다카시마와 프랭클이 보여주었던 것처럼, 정신신체의학psychosomatic medicine은 병에 걸리거나 건강을 유지하기 위한 가능성과 설명을 모두 포함한다. 정신에 스트레스를 유발할 수 있다면, 또한 정신에 의해 예방될 수도 있다. 살려는 의지와 특정한 목표를 달성하려는 의지는 질병을 견딜 수 있는 신체 능력을 강화시키고 파괴의 영향력에 저항한다. 노인학 문헌에서 종종 '손녀가 결혼할 때 까지만' 혹은 '크리스마스까지만' 살아가기를 소망하면서 매우 늙고 병든 사람들이 '생명을 연장하는' 이야기를 접해볼 수 있다. 이 사람들은 평범함 이상의 의지를 보여준다. 그들은 생존을 위한 자기 초월self-transcendence의 중요성을 반복적으로 증명한다.

아동, 불안정한 사람, 의존적인 사람, 장애인, 중독자 등에게는 호소 기법이 특히 유용하다고 루카스는 주장한다. 이 기법은 인간에 대한 신뢰가 중요하다. 다시 말해 자신의 존엄성의 감각에 대한 신뢰, 의미 있는 삶을 이끌기 위한 기본 성향, 그리고 현재는 막혀 있을 수도 있지만 스스로 선택한 업무와 목표를 완수하는 것으로 자유로워질 수 있는 자신의 책임에 대한 신뢰 등이 그것이다. 때때로 호소 기법은 이와 비슷한 자기주장 훈련 – 이 기법은 내담자의 자신감과 자기 과신을 강화하려는 것이 목적이다 – 과 같이 사용할 수도 있다. 자기 주장 훈련은 많은 돕는 전문직에서 내담자에게 자신의 감정, 요구, 필요 등을 직접적이고 효과적으로 표현하도록 가르치는 데 사용하는 방법이다. 이 훈련은 모르는 것에 대한 공포 때문에 변화를 거부하는 사람이나 '권한'이 무서워 감히 진짜 감정을 표현하지 않는 많은 내담자(그리고 돕는 전문직)에게 필수적이다. 종종 '성미가 까다로운 환자나 내담자', 완고한 치료 거부자로 여겨지는 만성 질환자나 불치병 환자에게 특히 유용하다.

루카스는 호소 기법이 두 부류의 중독자에게 유용하게 적용될 수 있다고 말한다. 결핍 때문에 중독자가 된 사람들, 부와 과다한 풍요때문에 삶에 대해 공허하고 지루해 하는 사람들이 그들이다. 두 중독자 집단 모두 약물을 통해 자신의 현실을 피하려고 하지만, 약물 중독에 대한 방대한 문헌에서 알 수 있듯이, 약물로 달성할 수 있는 것은 자신의 감정을 일시적으로 마비시키는 것뿐이지 문제는 변함 없이 그대로 있다. 중독에서 벗어나기 전에 생리적·정신적 차단이 이루어지지 않는다면 무의미한 자기 파괴의 길에서 중독자들을 벗어나게 하는 것은 가망이 없다고 루카스는 생각한다. 그들이 약을 붙잡고 있는 한, 인간 정신의 자원은 차단되어 있다. 즉, 로고테라피적 조정은 제 기능을 수행할 수 없다. 약물과 정신적 중재에 의존하는 벽이 없어지면, 의지를 제안하는 훈련과 로고테라피의 주요 기법인 소크라테스 대화법을 적용할 수 있는 길이 열린다.

내인성 우울증에 걸린 사람들도 마찬가지다. 프랭클(1986)은 약물 치료 및 충격 치료와 함께 로고테라피의 역할은, 환자가 반복적으로 자신의 예후를 긍정적으로 생각하도록 함으로써 고통은 극복할 수 있다고 믿을 수 있도록 환자를 지지하는 것이라고 말했다. 프랭클은 우울증과 싸우는 것은 무의미하며, 실패하도록 정해져 있는 싸움이라고 주장한다. 변할 수 없는 것과 싸우는 대신, 환자는 우울한 시기의 일순간에도 인생의 의미를 기억하도록 격려되어야 한다(Frankl, 1986, p. 261). 다른 극심한 질병이나 부정적인 삶의 사건 같은 내인성 우울증에서도 치료자의 역할은, 이미 몇 년 전에 세상을 떠난 내 동료 메리 플린Mary Flynn 교수의 표현을 빌리자면, '파도가 머리 위로 일렁이도록 하는' 방법을 내담자가 배우도록 돕는 것이다. 파도 아래에 있는 한 그는 지평선을 볼 수 없다. 파도를 벗어나 지평선을 보지 않는다면, 자기 발견과 의미 있는 삶을 추구할 준비가 되어 있지 않은 것이다.

내담자가 자신의 실패에 대해 다른 사람을 탓하려고 시도하는 경우, 즉 이런저런 일들이 자신에게 발생했기 '때문에' 책임에서 벗어나 마약, 알코올, 과도한 도박, 다른 형태의 의존성(화학적이거나 정신적인)을 향한다는 주장을 할 때, '때문에'를 '하지만'으로 바꾸는 것이 로고테라피 치료자의 역할이다. 이러한 전환이 일어나면 내담자는 '어린 시절에 버려졌지만, 생존을 위한 투쟁에서 아무도 나를 도와주지 않았지만, 난치병을 앓고 있지만, 나는 여전히 자신과 다른 사람들에게 남부럽지 않은 삶을 살 수 있다'고 말할 수 있다.

루카스(1986)는 다음과 같이 기술했다.

> 내가 로고테라피의 대화에서 줄이고자 하는 것은 환자를 절망으로 끌어들이는 소용돌이와도 같은 그들의 자기 연민이다. 자기 연민은 여러 형태로 자신을 표현할 수 있다. 운명에 대한 분노(왜 나

> 일까?), 잘못된 모든 것을 부모나 사회에 비난하는 것, 불만과 체념(모두 소용 없다), 혹은 해로운 형태의 불만을 가지고 어려움이 있는 상황에 도전해보지도 않거나 어떠한 노력도 해보지 않는 것 등이 그것이다(Lukas , 1986, p. 125).

패티 하벤가 코에처Patti Havenga Coetzer(1992)는 한 단계 더 나아간다. 그녀는 약하고 취약하더라도 실행할 수 있는 방법으로 감사를 제시했다. 감사할 수 있는 것은 많기 때문이다. 우리는 주변을 둘러보고 자연이 제공하는 모든 경이와, 자신의 삶에서 겸손하고 만족해야 할 것들을 모두 인식해야 한다. 프랭클은 감사하는 것이 의미를 실현하는 방법이라는 데 동의한다. 감사하는 태도는 실존적 공허의 침체 속에서 고통을 덜어주고 남겨진 유족을 위로할 수 있다. "우리가 넓고 개방된 마음으로 주변의 다른 사람에게 집중할 때 우리는 강렬한 자기 연민에서 벗어날 수 있다" 고 코에처는 말한다(Coetzer, 1992, p. 106). 내담자가 치료자를 믿을 만한 사람으로 신뢰하게 되면, 그 믿음으로 인해 날개를 펼쳐 꿈꾸기만 했던 높이로 날아오를 수 있다. 그런 다음 그는 술이나 마약 같은 인공적인 목발도, 다른 사람들에 대한 죄책감의 투영도 할 필요가 없어진다. 그리고 자신의 행동, 태도, 그리고 삶에 대한 책임을 지는 법을 배울 것이다.

예를 들어보자. 한때 자랑스럽고 성공적인 공동체였던 홀로코스트의 노년 생존자들과 함께했던 작업에서 나는 종종 우울증과 외로움으로 고통받는 사람들을 마주쳤다. 그 중 당뇨병에 걸린 79세의 남성은 자신이 곧 죽을 것이라고 내게 말했다. "있잖아, 난 완전히 혼자라

네. 가족은 모두 아우슈비츠의 가스실에서 죽었고 난 간신히 혼자서 죽음을 면했지. 혼자서 할 수 있는 모든 노력을 난 해왔어. 근데 지금은, 누가 이 병들고 늙은 노인네를 필요로 할까?" 내가 대답하기도 전에 그는 말을 이었다. "누가 신경이나 쓰겠나? 하나 더 있든 덜 있든 어차피 똑같잖아?"

내가 말했다. "글쎄요. 그럼 생존자들을 위한 이 모임에는 왜 계신 거죠? 당신이 한 말이 사실이라면 여기 안 계셨겠죠. 나는 당신이 교제를 필요로 하고, 그들과 생각을 나누고, 그들과 함께하고, 당신만이 병이 있는 유일한 사람이 아니라는 말을 듣고, 당신이 겪은 것보다 인생에서 훨씬 더 어려운 상황이 있었다는 말을 들어야 한다는 것을 압니다. 그리고 이곳에는 이 사람들과 함께 당신이 기대할 수 있는 즐거운 행사가 많이 있습니다. 당신은 진심으로 이 모든 것을 버리고 싶은 겁니까?" 노인은 몇 분 동안 침묵했다. 깊은 한숨을 지으며 그는 이렇게 말했다. "젊은이, 자네 말이 맞을 수도 있겠네. 다른 것들에 대해 생각해보지 않았어. 너무 나 자신만 생각했어. 그래, 난 이곳에서 간신히 살아있는 사람들을 알고 있고, 모든 만남, 매 순간 모두와 함께 있는 것을 즐겼던 것 같네. 나도 그들과 함께해야겠어."

요약

이 장에서는 먼저 심리학의 관점에서, 그리고 정신치료의 관점에서 변화의 개념을 제시했다. 그런 후 이 분야의 정신건강 전문가들이 자신,

타인, 자신의 문제, 질병 등에 대한 내담자의 태도를 바꾸기 위해 사용하는 다양한 기법을 소개했다. 이 기법들 중 일부는 로고테라피 치료자들에 의해 사용되기도 했다. 그러나 프랭클과 그의 동료 및 제자들은 로고테라피 중재를 위한 특정한 도구로서 태도 수정, 로고앵커, 호소 기법을 개발했다. 이 기법들이 이 장에서 제시되고 설명되었다.

변화의 개념을 검토하면, 새로운 감정과 새로운 방식으로 자아를 이해하고 경험하는 것이 합리적이고 경험에 근거한 변화의 구성 요소임을 알 수 있다. 둘 다 정신건강에 중요하지만, 행동으로 이어지는 것은 후자이다. 변화의 원칙은 내담자가 부정적 태도를 긍정적 행동으로 바꾸는 능력을 제공하는 것을 목표로 한다. 치료자는 변화될 수 있는 내담자의 태도와, 피할 수 없는 상황에 적응해야 하는 내담자의 태도를 구별할 줄 알아야 한다. 도입된 변화는 내담자의 가치, 믿음, 요구와 호환되어야 하며 사회적 환경, 다시 말해 타인 혹은 내담자의 '중요한 타인'을 고려해야 한다.

잘트만Zaltman(1983)은 모든 변화의 노력에서 고려해야 할 상호작용 효과에 주목했다. 변화를 받아들일 수 있는 시기, 능력, 준비성은 내담자와 치료자 모두의 변화를 위한 노력에 중요한 요소이다. 내담자와 치료자는 각 상황에서 독특하다. 로고테라피 치료자는 내담자의 고유함을 존중하면서 요구에 맞추어 치료기법을 사용하며, 이때 치료 목표를 달성하는 데 가장 도움이 되는 이론과 도구, 기법 등이 사용된다. 로고테라피 치료자는 과거 혹은 현재의 행동에도 불구하고 사람들이 변화할 수 있는 능력을 가지고 있음을 인식하도록 안내한다. 내담자는 새로운 가치와 생활 방식을 선택할 수 있고, 이를 습득하기 위해 행동할 수 있다. 내담자에 대한 믿음과 변화를 위한 진실된 노력은 치료에 효과가 있다. 자신의 가치를 확증함으로써 변화를 추구하는 길은 열려 있다.

[3부]

로고테라피와 연구

3부에서는 편역자가 저자와 상의하여 1990년 중반 이후의
로고테라피 관련 연구 및 동향을 추가했다.

1978/1979년에 출판된 『로고테라피 국제 포럼International Forum for Logotherapy』 저널 1권에서, 프랭클은 이 학술지에 직관적인 개념에 대한 실험적이고 실증적인 검증을 바탕으로 한 논문들이 게재될 것을 기대하며 다음과 같이 말했다.

> 로고테라피는 건강 문제와 도덕성 문제뿐만 아니라 가장 본질적인 인간 현상 중 하나인 의미를 찾는 것에 목적이 있다. 과학적 지향을 의미하는 현대의 서구적 사고의 선호를 충족시키거나, (더 구체적으로 말하자면) 우리의 실험과 통계적 사고를 취하려는 시도를 하

> 지 않는다면, 방향을 되돌릴 수 없고 아무것도 듣지 못할 것이다. 그렇기 때문에 아무리 그 결과가 무미건조하게 들릴지라도, 로고테라피는 모든 이성적이고 실증적인 연구를 환영한다(Fabry, 1978-79, pp. 5-6).

이 주장이 제시되었을 때, 로고테라피 연구는 이미 '실존적 공허'와 '역설적 의도' 같은 주요 개념과 방법 중 일부 개념들은 체계적인 통계 절차를 적용한 연구를 통해 검증을 얻은 상태였다. 그럼에도 불구하고 로고테라피 중재의 치료적 가치를 평가하기 위한 연구 방법과 평가도구 개발을 위한 추후 연구가 지속적으로 이루어질 필요는 분명하다.

여기 3부에서는 로고테라피 치료자와 돕는 전문직이 현재 사용하는 도구의 개발과 타당화, 사용 등을 포함해 로고테라피 연구의 중요한 발전에 대해 제시하고자 한다.

9장

로고테라피의 주요 개념에 대한 연구

로고테라피 연구

로고테라피는 대학 학사학위를 부여할 수 있는 학분 분야나 어떤 전문직업이 아니다. 로고테라피에는 그린우드Greenwood(1957)가 설명한 직종의 특성이 없다. 다시 말해 로고테라피는 점차 발전하는 이론 체계를 가지고 있지만, 그 자체 영역 이상의 어떤 권위가 있지 않다. 로고테라피의 기능적 특징도 다른 정신건강 직종과 구별되지 않는다. 로고테라피 치료자들과 지역 사회에 의해 승인된 사업 및 기관 사이의 네트워크가 없고, 윤리강령과 그 실무자들을 구속하는 통합된 규범도 없다. 2020년 현재 호주, 나이지리아, 이탈리아, 아르헨티나, 멕시코, 브라질, 일본, 캐나다, 스웨덴, 독일, 오스트리아, 체코, 스위스, 핀란드, 헝가리, 폴란드, 슬로베니아, 스페인, 이스라엘, 남아프리카, 한국, 미국 등 43개국에 설립된 로고테라피 센터 혹은 연구소에서 로고테라피 치료자로 활동하는 사람들은 광범위한 직종과 학문 분야에 종사하는 사람들이며, 그들 중 많은 사람이 다양한 대학에서 종사하고 있다.

반면, 전세계의 여러 대학에서 로고테라피 강좌가 진행되고 있는데, 보통은 사회복지, 교육, 신학, 철학의 대학원 수준에서 제공되는 선택 강좌들이다. 지금까지도 로고테라피는 심리학의 정규 커리큘럼으로 학계에서 인정받지 못하고 있고, 의과 대학에도 로고테라피 훈련 과정이 없다. 그외 로고테라피 교육은 짧은 강좌와 세미나를 통해 열리거나, 미국, 독일, 멕시코, 오스트리아와 같은 일부 국가에서는 대학 디플로마diploma 프로그램으로 제공된다. 최근, 세계적 규모의 로고테라피 학술대회에서는 주로 교육, 정보 교환, 혁신적인 연구, 실무 활동 등에 대한 보고를 하는 역할을 하고 있다.

1980년 이후로 로고테라피 학술대회가 다양한 국가(그 중 대부분은 미국)에서 지역적, 국가적, 세계적 규모로 활발히 개최되고 있다. 대표적인 국제 학술대회는 두 가지가 있다. 오스트리아 비엔나에 있는 빅터 프랭클 연구소Viktor Frankl Institute(https://www.viktorfrankl.org)가 주관하는 '로고테라피와 실존 분석 국제학술대회International congress on Logotherpy & Existential Analysis'가 있으며, 다른 하나는 미국 텍사스에 위치한 빅터 프랭클 로고테라피 연구소Viktor Frankl Instutute Of Logotherapy(http://www.logotherapyinstitute.org)가 개최하는 '빅터 프랭클 로고테라피 세계 학술대회World congress on Viktor Frankl's logotherapy'가 있다. 이 두 학술대회는 서로 격년으로 진행되고 있다. 로고테라피 기반의 활동과 연구에 대한 공통의 관심사가 있는 많은 직종의 다양한 전문가와 학생, 이 분야에 흥미가 있는 사람들이 학술대회에 참석하고 있다. 이러한 세계 규모의 학술대회의 목표는 로고테라피의 철학, 기술, 연구 등의 장려, 훈련, 개발, 전달에 있다. 이 학술대회에서는 로고테라피 사상과 원칙에 비추어 세계적인 주요 이슈들이 발표되고 토의되며, 또한 대회때마다 정해진 핵심 주제congress theme를 집중적으로 다룬다. 예를 들어 (1983년 서독의 레겐스부르크에서 개최된) 제3차 세계 학술대회의 주제는 '운명 대 자유'였다. 프랭클의 총회 연설인 '비극적 낙관론의 사례The Case of Tragic Optimism'는 희생되고 운명론적이고 희망이 없는 사람들의 입장에서 활용 가능한 대안을 탐색해보도록 장려하는 내용이었다. 2015년 이후 개최된 학술대회의 핵심 주제는 다음과 같다.

- Humanity's Search for Peace and Purpose (2015, Texas)
- The Future of Logotherapy Ⅲ (2016, Vienna)
- The Power of Purpose (2017, Texas)
- The Future of Logotherapy Ⅳ (2018, Moscow)
- The Science of Finding Meaning in Life's Greatest Challenge's (2019, Texas)

이런 모든 학술대회는 다른 많은 전문학회와 협의회에서 흔히 볼 수 있는 냉소적이고 경쟁적인 분위기와는 다르게 따뜻하고 친근한 분위기 속에 진행된다. 로고테라피의 아이디어, 가치, 지식 등을 전파하고 경험적 연구에서 로고테라피의 통찰력을 실험하도록 전문가들에게 동기를 부여하는 중요한 원천은 로고테라피의 창시자인 프랭클이었다. 주요 대학들, 국제 회의들, 여러 세미나에서 프랭클의 연설은 교육용 자료로 사용된다. 이 자료들은 모든 곳의 젊은 층에게 영감을 주고, 더욱 의미 있는 세상을 찾는 참여자들에게는 적극적으로 참여할 수 있게 동기를 부여한다. 프랭클은 미국에서 혼자 150회의 강의를 했다. 프랭클은 다양한 청중 앞에서 책임감이 없는 자유는 혼돈과 독단만을 초래할 수 있다고 진심을 담아 강조했다. 그러므로 가장 중요하고 시급한 일은 책임을 다하도록 하기 위해 모든 장소의 사람들을 교육하는 것이라고 말했다.

로고테라피의 연구 결과의 일부로 이 책이 출간된 1990년대 중반까지 149개의 박사 학위논문이 완성되었지만, 발생지인 오스트리아를 비롯해 미국, 독일, 아르헨티나 등 세계 각 대륙의 국가들에서 1990년대 중반 이후 현재까지 수많은 학위논문이 다양한 학문 분야에서 발표되고 있다. 석사와 박사 학위논문들은 로고테라피 개념과 방식을 사용하는 많은 분야에서 수행된 연구를 의미한다. 2020년 현재까지 세계에서 대표적인 학술 데이터베이스에서 확인되는 로고테라피 문헌으로는 주요 검색 명령어인 'logotherapy' OR 'meaning-centered psychotherapy' 기준으로 EMBASE에서 349건, MEDLINE® via PubMed에서 148건, Cochrane Library CENTRAL에서 123건이 확인되고 있으며, 이 결과는 중복 제거를 하지 않은 수치이다. 주요 학술 데이터베이스에 등재되는 문헌은 2010년 이후 증가세를 보이고 있다. 이에 대한 유지 보수와 업데이트 작업은 오스트라아 비엔나에 위치한 빅터 프랭클 연구소Victor Frankl Institute에서 정기적으로 하고 있다. 1945년까지 거슬러 올라가는 이 자료들에는 문서, 오디오와 비디오, 그리고 영화가 포함된다(https://www.viktorfrankl.org/institutes_wwE.html).

숙련된 로고테라피 치료자의 수는 알려져 있지 않지만, 적어도 수백 명에서 수천 명에 달하는 것으로 추정된다. 국제 학술대회를 개최하고 있는 대표적인 로고테라피 기관인 오스트리아의 빅터 프랭클 연구소Victor Frankl Institute와 미국의 빅터 프랭클 로고테라피 연구소Viktor Frankl Instutute of Logotherapy에서 로고테라피 기본교육 과정, 디플로마 과정, 석사학위 과정 등이 개설되어 운영되고 있으며, 그 외에도 세계 43개국에 설립된 로고테라피 연구소에서 로고테라피의 연구, 교육 훈련, 실무 활동이 진행되고 있다. 그 지역 문화를 배경으로 기관마다의 특성이 있지만, 이들 각 기관들의 공통적인 임무는 로고테라피 철학을 자신의 국가에 전파하려는 것이다.

누가 자신을 로고테라피 치료자라고 주장할 수 있는지에 대한 질문에 대해 현재로서는 정확한 답을 제시할 수는 없다. 돕는 직종의 많은 전문가는 정식 교육을 받지 않고, 즉 로고테라피는 학위 프로그램이 없기 때문에 로고테라피 학위 없이, 특정 형태의 로고테라피 교육과정을 운영하고 있다. 예를 들어 버클리Berkely에 있는 연구소의 정책은 디플로마 과정의 입학 조건으로 상담, 교육, 사회복지 업무, 봉사, 간호 분야 등 각 직종에서의 면허 취득을 요구한다. 디플로마 자격은 각자의 전문 영역에서 로고테라피의 추가 교육과 훈련을 받았다는 것을 의미한다.

전세계적으로 알려져 있는 로고테라피 분야 학술지는 두 가지이다. 하나는 1978년에 창간된 『로고테라피 국제 포럼The International Forum for logotherapy』이고, 다른 하나는 1993년에 창간된 『빅토르 프랭클 연구소의 학술지The Journal des Viktor Frankl Instituts』이다. 각 나라의 로고테라피 협회에서 출판하는 학술지들도 있는데, 아르헨티나의 『로고Logo』, 독일의 『로고테라피 및 실존 분석Logotherapie und Existenzanalyze』이 있다. 또한 스위스에는 스위스 로고테라피 및 실존 분석 협회the Schweizerische Gesellschaft für Logotherapie und Existenzanalyse에서 출판한 『샤헤트Charette』라는 소규모 학술지가 있다. 이탈리아에는 『돌고래Il delfino』라는 잡지에 로고테라피에 관한 기사가 포함되어 있다. 그리고 대부분의 로고테라피 협회는 회원들이 수행한 연구 활동을 다른 분야와 함께 소식지에 싣는다.

로고테라피에 관한 연구는 대략 세 단계로 나눌 수 있는데, 다소 시기가 겹쳐진다. 첫 번째 기간에 속하는 것은 경험으로부터 시작된 프랭클의 영어판 주요 도서로, (1955년에 출판된) 『의사와 영혼The Doctor and the Soul』과 (1959년에 출판된) 『죽음의 수용소Man's Search for Meaning』이다. 이 기간에 임상, 행동주의 그리고 실험적 지향의 심리학 연구자들은 과학적인 조사를 통해 프랭클의 직관적 개념과 로고테라피 이론을 검증하기 위해 노력했다. 이들의 연구는 수면과 언어 장애, 다양한 공포증 등을 앓고 있는 내담자들에게 역설적 의도의 치료 효과를 연구하는 데 중점을 두기도 했다. 로고테라피 연구의 두 번째 기간은 삶의 의미와 실존적 공허 같은 로고테라피 개념을 객관적으로 측정할 수 있는 새로운 도구 개발이 중심을 이루었다. 이 기간은 대략적으로 생의 목적 검사(Purpose in Life Test)가 개발될 때부터 1980년대 중반까지 이어졌다. 그 이후로 로고테라피 연구의 세 번째 기간은 여러 분야에서 내담자의 정신건강에 미치는 로고테라피의 영향에 관심을 갖고 영향요인 파악을 위한 조사 연구, 로고테라피 효과 검증을 위한 중재 연구, 2017년 이후에는 체계적 문헌고찰과 메타분석 연구까지 발표되고 있다.

로고테라피에 관한 연구는 1960년대 로고테라피 측정도구의 개발과 함께 본격적으로 시작되었다. 그 당시 프랭클은 로고테라피를 잘 구성된 인간 동기이론으로 발전시키기 위해 노력을 기울였고, 전 세계적으로 판매된 그의 저서, 논문, 발표를 통해 이론이 만족스럽게 개선되었다. 하지만 필수적인 과학적 검증이 부족했다. 새로운 도구가 등장하고 연구 및 정신치료 실습 시설들이 등장할 때까지 로고테라피는 너무 주관적이고, 검증이 부족하고, 세부 내용보다는 매우 추상적이라는 인상을 보여주어 비난을 받았다. 프랭클은 1978년에 『로고테라피 국제 포럼The International Forum for Logotherapy』과 『저널 오브 서치 포 미닝The Journal of Search for Meaning』이 출판되었을 때도 로고테라피가 이론적·철학적 기초 이상의 의미를 가지고 있다는 사실을, 다시 말해 의미에의 의지, 인생의 의미를 찾는 동기, 실존적 공허는 가장 과학적인 방법과 통계 절차를 이용한 연구를 통해 측정되고 검증될 수 있다는 것을 세계에 알리고 싶어 했다. 프랭클은 특히 로고테라피가 추상적 개념으로 남아 있을 수 있는 것을 우려했다. 그는 새로 발행된 학술지의 편집자에게 다음과 같이 말했다.

> 왜 우리는 불필요하고 부당하게 학계 공동체의 모든 부분을 잃어야 합니까? 왜 로고테라피가 '우리의 요구에 얼마나 많은 영향을 끼치는지' 이해하는 것을 우선시하지 않는 거죠? 왜 우리가 실험

과 통계적 입증이 약하다는 것 때문에 현대 연구자들로부터 비평을 받아야 하죠? 우리는 우리의 발견이 엄격히 경험적 연구에 의해 뒷받침될 필요성을 인정하지 않을 이유가 없습니다(Fabry, 1978-1979, p. 5).

이와 같은 프랭클의 주장 이후로 로고테라피 연구는 주로 심리학·철학·신학 분야에서 많은 논문이 발표되었고, 2000년 이후에는 의학·간호학·교육학 등에서 활발한 연구가 진행되어 왔다. 진행된 연구는 역설적 의도, 탈숙고, 태도 수정과 같은 로고테라피 상담 기법의 치료적 가치를 검증하는 것을 목표로 했다. 역설적 의도에 관한 아셔Ascher(1978-1979)의 연구는 이 기법에 대한, 잘 통제된 실험적 조사가 부족했다는 것을 보여준다. 이 기법을 사용한 최초의 대조군 실험연구는 솔리옴Solyom et al.(1972)에 의해 수행되었다. 아셔와 에프란Ascher & Efran(1978)은 불면증 환자에게 두 차례에 걸친 임상연구를 진행했고, 역설적 의도가 일차적 수면 장애를 보이는 환자들에게 효과가 있는 기법임을 확인했다(Ascher & Efran, 1978, p. 19). 아셔와 동료들은 추가 검증을 통해 역설적 의도가 임상적으로 유의미한 수준의 수면 장애를 개선하기 위해 적용 가능한 기법임을 더 공고히 했다. 그 외에도 아셔와 동료들은 역설적 의도가 광장공포증agoraphobia(1984)과 요정체urinary retention(1979) 같은 장애에 치료 효과가 있다는 연구 결과를 발표했다.

프랭클이 1939년에 공식적으로 발표하고 개발한 최초의 로고테라피 기법인 역설적 의도는 1970년대에 다양한 전문가들의 광범위한 조사 대상이 되었다. 이들의 정신치료 방식과는 차이가 있지만, 역설적 의도와 자율 훈련에 대한 바치Bazzi(1979)의 비교에 따르면 전자의 방법은 기본적으로 공격적인 반면에, 불안을 다루는 후자는 기본적으로 방어적인 전략이다. 두 기법 모두 두려움에 의한 공포증을 다루는 방법으로 자기와 거리두기 개념을 사용했다. 바치의 연구에는 역설적 의도로 치료받은 3건, 자율 훈련을 통해 치료된 21건만이 포함되어 있지만, 전자는 '놀랍도록 유의한 결과'를 보여준 반면에 후자는 유의한 효과를 보이지 않았다.

레빈슨(1979)은 역설적 의도와 탈숙고의 관계를 조사했고, 자살, 우울증, 불면증 환자들을 위해 두 방법을 병용하여 치료했다. 말더듬증에 대한 역설적 의도와 고정역할 치료fixed role therapy에 대한 메슐람의 연구는 초기의 로고테라피 연구이다. 1960년대 후반과 1970년대에 실시된 연구에서, 메슐람은 두 가지 접근 방식 모두 사람이 직면할 수 있는 모든 조건에 대해 자유 입장을 취함으로써 자신의 행동을 바꿀 수 있다는 개념을 바탕으로 했는데, 그 결과 둘 다 말더듬의 자기 이미지와 사고방식을 수정하는 데 효과적으로 쓰일 수 있었다. 이에 따라 내담자는 자신의 구속에서 벗어나는 법을 배울 수 있다고 했다(Meshoulam, 1982).

로고테라피 개념을 근거로 개발된 대표적인 도구로는 생의 목적 검사The Purpose in Life Test와 영적 목표 찾기 검사The Seeking Of Noetic Goals Test가 있다.

생의 목적 검사The Purpose in Life Test

로고테라피 연구의 새로운 시대는 1960년대에 크럼보와 마홀릭의 생의 목적 검사, 즉 Purpose in Life Test(PIL) 도구의 등장으로 시작되었다. 로고테라피 개념에 근거해 만들어진 이 태도 척도는 1968-1969년 사이에 검증, 타당화를 거쳐 발표되었다. PIL이 개발된 후, 학위 논문과 그외 수많은 연구에서 PIL 도구의 신뢰도와 타당도가 입증되었다. PIL은 다양한 언어로 번역되었고, 한국어 버전도 타당화를 거쳐 발표되었다(Kim, 2001). PIL 도구는 건강, 정신건강, 심리학, 사회복지 사업, 정신과 직종의 학술지와 로고테라피 관련 학술지에 발표되었다. 1990년 초 이 책의 저자는 이스라엘의 활동적인 노년층을 대상으로 삶의 의미와 과도한 행동을 측정하기 위해 PIL 도구를 사용했다(Guttmann & Cohen, 1993). 그 후 30년이 지난 지금, PIL 도구를 사용한 수많은 연구 결과물이 발표되었다.

PIL 도구의 개발자인 크럼보와 헨리온(1988)에 의하면, PIL은 로고테라피의 두 가지 기본적 개념인 개인의 '의미에의 의지'와 '실존적 공허'를 측정한다. 프랭클이 가르쳤듯이, 인생에서 의미를 찾지 못하면 공허함과 지루함을 야기하거나 실존적 공허 상태가 될 수 있고, 완화시키지 않으면 이 상태는 영적 신경증, 특히 신경증에 취약한 사람에게서 유전적 신경증으로 이어질 수 있는데, 이 경우는 로고테라피 지식을 갖춘 숙련된 치료자에 의한 추가적 도움이 필요하다. 이렇게 하여, 크럼보의 원래 목표인 실존적 공허 정도를 파악하기 위해 현상을 객관화하는 측정도구 개발이 이루어졌다. 타당성이 입증된 도구를 통해 확인된 과학적 자료에 기초해보면, 프랭클이 우리 시대의 '집합적 신경증collective neurosis'으로 간주하는 영적 신경증이 전형적인 임상 사례의 5분의 1을 차지하고 있으며, 프랭클의 원래 추정치에 의하면 미국인 절반 이상이 실존적 공허에 시달리고 있다.

PIL은 세 부분으로 나뉘어 있다. Part A는 개인이 '삶의 목적'을 경험하는 정도에 대한 반응을 측정하는 20개 항목의 심리 측정도구로 구성된다. 이 20개 항목은 광범위한 실험과 분석 후, 구성 타당도와 준거 타당도를 평가한 다음에 선정되었다(사용된 유효성 평가의 절차에 대한 정보는 '사용 설명서Manual of Instructions'에 나와 있다). 측정 결과, '정상적인' 4개의 집단(성공적인 기업 혹은 전문 인력, 활동적이고 주도적인 개신교의 교구 주민들, 대학 학부생들, 가난한 입원환자들) 사이에서 유의한 차이를 보였다. 정신질환자 집단의 측정값은 그 정확도가 떨어졌다. 예측한 대로 신경증, 알코올 중독, 비조현병 환자 등을 구분하기는 했지만, 그 순서대로 점수가 낮게 나왔다. PIL의 원래 목적을 확인하기 위해 다양한 집단을 대상으로 진행한 여러 연구에서도 비슷한 결과가 나왔다(Black & Gregson, 1975; Garfield, 1973).

PIL은 성, 연령, 교육 등 인구사회학적 특성뿐 아니라 가치, 사회적 무질서anomie, 사회적 선호도, 성격 요인, 사회 지능, 공감 등의 변수를 측정하는 심리학 문헌에서 알려진 다른 도구와도 상관관계가 있다. 크럼보와 마홀릭(1969)은 PIL 점수와 위의 세 변수 사이에 일관된 관계가 없음을 발견했다. 그들은 PIL과 다른 변수의 상관관계 분석 결과를 다음과 같이 요약했다.

현대에 알려진 PIL 점수와의 모든 관계가 정신질환 증후군 또는 심리진단적 범주보다는 성격 특성과 관련이 있다는 점은 주목할 만 하다(증상과 증후군 양쪽을 나타내는 MMPI 우울증[MMPI Depression] 도구는 예외일 수 있다). 이 사실에 더해 환자 및 건강인 집단간 매우 상반된 PIL점수 결과를 보이는 점은 PIL이 의도한대로 영적 신경증의 필수적 요소인 실존적 공허를 잘 측정하고 있다는 것을 뜻한다(Manual of Instructions, 1969, 1981).

20개 항목으로 구성된 PIL은 7점 척도이며, 총합점수는 20에서 140 사이이고, 그 해석은 객관적이다.

Part A는 연구 목적으로 사용된다. 반면에 Part B는 13개 항목의 '미완성 문장'으로 구성되었고, 개인이 인생에서 목적을 경험하는 정도를 기술하도록 설계되었다. 그리고 참여자의 인생 목표, 야망, 희망, 미래 계획, 과거와 현재의 삶의 동기 등에 대해 묻는 1개의 개방형 질문인 Part C는 임상 목적으로 사용된다.

원래 1,151건의 사례를 기준으로 교차 검증된 결과에 의하면, 원점수 113점 이상은 삶에서 명확한 목적과 의미가 있음을 시사하는 반면에, 91점 이하의 원점수는 명확한 의미와 목적이 없음을 뜻한다. 크럼보와 헨리온(1988)은 거의 모든 성인과 5학년 수준 이상의 청소년들 대부분이 사용 설명서를 쉽게 이해할 수 있고 참여자들 대부분은 10~15분 안에 이 설문지를 완료할 수 있다고 말한다. 다양한 성인 인구를 대상으로 수행한 본 저자의 개인적 경험을 토대로 볼 때, PIL의 Part A를 완성하는 것은 쉽고 실제로 짧은 시간 내에 가능하다.

PIL 개발자들이 제시한 이 도구의 주요 기능 두 가지는 다음과 같다.

1. 퇴직자, 장애인, 알코올 중독자와 같은 특정 대상군의 실존적 공허 정도를 파악할 수 있고 이 조사 결과를 토대로 로고테라피 치료가 필요한 환자를 선택할 수 있다.
2. PIL은 또한 한 개인의 삶의 의미 정도를 측정하는 데 사용할 수 있다.

PIL의 두 가지 기능에서 첫 번째 기능은 예상했던 것만큼 성공적이진 않았다. PIL이 로고테라피 개입에 적절한 환자를 선별할 수 있는 유의한 효과를 보인 연구가 소수 진행되어 발표되고 있다. 반면, 두 번째 기능인 연구 도구로서의 PIL은 다양한 환경에서 채택되었다. 오늘날에는 과장된 말로 들릴 수도 있지만, 50년 전에는 PIL 외에 로고테라피 개념을 측정하기 위한 다른 도구가 없었다. 이로 인해 PIL은 매우 활발히 사용되어 왔다. PIL은 실존적 공허 정도를 측정할 뿐만 아니라 로고분석에 참여한 알코올 중독자에 관한 치료 효과를 측정하는 데 유용한 도구임을 보여주었다(Crumbaugh & Carr, 1979). 헛젤 Hutzell(1988)은 자신의 PIL에 대한 비평에서 PIL의 개발, 기술적 측면과 통계적 요소가 아직 충분히 검증되지 않았지만, PIL은 로고테라피 개념을 가장 체계적으로 개발해 널리 사용되고 있는 도구라고 밝혔다(Hutzell, 1988, p. 99). 2018년과 2019년 발표된 메타분석 연구(Vos & Vitali, 2018; Kang et al., 2019)에서도 PIL 도구가 다양한 국가의 저자들의 연구에 사용되었다.

영적 목표 찾기 검사The Seeking Of Noetic Goals Test

영적 목표 찾기The Seeking of Noetic Goals(SONG) 검사는 로고테라피 지향에서 도출된 또 다른 태도 척도이다. PIL과 마찬가지로 크럼보(1977)에 의해 개발되었다. PIL은 인생에서 의미와 목적을 찾는 정도를 측정하는 도구이며, 반면 SONG은 PIL에 대한 보완적 도구로서 삶의 의미를 찾기 위한 동기의 강도를 측정한다. 크럼보는 SONG 사용 설명서(1977)에 이론적 근거, 타당도, 신뢰도, 사용 방법, 점수화, 규범적 설명을 제시했고, 두 척도를 병행해서 사용하는 것은 성공적인 치료적 중재의 가능성을 판단하는 데 도움이 된다고 밝혔다. 예를 들어 PIL 점수가 높고 SONG 점수가 낮다면, 만족스러운 삶의 의미를 가지고 있고 더 많은 것을 찾을 동기는 없음을 의미한다. 따라서 이러한 대상자는 로고테라피 치료가 필요한 대상자는 아닐 것이다. PIL 점수가 낮고 SONG 점수가 높은 대상자의 경우는 그 반대이다. 이 경우, 대상자는 삶의 목적은 부족하지만 의미를 찾고자 하는 동기는 있다. 즉, 로고테라피 치료를 위한 좋은 대상군이 될 것이다.

SONG은 알코올 중독 치료 부서에서 일반적인 식이 요법과 로고테라피의 병행 치료를 받은 대상자의 사전·사후 측정을 통해 검증되었다. PIL-SONG의 조합에서 실험군과 대조군의 차이는 예측된 방향대로였다. 다시 말해 치료 전에 낮은 PIL과 높은 SONG 점수를 보인 환자들은 치료 전에 그 반대 점수를 보인 환자들에 비해 치료 효과가 더 좋았다. 신뢰도는 반분법(홀·짝 번호로 구분)으로 검증되었고, 피어슨 상관계수Pearson correlation coefficient 점수는 .71+.04이고, 스피어맨-브라운Spearman-Brown 점수는 .83이었다. SONG 항목은 PIL A 도구와 유사한 20개 항목으로 구성되었다. 사용 방법은 매우 간단하다. 도구 개발자에 의하면, 두 도구(PIL과 SONG)가 고등학생과 성인 대부분에게 적용 가능하다는 증거가 있다. 응답은 각 문장에 연속적으로 제시된 번호에 자신에게 해당되는 부분에 동그라미를 치도록 되어 있다. PIL과 같이 점수화는 동그라미 쳐진 숫자를 합하면 된다. 가능한 점수의 범위는 20에서 140 사이이다. 규범적인 점수의 절단선은 '정상'군 범주의 경우 평균 73점과 '환자'군 85점 사이의 중간인 79점이다. 정상군의 표준 편차는 대략 14인 반면에 환자 집단의 표준 편차는 15이다.

크럼보(1977)는 PIL과 SONG 두 도구를 사용하는 연구자들은 특히 경쟁적인 상황뿐 아니라 개인의 응답을 신뢰할 수 없게 만들 가능성이 있는 오차변량을 유발하는 다른 원인들로 인해 대상자의 동기 측정 결과가 왜곡될 수 있음을 주의해야 한다고 말한다. 그러므로 이 도구들은 특정 개인에 관한 중요한 결정을 내릴 때 단독으로 사용되어서는 안 된다. 이 도구들은 기관에서 제한된 수의 환자만 수용할 수 있을 때 치료에 가장 적합한 대상자를 선택할 수 있기 때문에 연구와 선별 장치로서 유용하다.

로고 검사Logo-Test

로고테라피 연구를 위한 세 번째 도구 개발은 1971년부터 시작되었다. 로고 검사는 프랭클의 제자이며 오스트리아 비엔나 대학의 실험 및 응용 심리학 연구소Institute for Experimental and Applied Psychology에서 저명한 로고테라피 치료자인 루카스(1986)가 기젤러 구트만Giselher Guttman 박사의 지도 하에 개발했다. 로고 검사는 '내적 의미의 성취감inner meaning fulfillment', '실존적 좌절existential frustration', 그리고 '영적 질병noological illness'(인생의 의미의 부족으로 인한 인간의 영적 차원에서 유래된)을 측정하는 데 사용할 수 있는 최적의 도구로서 국제적인 인정을 얻었다. 로고 검사는 루카스의 로고테라피 이론적 틀을 기반으로 한다. 프랭클의 의미 철학에서 처음 언급되었는데, 루카스가 자신의 로고테라피 개념을 정립한 로고 이론은 다음과 같다. 인간 존재는 세 차원(생물학적, 정신적, 영적)으로 구성되며, 각 차원에서는 주어진 상황에 대한 의존성이 다르다. 즉, 되먹임 기전feedback mechanisms은 각 차원에서 다르게 작동하고 항상성의 원리는 다른 유효성을 갖는다. 그러므로 정신치료에서는 이 모든 차원이 간과되어서는 안 된다. 더욱이 정신요법적psychotherapuetic 수행은 로고테라피만으로, 또는 로고테라피 없이는 효과적이지 않다(Lukas, 1981).

처음에 루카스(1981, 1985)는 실존적 좌절이 높을수록 영적 질병과 관련이 있다는 것을 오스트리아 비엔나의 정신신경 대학Psychiatric-Neurological University 병동의 환자에게서 발견했다. 그녀는 환자의 30%가 건강인 12%에 비해 로고 검사 결과 전체 표본의 15%(N=340)에서 21

점 이상을 보였다, 즉, 실존적 좌절과 영적 질병이 있다는 사실을 발견했다. 루카스는 또한 세 변수군에서 유의한 상관관계(모두 99% 확률)를 발견했다.

1. 객관적으로 높은 의미 지향 : 좌절의 징후는 거의 없고, 주관적인 높은 의미 지향성과 일반적으로 좋은 정신위생psychohygiene.
2. 일반적으로 낮은 정신위생, 영적 우울증noetic depression 성향, 영적 신경증noogenic neurosis 성향, 좌절 징후 등이 많이 보임. 객관적으로 낮은 의미의 지향성.
3. 고통이나 성공에 대한 긍정적인 태도, 객관적으로 높은 의미의 지향성, 전반적으로 좋은 정신위생, 높은 정신적 적응 능력(Landron & Oro, 1944).

프랭클의 로고테라피를 기반으로 하는 로고 검사는 세 부분으로 구성되어 있다. 이 도구에는 총 18개 항목의 진술문이 있다.

Part 1은 9개의 진술문으로 구성되어 있다. 이 진술문은 대상의 삶에 존재하거나 부재할 수 있는 잠재적 의미의 지향(자신의 안녕, 자아 실현, 가정 생활, 직업, 사회 활동, 관심사, 경험, 서비스, 괴로움의 극복 등)에 중점을 둔다. 대상자는 이 진술문에 '예' 혹은 '아니오'라고 대답할 수 있다. 답변되지 않은 질문은 불확실성 혹은 거절을 나타낸다. 점수화는 다음과 같이 진행된다. 각 문항의 '예' 답변에는 0점, '아니오'는 2점, 나머지 남겨진 질문은 1점이다. 점수의 값이 높을수록 인식된 내적 의미의 달성 정도가 낮음을 의미하고, 점수의 값이 낮을수록 인식된 내적 의미의 달성 정도가 높음을 뜻한다.

내면의 의미의 성취는 자신의 행동을 가치 있고 적절하다고 생각하며 순간적 의미를 발견하는 사람에게 이루어진다. 루카스(1987)는 건강이 의미를 통해서 오고, 로고테라피는 우리가 건강을 유지하고 회복하는 데 도움이 되도록 인간 본성을 보여준다고 주장한다. 의미는 임의대로 선택할 수 없다. 사람들은 의미를 찾기 위해 조종하거나 강요될 수 없다. 프랭클의 의미 철학에 따라, 개인적인 이익은 우리가 추구하는 의미의 목표가 아니며, 그렇게 되어서는 안 된다. 오히려 그것들은 의미를 찾을 때 따라오는 부산물이다. 인생에서 의미를 찾고자 하는 의지의 추구는 보편적이다. 모든 사람은 추구하는 의미를 가지고 있다. 그것은 다른 사회·정치 시스템을 가진 사회에(Guttmann, 1994; Stecker, 1981), 다양한 인종과 문화적 특성을 가진 사람들(Preble, 1986)에게, 그리고 건강한 사람들과 아픈 사람들에게 있다(Lukas, 1981). 내적인 의미 성취의 부족은 실존적 공허 상태라는 분명한 증거이다. 스탁Starck(1981)과 롱Long(1982)은 장애인들 중에서, 아다드Addad(1987)는 수감자들 중에서, 프랭클(1978)은 대학생들 중에서 실존적 공허 현상을 발견했다. 내면의 의미 성취는 책임감을 기초로 한다. 로고테라피적 견해로 볼 때, 인간의 책임과 순간적 의미에 부응하는 개인의 능력에 대한 믿음은 신체적, 정서적 안녕과 관련이 있는 반면에 무력감은 질병 이환률 및 사망률과 연관이 있다(Seeman & Seeman, 1983). 로고 검사의 Part 1에서는 내면의 의미 성취감을 얻었거나 성취감이 부족한 정도를 측정한다.

Part 2는 대상이 응답해야 하는 7개의 진술문으로 구성되었다. 이 진술문들은 측정 당시 대상자가 가지고 있는 실존적 좌절감의 정도와 그것에 대한 반응을 측정한다. 이 7가지 질문은 공격성, 퇴행, 과잉 보상, 도피 반응, 상황에 대한 대처, 신경증과 우울증을 포함한다. 이 항목들은 현재 실험 대상자가 겪는 정신적 현상으로 간주되고, 이 7가지 반응은 실존적 좌절에 대한 지표로 확인된다. 점수 배점은 다음과 같이 진행된다. 각 문항에서 '자주often'의 답변에는 2점, '가끔once in a while'은 1점, 그리고 '전혀 그렇지 않다never'는 0점이다. 이 채점 방식에서 유일한 예외는 '상황에 대한 대처'를 측정하는 5번 항목이다, 이 항목은 역문항으로, 점수화는 반대로 이루어진다, 즉, '전혀 그렇지 않다never'는 2점, '가끔once in a while'은 1점, '자주often'는 0점이다.

로고 검사의 Part 3는 다른 삶의 상황에 있는 (동성인) 사람을 묘사한 간단한 3개의 문단으로 구성되었다. 이 부분이 Part 3의 첫 부분이다. Part 3의 두 번째 부분에서 대상자는 '어떤 남성 또는 여성이 가장 행복합니까? 그리고 어떤 남성 또는 여성이 가장 고통받습니까?'에 응답하도록 한다. 그 응답은 Part 1 및 Part 2와 같은 방식으로 평가된다. Part 3의 세 번째 부분에서 대상자는 측정도구에 제시된 공란에 자신의 상황(또는 '사례')을 설명하도록 한다. 이 자가 조사self-inventory는 '의미'와 '태도'라는 두 가지 값으로 코딩된다. 전자의 경우, 대상은 4점 중 1점을 받고 후자는 3점 중 1점을 받을 수 있다. Part 3의 점수화 체계는 로고 검사 매뉴얼에 자세히 설명되어 있다. 이 점수에 기초하여 대상자는 내적 의미 성취, 실존적 좌절, 영적 질병의 정도에 따라 분류될 수 있다.

로고 검사의 번역과 표준화

로고테라피 문헌에 제시된 이후 로고 검사는 다음의 언어들로 번역되었다.

1. 폴란드어. 카지미에르즈 포피엘스키Kazimierz Popielski 박사는 폴란드어 버전을 개발해 학술 연구에 사용했다.
2. 스페인어. 호세 콜로마José Coloma 박사는 스페인어로 번역하고 새로운 표준화에 대한 학위논문을 지도했다.
3. 영어. 재나 볼먼Jana Bollman 박사는 영어 버전을 개발하고 타당화 연구를 수행했다.
4. (아르헨티나의) 스페인어. 란드론Landron박사와 오로Oro는 아르헨티나 사람들을 대상으로 임상 진단과 로고 검사 점수 사이의 상관관계를 연구했다.
5. 이탈리아어. 나탈리나 바르보나Natalina Barbona는 면역 결핍 증후군으로 고통받는 사람들의 고통을 연구하기 위해 이탈리아어 버전을 개발했다.
6. 호주식 영어(프래일런Fraillon 박사). 이 버전의 로고 검사는 호주의 로고테라피 협회가 개발했고, 그 적용에 관한 세미나도 열었다.
7. 스웨덴어. 욘 스타니크John Stanich 박사와 일로나 오르텐그렌Ilona Ortengren은 스웨덴 사람을 대상으로 로고 검사를 새로 표준화했다.
8. 히브리어. 아다드Addad 교수는 범죄학 연구에 사용할 히브리어

버전을 개발했고, 한나 히미Hanna Himmie는 히브리어 버전의 로고 검사로 이스라엘 군인 및 경찰 퇴직자의 대처 능력을 조사했다.

9. 체코어. 카렐 발카Karel Balcar 박사는 로고 검사를 체코어로 번역해 의료 목적으로 사용했다.
10. 포르투갈어. 엔리케스Henriquez 박사는 포르투갈어 버전에서 로고 검사의 새로운 타당화 검증을 수행했다.
11. 멕시코. 자클린 베커Jaqueline Becker가 심리학과 학생들과의 연구를 위해 로고 검사의 스페인어 버전을 사용했다.
12. 스페인. 안토니오 메디나Antonio Medina 교수는 스페인의 코르도바Córdoba 대학에서 자신의 연구에 로고 검사를 사용했다.
13. 과테말라. 엘레나 주르댕Helena Jourdain 박사는 과테말라 사람들을 위한 새로운 로고 검사 표준을 확립했다.
14. 슬로베니아. 마기스터 즈덴카 잘로카-디브자크Magister Zdenka Zalokar-Divjak는 로고 검사를 슬로베니아어로 번역해 교육적인 연구에 적용했다.
15. 헝가리. 페렌츠 샤프하우저Ferenc Schaffhauser 박사는 로고 검사를 헝가리어로 번역해 자신의 연구에 사용했다.

로고 검사의 번역, 사용, 표준화 등의 작업이 수행된 위의 목록은 전 세계적으로 로고 검사가 널리 사용되고 있음을 증명한다. 다양한 검증 절차를 수행하면서 일부 연구자들은 추가적인 설명이 필요한 이론적 구성 및 언어적 문제를 인식하게 되었다. 예를 들어 스타니크Stanich와 오르텐그렌Ortengren(1990)은 스웨덴의 로고 검사 조사에서 로고 검사의 Part 1에는 응답자가 의미를 인식한 영역이 12개가 아니라 9개라는 것을 발견했다. 진술문 3은 다음과 같다. '나는 가정과 가족 내의 안전에 만족하며 자녀가 비슷한 기반을 가질 수 있도록 돕고 싶습니다'에는 세 가지 요소가 있다. 1) 가정의 안전, 2)가족, 3) 자녀를 돕는 것. 따라서 이 질문은 전제 조건, 즉 가족이 있다는 전제에 근거한다. 문제가 된 이와 비슷한 질문은 다음과 같다. '나는 큰 어려움 없이 충분한 재정 자원이 있는 평화롭고 쾌적한 삶을 선호합니다.' 이 문장은 두 가지 요소로 구성되어 있다. 1) 쾌적한 삶, 2) 충분한 재정 자원.

로고 검사의 Part 1에서 필요한 개선 사항에 관한 스타니크의 또 다른 주장은 도구 지침서 사용과 관련된 문제다. 대상자들에게 '결정이 너무 어렵다면 문항 척도에 표시하지 않은 채 두도록' 했다. 이렇게 하면 응답자의 내적 의미 성취도에 대한, 잠재적으로 중요한 정보가 손실될 수 있다. 이러한 문제와 기타 비슷한 문제들을 명확하게 설명할 수 있고 추가적인 통찰력을 포함하도록 로고 검사를 수정할 수 있다. 잠재적인 번역자들과 로고 검사의 사용자들은 로고 검사의 문화적 관련성, 번역의 적절성 문제, 로고 검사에 통합될 수 있는 잠재적인 내적 의미 성취의 새로운 영역 등에 세심한 주의를 기울여야 하며, 이를 통해 로고 검사는 로고테라피 연구에서 가장 적절한 도구가 될 수 있다. 로고테라피 연구의 새로운 발전은 다음 장에서 논의될 것이다.

10장

로고테라피 연구의 새로운 발전

미네소타 다면적 인성 검사Minnesota Multiphasic Personality Inventory 실존적 공허 척도Existential Vacuum Scale의 개발

1980년도 중반에 미네소타 다면적 인성 검사Minnesota Multiphasic Personality Inventory(MMPI) 실존적 공허 척도Existential Vacuum Scale(EVS)가 문헌에 발표되면서 정신치료, 심리학, 정신건강 관련 전문직종의 연구가 활성화되었다. EVS는 임상 및 상담심리학자인 헛젤과 피터슨Peterson(1985)에 의해 개발되었다. 이는 성격심리검사로 가장 많이 사용되는 MMPI 검사를 마친 사람들에게 실존적 공허가 있는지 여부를 확인하는 기능이 있는 선별 도구다. PIL(Purpuse in Life)과 같이 EVS는 프랭클의 실존적 공허 개념을 기반으로 한다.

크럼보와 마홀릭(1969)은 삶의 의미결핍 정도를 측정하기 위해

PIL 도구를 개발했다. EVS는 PIL 점수 또는 이 장의 후반부에서 설명될 헛젤(1989)이 고안한 또 다른 로고테라피 연구 도구인 삶의 목적 설문지Life Purpose Questionnaire와 연관성이 있는 MMPI의 항목을 선별한다.

크럼보와 마홀릭(1964)은 외래신경증 환자군(N=45)을 대상으로 수행한 PIL과 MMPI 상관관계 연구에서, MMPI-D(MMPI-Depression Scale) 우울 척도와 .30의 유의한 역상관관계Person Product-Moment가 있음을 확인했다. 이 결과에 근거해 헛젤과 피터슨(1985)은 MMPI-D 60개 항목을 선택하고 t-test를 사용해 통계적으로 유의한 차이를 보인 23개의 항목을 찾아냈다. 이것이 EVS 개발을 위한 항목선택 절차의 첫 번째 단계다. 두 번째 단계는 삶의 의미의 변화와 관련해 변하는 항목을 식별하는 것으로 이루어졌다.

32명의 남성 알코올 중독 입원환자를 대상으로 한 집단 치료에서 크럼보(1973)는 로고분석을 사용해 이전에 선택된 23개 항목을 13개로 줄였다. 이 항목들은 연구자들이 설정한 기준을 충족했다. 항목 선택의 세 번째이자 마지막 단계는 개인의 MMPI 항목들과 PIL과의 상관관계를 다른 대상군에도 일반화할 수 있는지 그 여부를 확증하는 것이었다. 이 목적을 위해, 심리학 개론 강좌에 등록한 학생 집단에서 수집된 자료는 이전에 알코올 중독자들의 집단 연구에서 확인된 13개의 MMPI 항목과 PIL 점수와 관련이 있었다. 이 절차를 통해 모든 선별기준을 충족하는 EVS의 최종 11개 항목이 선정되었다. 그 후 각 항목들은 F(틀림) 혹은 T(맞음)로 점수를 매겼다. 6에서 11의 높은 점수는 실존적 공허가 있음을 의미한다. 0에서 1의 낮은 점수는 실존적 공허가 없음, 2에서 5의 점수는 불확실함을 나타낸다.

교차 타당도cross-validation와 신뢰도 측정은 추가적인 두 집단의 환자군을 대상으로 실시했고, 각 항목의 내적 일관성internal consistency을 확인했다. 이러한 통계적 절차를 통해 다양한 집단의 사람들을 대상으로 실존적 공허 정도를 선별하기에 적합한, 타당하고 신뢰할 수 있는 도구를 개발했다. 저자들은 "PIL 혹은 LPQ(Life Purpose Questionnaire)와 EVS 도구 간의 상관관계, 높은 내적 일관성, 그리고 교차 타당도가 입증된 이 모든 정보는 EVS 척도의 유용성을 입증한다"(Crumbaugh, 1973, p. 99)고 기술했다. 그럼에도 불구하고 이 저자들은 다른 집단을 대상으로 한 추가적 검증 연구가 필요하다는 점에 동의했다. 제안된 다른 대상집단은 원래의 남성 알코올 중독 입원환자들 외에도 기질성 정신병organic psychoses, 기능적 정신증functional psychoses, 주요 정동장애major affective disorder –특히 여성– 로 일차 진단되어 입원한 환자들이 포함된다. 헛젤과 피터슨(1985)은 개인과 집단을 정확하게 예측할 수 있는 새로운 척도 개발을 권장했다. 왜냐하면 이러한 척도는 완전한 MMPI에 포함되었을 때 척도의 측정 목적이 분명하지 않아 경쟁적 상황에서 사용되었을 때 PIL보다 왜곡된 결과가 도출될 가능성이 적다(Crumbaugh, 1973, p. 100)고 보았기 때문이다.

EVS의 저자가 언급한 긍정적 의견에도 불구하고, EVS를 측정도구로 사용해 수행된 연구는 로고테라피 문헌에서 소수에 불과하다. 사별의 슬픔을 겪는 과부의 실존적 공허에 대한 레빈슨(1989)의 연구에서는 문헌에 제시된 중요한 측정변수 간의 상관관계를 측정하기 위해 EVS가 아니라 PIL을 사용했다. 아다드Addad와 레슬라우Leslau(1989)는 프랭클의 삶의 의미 개념과 도덕적 판단 사이의 관계를 조사할 때 PIL

을 사용했다. 이 저자들은 범죄 집단과 비범죄 집단을 비교했다. 그들은 도덕적 판단이 실존적 공허가 있는 사람들에 의해 왜곡될 수 있다고 보고, 도덕적 갈등에 대한 대상자들의 견해를 조사하기 위해 PIL 외의 다른 측정도구로 EVS를 사용할 수 있다고 가정할 수 있었지만, 실제 연구에서는 PIL을 사용했다. 리더십의 행동에 대한 레빗Levit(1992)의 연구에서도 동일하다. 그의 가정은 리더들이 비리더들nonleaders보다 평균 이상의 목적과 의미가 있으리라는 것이었다. 그는 PIL과 함께 리더십 효율성 분석Leadership Effectiveness Analysis 도구를 사용해 연구했고, 그 결과 그의 초기 가정은 지지되었다. 추구 연구에서 PIL 대신 EVS를 사용하거나 추가적인 다른 도구를 사용하면 어떤 결과가 얻어질지를 알아보는 것은 흥미로운 작업이라고 본다.

여성들의 삶의 의미에 대한 니콜슨Nicholson의 연구는 위의 경우와는 또 다른 예이다. 책임이 의미의 열쇠라는 프랭클의 주장을 기초로 하여, 그녀는 사회에서 양육과 여성의 복종적 역할에서 많은 여성의 책임감은 초기 아동기의 경험과 관련되어 초래되는 갈등을 나타내는 것이라고 가정했다. 니콜슨(1991)은 여성들이 특별히 취하는 의미 경로를 발견하기 위한 연구를 수행했다. 그녀는 여성들의 의미 추구를 촉진하는 과정, 여성들이 자신의 의미 발견을 위해 노력하는 것, 발달 과정에서 자율성과 자기초월 사이의 갈등에 어떻게 대처하고, 어떻게 사회적 가치를 극복하고 개인적 의미에 도달하는지를 파악하는 데 관심이 있었다. 다음의 관련 문헌에 의하면, 니콜슨은 가족 경험, 통제위locus of control, 사회적 지지, 옳고 그름에 대한 개인적·도덕적 판단, 교육 및 직업 수준 등을 예측인자로, 삶의 의미를 준거변수로 사용했다.

마지막 변수는 EVS가 아닌 PIL로 측정되었다. 이 연구의 결과를 통해 자신의 운명에 대한 프랭클의 책임의 개념이 의미 발견에 필수적인 것으로 지지되었다. 이 결과는 여성들의 삶의 의미는 어린시절 가족 내에서 경험한 친밀감 및 자율성과 관련이 있다는 개념을 뒷받침했다. 이는 예측 변수와 준거 변수 사이에 사용된 다중의 상관관계에서 가장 중요한 단일 변수로서, 변량의 18%를 설명했다. 더 큰 개인적 자유와 책임을 제공하는 내적 통제위와 고등교육 및 직업 수준은 두 번째로 중요한 변수였다. 특히 흥미로운 발견 중 하나는 보고서에 설명도 없이 삭제된 도덕적 판단이다. 그러나 니콜슨은 추후에 가족 내의 영적 과정에 대한 연구와 여성의 의미 추구에 대한 도덕적 판단의 영향을 조사하는 연구가 필요하다고 언급했다(Nicholson, 1991, p. 25).

1990년대에 이루어진 연구들(Drolet, 1990; Florian, 1990; Newman, 1991; Stevenson, 1989; Wishinski, 1990)은 PIL을 선호했기 때문에 EVS의 사용이 저조했다. 이 연구들에서 참여자들은 사별, 중독, 자살 시도, 사회적 소외계층, 만성 질환 등과 같은 다양한 고통을 경험하고 실존적 공허 상태에서 생활하는 것으로 추정되었다. 그럼에도 불구하고 위 연구들에서는 EVS 척도를 실존적 공허 상태에 있는 대상을 그렇지 않은 사람들 중에서 선별하는 도구로 사용한 연구는 전혀 없었다. 이와 같이 EVS 척도 사용이 저조한 이유는 여러 원인으로 설명될 수 있다.

1. ESV 척도는 MMPI와 상관성이 높다. 그러므로 성격 검사personality test를 포함하지 않는 연구에서는 두 척도 간의 상관성이 EVS 사용에 저해 요인이 된다. 이러한 '탯줄umbilical cord'이

존재하는 한, EVS는 독립성이 떨어지므로 로고테라피 연구에 사용되기에는 한계가 있다. 연구자들은 프랭클의 실존적 공허의 기본 개념을 측정할 수 있는 타당한 도구로 명성을 얻은 PIL과 같은 도구를 선호한다.

2. '삶의 의미'와 '실존적 공허'라는 두 개념은 밀접하게 연결되어 있다. 로고테라피에서 인간 행동에 관한 프랭클의 기본 철학과 이론은 이러한 개념에 중점을 둔다. 인간이 자신의 존재의 의미를 찾기 위해 주로 노력한다면, 의미를 찾는 데 실패했을 때 수반되는 결과는 실존적 공허이다. 이때 인간은 의미를 찾게 될 수도 있고, 삶이 황폐화될 수도 있다. 극단적인 형태로, 실존적 공허는 신경증, 심지어 정신병으로 이어질 수 있고 피해자를 자살로 이끌 수도 있다. 그러므로 두 개념 모두 기본적으로 매우 주관적인 것을 수량화하기 위해서는 명확한 이론적 근거와 두 개념에 영향을 미치는 변수에 대한 포괄적 접근이 조작화를 위해 필수적으로 요구된다.

지금까지 세계적으로 모든 인종 집단이나 사회계급(미국에 사는 사람들까지)을 대상으로 한 모든 연구에서, 삶의 의미와 실존적 공허, 이 두 개념 요소를 포함하는 연구 도구를 사용해 그 결과를 일반화하는 데는 제한이 있었다. 프랭클 본인이 직접 이러한 주장을 지지하고 있다. 1983년 프랑스에서 열린 경영관리 심포지엄 연설에서 프랭클은 부유한 산업사회에서 특히 명백한 [실존적 공허보다는] 의미의 공허a meaning vacuum에 대해 "오늘날의 사람들은 세상에 대한 진정한 관심이 없고 변화하려는 시도도 부족하다… 사람들은 살 수 있는 수단은 가지고 있지만 의미는 가지고 있지 않다"(Frankl, 1992, p. 66)고 말했다.

프랭클은 개발 도상국과 산업 사회에서는 여전히 일이 개인에게 의미가 되고 있음을 인지했다. 그는 이러한 일의 의미는 결과적으로 생산성이 증가하고, 운영 관리가 향상되며, 결근이 줄어든다고 말했다. 이에 대한 증거로, 프랭클은 미국, 중국, 이스라엘과 같은 국가의 관리자들을 인용했다. 이런 국가들에서 일에 대한 강조는 노동자들에게 일이 제공하는 의미에 중점을 두며, 이 동기는 사회에 전반적으로 큰 향상을 가져온다. 다시 말해 전 세계의 의미를 한 개인에게 일반화할 수는 없다. 실존적 공허를 측정하려고 하는 모든 연구 도구는, 프랭클에 의하면, 실존적 공허 개념을 구성하는 요소를 고려해야 한다. 그 요소들은 공격성, 중독, 그리고 우울증이다. 세 가지 모두 실존적 공허의 결과이며, 실존적 공허를 측정하려는 연구 도구는 이 세 가지 개념을 포함해야 한다. PIL 혹은 EVS를 살펴보면 이 두 도구에서 누락된 요소를 쉽게 파악할 수 있다.

3. '삶의 의미'라는 개념은 찾기 어려운 것이다. 프랭클(1962)은 "삶의 의미는 사람마다, 매일, 그리고 시간에 따라 달라진다. 그러므로 중요한 것은 일반적인 삶의 의미가 아니라 주어진 순간에 존재하는 개인적 삶의 특정한 의미이다"(p. 108)라고 했다. 연구 측면에서, 이 진술은 긍정적 의미와 부정적 의미를 모두 가지고 있다. 긍정적으로 말하자면, 개념은 측정될 수 있지만, 결과는 측정이 수행되는 특정 순간에 그 사람의 삶의 의미의

상황만을 반영할 수 있다. 이는 결국 동일한 연구의 부정적 측면이다. 크럼보와 헨리온(1988)은 PIL에 대한 비평에서 '삶의 의미'의 정의와 수용된 모든 정의의 적절한 외부 기준은 여전히 문제가 될 수 있다고 보았다. 하지만 연구의 기능은 문제 인식을 가지고 해법을 추구하는 것이다(p. 86). 이는 '실존적 공허'의 개념에도 동일하게 적용된다. 프랭클은 실존적 공허는 인간이 겪은 두 가지 손실의 결과라고 보았다. 첫째는 자신의 행동에 안전을 보장하는 동물적 본능을 잃어버린 것이며, 둘째는 과거에 자신의 행동을 이끌어온 전통을 잃어버린 것이다. 결과적으로, "어떤 본능도 그가 무엇을 해야 하는지 알려주지 않고, 어떤 전통도 그가 무엇을 해야 하는지 말해주지 않는다" (Crumbaugh & Henrion, 1988, p. 106).

프랭클이 주장하기를, '실존적 공허'는 주로 지루함으로 나타나는데, 이 지루함은 가족에게(만약 가족이 있다면), 치료자에게(만약 치료를 받고 있다면), 그리고 특히 연구자에게 영향을 받는 개인에게 많은 문제를 일으킨다. 프랭클이 지적했듯이, 실존적 공허는 많은 가면과 위선을 나타낸다. 기존의 실존적 공허의 측정은 이 현상이 숨기고 있는 모든 겉모습을 측정하지 않거나 측정할 수 없다. 오히려 이 실존적 공허의 결과 중 일부를 측정한다. 그리고 이러한 도구들은 의미에 대한 좌절된 의지의 결과로 작용하는 행동을 측정할 수 없다. 그러나 '삶의 의미'와 '실존적 공허'라는 개념의 복잡성이 있다 해도 로고테라피와 정신건강 분야의 연구자들이 이러한 현상을 좀 더 적절하게 측정할 수 있는 더 우수하고 정교한 연구 도구를 찾는 것을 단념해서는 안 된다. 크럼보와 헨리온(1988)은 말한다. "우리는 항상 미래를 바라보는 새롭고 젊은 연구자들을 바라본다. 그리고 미래는 그것을 찾는 사람들의 것이다"(p. 86). 헛젤은 그런 새로운 연구자라고 할 수 있으며, 그가 새롭게 개발한 도구를 설명하면 다음과 같다.

삶의 목적 설문지Life Purpose Questionnaire

이 도구는 프랭클의 삶의 의미와 실존적 공허의 개념을 기반으로 한다. 1982년에 아블라스Hablas와 헛젤이 처음으로 개발한 LPQ(Life Purpose Questionnaire, 삶의 목적 설문지)는 개인이 경험하는 삶의 정도를 복잡하지 않고 쉽게 작성할 수 있도록 고안된 질문지이다. LPQ는 크럼보의 PIL과 같은 개념을 측정하도록 설계되었다(Crumbaugh & Maholick, 1964).

헛젤은 현재 PIL을 삶의 의미를 평가할 수 있는 가장 상세하게 연구된 심리 측정도구임을 인정했지만, PIL의 특성들에 만족하지는 않았다. 자신의 도구를 개발하고 타당화하는 그의 접근법은 PIL의 창시자와 비슷하다. 헛젤은 보호 시설에 거주하는 노인들을 대상으로 LPQ를 개발했다. 그는 52개의 원문 중에서 다음의 기준들에 충족되는 20개의 문장을 선택했다.

1. 검사-재검사 신뢰도 값이 가장 좋은 항목
2. 동의 대 비동의 분포 곡선
3. PIL 항목 점수와 가장 높은 양(+)의 상관관계
4. PIL 총점수와 가장 높은 양(+)의 상관관계

"원문의 52개 질문에서 추출된 LPQ에 대한 결과 분석을 통해, LPQ 질문지에 응답할 수 있는 대상의 수가 PIL에 응답할 수 있는 대상의 수보다 46% 더 많고, 1주 후에 측정된 LPQ의 점수와 PIL 점수 사이에 .62의 상관관계가 존재함을 보여주었다" (Hutzell, 1989).

이 연구의 저자가 제시한 LPQ의 통계적 특성들은 이 도구의 신뢰성과 타당성에 대한 초기 근거를 제공한다. 헛젤(1986)은 그의 LPQ가, 예를 들어, 호스피스 대상 환자에 대한 개별적 예측을 위해 사용되기 전에 추가적 심리측정 개발이 필요하다는 것을 인식했다. 현재의 형태로, LPQ가 절망을 경험하며 죽어가는 환자의 심리를 측정할 수 있는지에 대한 추가적인 외적 타당화 연구가 특히 필요하다. 점수화는 크럼보가 PIL을 위해 설정한 범주를 따른다. 즉, LPQ의 20개 각 문항은 1점씩이다. 헛젤과 그의 동료들은 LPQ 각 문항은 동의 또는 동의하지 않음으로 점수화하는 것으로 결정했다. 그 후 노인신경정신과 입원 환자들에게 도구를 적용하고 대상에 의한 0~11점의 결과를 '의미에 대한 감각이 없음'으로, 12~16점은 '불확실한' 것으로, 17~20점은 '삶의-의미에 대한 확실한 감각이 있음'으로 해석했다(Hablas & Hutzell, 1982). 이 점수 기준은 젊은 알코올 중독 환자들에게 적용할 때 조금 달라진다. 이런 대상들에게 0에서 9의 점수는 '의미에 대한 감각

이 없음'으로, 10에서 16은 '불확실한' 것으로, 그리고 17에서 20은 '삶의-의미에 대한 확실한 감각이 있음'으로 점수화한다. 그들은 LPQ를 다른 집단과 함께 사용할 때 별도의 규범을 설정하도록 권장하기도 했다.

헛젤과 피터슨(1986)은 알코올 중독 환자들이 느끼는 삶의 의미를 측정하기 위해 LPQ 도구를 사용해 조사했다. 그들은 총 220명의 대상자(22~69세)를 선정해 세 개의 집단으로 나누었다. 1번과 2번 집단은 첫 로고분석 세션에서 LPQ 설문지를 작성하게 했고 PIL은 과제로 해오도록 했다. 3번 집단은 대조군으로 LPQ와 PIL 질문지만 작성하게 했다. LPQ 점수와 PIL 점수 사이의 상관관계는 알코올 중독자 집단에서 유의한 결과를 보였다. 저자들은 개인의 삶의 의미 정도를 빠르고 쉽게 이해할 수 있는 측정값을 얻기 위해 LPQ를 알코올 중독자에게 사용할 수 있다고 결론지었다.

저자들에 의하면 LPQ는 노인 집단과 집단교육 세션 참가자가 몇 분 안에 설문 측정을 완료하고 자신의 점수를 받기 원하는 경우에 가장 많이 사용된다. 그리고 실제로, LPQ를 PIL과 비교할 때 전자가 덜 복잡하고 시간이 덜 걸리며 점수를 매기는 것이 쉽다. PIL의 7점 척도 대신에 LPQ는 2점 척도만 사용한다. PIL로 측정한 영역은 기본적으로 LPQ의 영역과 다르지 않고 LPQ 점수화 방식은 더 간단하다. 그러므로 본 저자는 LPQ가 PIL보다 일부 사람들에게 더 쉽게 이해되고 측정이 쉽다는 헛젤(1989)의 견해에 동의한다.

마예르Majer(1992)의 연구에서 PIL, SONG, LPQ는 화학물질에 의존하는 사람을 위한 12단계 치료 프로그램에서 내담자들의 점수를 비교하기 위한 로고 검사로 사용되었다. 이러한 프로그램은 워즈워스Wadsworth(1992)에 의해 상세히 설명되었다. 마예르의 연구에서 대상자들은 두 개의 집단으로 나뉘었다. 치료를 시작하는 내담자(N=21), 치료가 거의 종결되는 내담자(N=8)가 그것이다. 그 결과, 12단계 치료 기간과 삶의 의미와 목적 정도 사이의 상관관계가 확인되었다. 다시 말해 마예르는 치료 참여 기간이 길수록 인생에서 의미를 찾을 가능성이 크다는 것을 발견했다. 집단 간의 PIL과 LPQ의 점수 차이는 치료 과정 동안 개인의 삶의 목적이 증가한 것으로 나타났다. 이 점수는 치료의 종결 단계가 가까운 내담자에게서 의미 발견이 강화됨을 의미한다. 또한 이 결과는 합리적 삶의 의미 측정도구로서 LPQ에 대한 추가 검증이 되었다.

키슈Kisch와 무디Moody(1989)는 LPQ가 실제로 PIL의 합리적인 대안으로 제공될 수 있는지 조사했다. 헛젤(1986)은 그의 초기 연구(Hablas & Hutzell, 1982)에서 .60으로 시작해 .84(Hutzell & Peterson, 1986)로 끝나는 LPQ와 PIL과의 강한 상관관계를 발표했지만, LPQ의 개발자들은 도구의 추가 검증이 필요하다는 사실을 인식했다. 따라서 키슈와 무디(1989)는 정신병리학psychopathology과 삶의 목적에 대한 연구를 통해 도구의 타당화 검증 연구를 시도했다. 프랭클의 로고테라피와 그 외의 연구 결과를 기초로, 그들의 가설은 광범위한 정신병리학의 진단명들이 의미 및 목적과 부정적인 상관관계가 있을 것이라는 점이었다. LPQ 외에도 헛젤의 EVS 같은 다른 측정도구도 사용했다. 연구 집단은 비엔나 살렘Salem에 있는 재향군인 의학 센터The Veterans Administration Medical Center의 알코올 의존 치료 프로그램Alcohol Dependency Treatment

Program에 참여한 48명의 남성 환자로 구성되었다. 이 치료 프로그램은 5~10일 동안의 해독 후 28일 동안 이루어졌다. 대상자들은 실험 이전에 평균 2주 동안 술에 흠뻑 취해 있었다. 분석 결과, 알코올 중독자들에 대한 LPQ의 평균 점수는 10.9이며, 표준 편차는 4.45였다. EVS[키슈와 무디의 연구에서 실존적 우울]의 평균 점수는 4.4, 표준 편차 2.6이었다. 저자들에 따르면 이 점수들은 알코올 중독자에게 의미와 목적의 결여(혹은 적어도 결정되지 않은 의미와 목적)와 중간 정도의 실존적 우울을 암시한다. LPQ가 이 연구에 사용된 다른 척도와 연구 가설에서 예측된 방향으로 상관성을 보였기 때문에 저자들은 낮은 삶의 목적이 신경증, 정신병, 사회병리학 등의 변수와 관련이 있다는 결론을 내렸다.

고통의 의미 검사The Meaning in Suffering Test

80년대 중반에 또 다른 로고테라피 중심의 연구 도구인 고통의 의미 검사Meaning in Suffering Test(MIST)가 텍사스 휴스턴의 텍사스 대학교 건강과학센터 간호 대학The school of Nursing at the University of Texas Health Science Center 교수 파트리샤 L. 스탁 박사에 의해 개발되었다. MIST는 피할 수 없는 고통의 경험에서 개인이 의미를 발견한 정도를 측정하는 도구이다.

프랭클과 다른 이들이 상세하게 제시한 것처럼, 인간의 '3대 비극tragic triad'의 일부인 고통에 대한 로고테라피의 개념과 개인에 대한 그 의미는 4장에서 논의되었기에 여기서 반복하지는 않을 것이다. 그러나 돕는 전문직은 내담자가 요청하거나 개인적으로 비슷한 상황에 처했을 때 고통이 무엇을 의미하는지에 대한 질문에 응해야 한다. 골드버그Goldberg(1986)는 고통의 증상을 치료하는 것만으로는 충분하지 않다고 주장했다. 치유를 환자와 관련이 있고 의미 있게 만들기 위해 원인과 인간 고통의 의미를 탐구할 필요가 있다. 로고테라피 개념에 따르면, 고통에 대한 긍정적인 사고방식과 피할 수 없는 고통의 의미를 찾으려는 방향성은 조현병 환자에게도 도움이 될 수 있다(Lantz, 1984). 그러므로 MIST와 같은 도구는 임상의사와 로고테라피 치료자에게 잠재적으로 도움이 될 수 있다.

스탁(1983)은 처음에 MIST의 속성을 검증하기 위해 신체적 또는 정신적으로 병리적 소견이 있는 99명의 환자(26~86세)에게 적용했다. 그녀는 MIST 측정과 더불어, 간호사-환자의 상호작용 평가와 환자의 인구사회학적 특성을 동시에 조사했다. 프랭클 학파의 로고테라피에 근거한 스탁의 가정은 다음과 같다.

1. 고통에 대한 대상자들의 신념belief은 대처 능력과 적응에 영향을 미친다
2. 그 고통은 삶에 대해 더 많이 감사할 기회를 제공한다
3. 그 의미는 고통을 겪는 대상자가 자신의 고통을 통해 발견한다.
4. 간호사의 역할에는 고통받는 환자가 대처할 수 있도록 돕는 것이 포함된다.

이 연구 결과에 따르면 암환자들은 다른 환자들보다 낙관적이며,

반면 호흡기 질환 환자들은 자신이 더 고통받는다고 인식했다. 정신의학적 문제가 있는 환자들 사이에서 의미 없이 고통받는 것이 가장 높게 인식되는 반면에, 수술을 받는 환자들은 자신들이 가장 의미 있는 고통을 받는다고 인식했다. 이 결과를 통해 대부분의 대상자들이 고통이 의미를 가지고 있고, 그로부터 좋은 무언가가 올 것이라고 믿는다는 것이 확인되었다.

PIL처럼 MIST도 두 부분으로 구성되어 있다. Part 1은 1에서 7까지의 라이커트Likert 척도를 사용해 설정한 20개 항목으로, 1의 응답은 서술된 항목에 대한 느낌 또는 신념에 대해 '전혀 그렇지 않다'를 나타내고 7에 가까워질수록 각 문항에 대해 '매우 그렇다'의 감정 혹은 신념을 나타낸다. Part 2는 17개의 추가적인 진술문으로 구성되어 있고, 개인이 선택지에서 응답을 골라야 한다. MIST의 PART 2에서는 한 사람이 한 개 이상의 항목을 선택할 수 있다. 스탁(1985)에 의하면, Part 1은 비교를 위한 점수를 얻는 것이 중요하지만, Part 2는 치료에 유용한 개별 특성에 대한 정보를 얻는 것이 더 중요하다. MIST의 두 영역(Part)를 완성하는 데 소요되는 시간은 약 30분이다.

다음은 MIST Part 1의 항목 예시이다.

1	2	3	4	5	6	7
전혀 그렇지 않다			보통이다			매우 그렇다

1. 나는 고통을 극복하는 데 필요한 영적 도움(꼭 종교적이 아니더라도)을 받을 수 있다고 믿는다.
4. 나는 고통을 성공적으로 극복하느냐의 문제는 그 상황을 대하는 개인의 태도에 달려 있다고 믿는다.
9. 나는 고통을 통해 가치 있는 삶의 교훈을 배울 수 있다고 믿는다.
18. 나는 고통은 재수가 없거나 운이 잘 풀리지 못할 때 닥친다고 믿는다.

점수화는 20개의 질문 혹은 서술에 대한 각 답변의 점수를 합산하고 총 점수를 20으로 나누는 것으로 수행된다. 이 점수가 MIST Part 1 참가자의 평균 점수다. Part 2의 정보는 집단의 빈도 분포를 위해 분석할 수 있다. 스탁은 MIST로 실험한 두 대상자 집단의 결과를 제시했다. 그 결과를 보면 간호 학생들(N=58)의 평균 점수는 105.43, 표준편차(SD)=14.17, 범위 60~134였고, 반면에 입원한 내담자(N=94)의 평균 점수는 101.48, SD=16.72, 범위 61~140이었다. 스탁은 이 연구 결과의 수치를 근거로, 고통이 높은 집단과 낮은 집단의 절단치를 제시할 수 있다고 했다.

MIST는 세 가지 하위 차원으로 구성되었고, 이에 대한 구성 타당도construct validity 검증이 수행되었다. 하위 차원 A(5, 11, 12, 16, 18, 19)는 고통의 주관적 특성을 측정한다. 하위 차원 B(항목 1, 3, 4, 8, 10, 13, 15, 20)는 고통에 대한 개인적 반응을 측정하고, 하위 차원 C(항목 2, 6, 7, 9, 14, 17)는 고통의 의미를 측정한다.

MIST에 대한 구성 타당도 검증은 로고테라피 분야를 이끄는 전문가들에 의해 수행되었다. 이 전문가들 중에는 프랭클, 파브리, 크럼보가 포함되었다. 신뢰도 검증은 반분법split-half procedure으로 수행되었다. 58명의 간호학과 학생에게 도구 검증을 실시한 결과 도구의 신뢰도는 .82였다. 정신질환이 없는 다른 신체질환으로 병원에 입원한 환자 94명에게도 도구를 측정한 결과 신뢰도Cronbach's alpha는 .81이었다. 이러한 신뢰도와 타당도 검증을 거쳐, MIST는 프랭클의 '로고테라피 검사 목록Directory of Logotherapy Tests'에 등재되었다.

스탁은 도구 사용자들을 위해 응답 요령과 용어 정의를 보고서에 제시했다. 그녀는 자신의 도구인 MIST를 요양원 직원들이 돌봄을 더 잘 수행할 수 있도록 교육하는 데 사용했다. 이 프로그램은 인간 행동에 대한 로고테라피 개념과 삶의 의미를 추구하는 동기를 기반으로 한 것이다(Starck, 1992).

MIST가 유용한 도구임에도 불구하고, 고통의 의미 개념의 측정 도구로 사용된 스탁의 1983년 논문 외에는 로고테라피나 다른 일반 정신건강 문헌에 다른 연구가 등재되지 않았다는 것이 흥미롭다. 이러한 결과는 돕는 전문직에서 로고테라피에 대한 연구가 아직 일반적이지 않다는 것을 의미한다고 본다. 1983년 MIST가 논문에 발표된 이후, MIST Part I의 20문항에 대한 추가적 검증이 한국에서 성인 암환자 160명을 대상으로 수행되었다(강경아, 2000). 강경아의 연구에서 탐색적 요인분석 결과factor loading 값이 3개의 요인 모두에서 .50이상이었고, 전체 도구에 대한 신뢰도는 크론바흐 알파 계수Cronbach's alpha .95였으며, 각 하위 차원 A, B, C의 신뢰도는 .89, .91, .88이었다. 암과 같은 다양한 질병과 관련된 만성 또는 급성 통증을 앓고 있는 환자를 위한 간호사의 역할은 중요하지만(Coward, 1990; Taylor, 1993), 관련된 내담자가 지각하는 고통의 의미는 스탁의 MIST로 평가되지는 않았다(Best et al., 2015). MIST는 벨파스트Belfast 도구(Giorgi, 1982) 같은 다른 로고테라피 측정도구와 비슷한 상황에 있다. 이 도구는 질병이나 사망처럼 통제할 수 없는 상황에서 의미를 찾는 데 어려움이 있는지, 차별과 같은 문제를 극복하기 위해 창조적 가치를 실현하는 데 어려움이 있는지를 측정하기 위해 고안된 20개 항목의 설문지이다. 벨파스트 도구는 인생의 의미를 찾을 수 있는 방법에 대한 로고테라피의 개념을 기반으로 했지만, MIST와 마찬가지로 PIL에 비해 잘 활용되지 못했다.

로고테라피 연구의 필요성

로고테라피 분야에서는 6개 정도의 측정도구만 개발되었을 뿐이지만, 로고테라피와 밀접한 관련이 있는 분야에서는 양적 연구, 즉 조사 연구와 중재 연구 같은 서술적·추론적·통계적 분석방법을 적용한, 로고테라피에 대한 체계적 탐구가 지난 10년 사이에만 해도 더욱 활발히 이루어졌다. 로고테라피에 대한 연구는 주로 질적인 것으로 특징 지을 수 있다. 즉, 개인과 집단에 대한 귀납적inductive이고 심층적인in-depth, 비수량적 연구를 포함하는 체계적인 조사가 수행되었다. 조직과 공동체에서는 서술적인 목적을 제외하면 로고테라피 치료자들에

의한 연구는 거의 수행되지 않았으나(Eisenberg, 1989; Frankl, 1992; Grassleer, 1991; Kimble & Ellor, 1989; Leontiev, 1992; Pegram, 1989), 2010년 이후에 양적 연구방법을 적용한 중재 연구와 체계적 문헌고찰 연구는 증가되고 있다(Breitbart, 2010, 2012, 2014; Guerrero-Torrelles et al., 2017; Vos & Vitali, 2018; Kang et al., 2019).

바커(1987)가 말했듯이 과학적인 방법은 일련의 엄격한 절차를 기반으로 한다. 이는 문제의 정의를 포함한다. 즉, 문제를 측정하는 방법에 대한 설계와 가설을 기각하는 데 사용되는 기준에 대한 정의를 사전에 명시한다. 신뢰할 수 있는 타당한 도구, 모든 사례의 관찰 및 측정 혹은 해당 사례들을 대표하는 표본을 사용한다. 조사 결과는 과학적 일반화의 타당성 검증을 위해 발표되고, 결론은 결과에 의해 지지되는 요소로 제한된다(Barker, 1987, p. 145).

전 연구 과정에 과학적 연구 절차를 체계적으로 적용하는 것은 아마도 모든 로고테라피 연구에서 가장 약한 부분일 것이다. 로고테라피 문헌에서 언급된 많은 연구에는 중재 기준이 누락되었다. 즉, 대조군이 설정되지 않았다. 연구에서 대조군은 실험 대상에 노출되지 않는다는 점을 제외하고 실험 집단과, 가능한 모든 측면에서 일치하는 대상 집단을 지칭한다(Barker, 1987, p. 33). 게다가 대부분의 연구는 횡단적cross-sectional 연구이다. 이는 연구원이 한 시점에 조사 중인 현상에 대한 정보를 수집함을 의미한다. 로고테라피에는 종단적 연구가 거의 없다. 반면에, 로고테라피 지향 연구의 강점은 질적으로 매우 유용한 수많은 사례 연구에 있다. 사례 연구 문헌들에는 장기간에 걸친 치료 중에 특정 개인의 특성에 대한 체계적 검사, 그리고 모든 로고테라피적 중재로 인해 관찰된 변화로 가득하다. 임상 실무에서 이러한 단일 대상군 연구의 중재 효과가 사정·평가되었고, 대상자의 행동은 비교와 통제로 사용되었으며, 내담자의 행동 변화는 측정되어 문헌에 보고되었다 (Lukas, 1993; Yoder, 1989).

현재와 미래에 필요한 로고테라피 연구의 방향은 두 가지로 나눌 수 있다. a) 검증과 b) 중재이다. 이 두 가지 중 첫 번째인 검증이 가장 중요한데, 이는 앞으로 가시적인 로고테라피 연구 기반의 열쇠가 되기 때문이다.

검증 연구

치료 작업에서 전문가가 사용하는 개념을 측정하기 위한 로고테라피 연구 도구의 적절성을 검증하는 것은 지속적인 과정이 되어야 한다. 검증 연구는 기존의 로고테라피 연구 도구과 측정 방법의 신뢰도와 타당도를 다양한 상황에서 다양한 인구 집단에 적용하여 검증하는 것을 말한다. EVS, MIST, LPQ, 벨파스트 도구와 같은 대부분의 도구들은 이 도구를 처음 개발할 때 표본으로 했던 대상을 제외하고는 실제로 다른 집단을 대상으로는 검증되지 않았다. 그리고 초기 표본 대상들은 정신건강이 '정상'보다 취약한 사람들, 즉 알코올 중독자, 정신질환자, 마약 중독자, 만성적이거나 피할 수 없는 고통의 상황에 처한 사람 등이었다. 지금까지 개발된 척도가 이러한 사람들과 다른 이들을 구별할 수는 있지만, 이 사실만으로 이 척도가 '정상적인' 인구 집단에 적용 가능한지에 대한 검증의 필요성을 부정해서는 안 된다. 특히 삶의 의미가 다양한 발달 단계의 안녕에 어떻게 영향을 미치는지를 측정할 필요가 있다.

의미에 대한 검색은 분류나 측정에 적합한 주제는 아니지만, 연구를 통해 이 주제에 친숙해지고 숙달되기 위해서는 많은 연구가 계속되고 발전해야 한다. 로고테라피의 주요 개념 중 하나로서 치료자들이 자주 사용하는 '인간 영의 도전적 힘'과 같은 개념은 한동안 경험적 검증을 벗어난 채 남아 있었다. 예를 들어 바네스Barnes(1993)는 "로고테라피를 통해 우리는 무력한 상황에 직면했을 때도 인생의 의미를 찾을 수 있다. 인생이 우리에게 어떠한 고통을 불러오든, 그것이 우리를 더 좋게 변화시킨다면 의미 있을 수 있다"고 말한다(Barnes, 1993, p. 15). 이러한 서술은 이론처럼, 특히 삶의 철학인 것처럼 매우 훌륭하게 들린다. 바네스는 자신이 고통에 부여한 의미 때문에 피할 수 없는 고통을 견딜 수 있었던 환자들의 몇 가지 사례를 인용함으로써 자신의 주장을 지지한다. 그러나 연구의 관점에서 이것은 충분하지 않다. 로고테라피 치료자는 경험적 증거 없이 내담자의 삶에서 '성공적인 개입(중재)'에 대한 설명에 만족해서는 안 된다. 로고테라피가 행동에 미치는 영향에 대한 일화적 설명만으로는, 정신건강 전문 분야의 학자들 중 로고테라피의 가치에 대해 '비판적인 사람들hard-liners'을 확신시키기에 충분하지 않다.

물론 프랭클이 주장한 것처럼 피할 수 없는 고통에는 잠재적 의미가 있고, 그 의미는 고통받는 사람 각자가 찾아야 한다는 가정에는 아무런 문제가 없다. 스탁(1993)은 실제로 환자에게 이 개념을 측정하기 위해 MIST라는 도구를 만들 때 이 이론을 사용했다. 그녀는 간호 직종의 철학과 중재 방법을 로고테라피와 비교할 때, 환자(내담자)에 대한 접근 방식, 간호 목표, 그리고 돌보는 과정의 측면에서 사정, 계획, 중재, 수행 등의 작업을 평가하는 것에서 간호와 로고테라피가 서로 상당히 비슷하다는 것을 발견했다. 그러나 아쉬운 점은 그녀의 MIST와 다른 로고테라피 연구 도구를 사용한 연구를 평가의 필수 부분으로 언급하지 않았다는 것이다.

경험적 검증이 필요한 또 다른 로고테라피 개념은 프랭클의 '자기 초월self-transcendence'이다. 로고테라피 문헌에는 수백 건의 사례 발표와 자기 초월에 대한 이론적 논의가 포함되어 있지만, 일화로 제시된 검증 외에는 다른 과학적 검증이 수행되지 않았다. 란츠Lantz와 하퍼Harper(1991)는 세 가지 유형의 결혼관을 제시한다. 자기애적 결혼, 사회적 교류로서의 결혼, 자기 초월적 결혼이다. 이들은 앞의 두 유형의 결점을 지적하고, 마지막 유형인 자기 초월적 결혼이 가장 건강한 것이라고 주장한다. 그러나 그들은 이 견해에 대한 철학적 정당성 외에는 증거를 제시하지 못한다.

일부 로고테라피 치료자는 영적 차원의 개념을 측정하고 그 존재를 검증하는 데 난관을 겪는다. 예를 들어 아다드(1987)는 선천적 특성에 대한 후자의 영향을 알기 위해 심인성 신경증(개인 불안)과 영적 해결책 사이의 가능한 연관성들을 조사했다. 그는 PIL과 아이젠크Eysenck의 척도를 사용해 140명의 교도소 수감자와 306명의 일반인을 대상으로 외향성과 내향성을 측정하여 비교했다. 그는 신경증(불안)의 수준이 높을수록 PIL이 낮고 그 반대도 마찬가지라는 것을 확인했다. 그는 교도소 수감자에게서 평균적으로 삶의 의미 정도가 낮음을 발견하기도 했다. 아다드는 이스라엘의 종교인과 비종교인을 대상으로, 인간이 더 높은 수준의 안정성에 도달할 수 있다는 프랭클의 가설을 확인하기 위해 추가적 연구를 시작했다. 의미를 찾는 것은 자기 자신을 변화시키고 자기를 강화시키며, 의미의 존재는 파괴적 압력을 극복할 수 있는 한 가지 방법이다(Addad, 1987, p. 57). 인상적이고 중요한 연구 결과를 보는 것은 흥미로울 것이다.

중재 연구

로고테라피 문헌에서 중재 연구의 활성화는 추가적인 발전을 위한 또 다른 영역이다. 로고테라피 분야의 주제에 대해 가장 자주 언급되는 것 중 하나는 중독자들을 위한 중재이다. 실제로 크럼보의 영감을 불러일으키는 『로고테라피 : 문제 음주자들을 위한 새로운 도움Logotherapy: New Help for Problem Drinkers』(1980)에는 다양한 치료법과 로고테라피 중재를 비교하는 일련의 연구들이 제시되어 있다. 이들 중 가장 인기 있는 것은 12단계 프로그램(Wadsworth, 1992)으로, 이는 물질 남용의 심연에서 회복하는 사람들에게 진정한 의미의 원천을 발견하도록 하는 것을 목표로 한다. 진정한 의미의 원천에는 유일성과 삶의 이유를 의미하는 가치관, 사람, 경험, 과제, 태도 등이 포함된다. 그것들은 인생에서 진정한 의미를 제공하는 반면에, 약물과 알코올과 같은 인공적인 원천들은 인생의 진정한 의미와 반대되는 것으로 여겨진다. 올리브Olive(1990)

는 "정맥 약물 중독자들을 치료하는 현재의 방법은 환자가 진정한 의미를 발견하는 데 그 내용과 접근이 부족하다"고 주장했다(p. 132). 하지만 그의 주장은 경험적 증거를 기반으로 한 것이 아니다. 약물 남용 치료에 사용되는 12단계 프로그램은 로고테라피와 많은 유사점이 있지만, 사용하는 기법은(통계적 의미가 아니라) 확연히 다르다. 12단계 프로그램의 관리자와 같은 로고테라피 치료자는, 중독은 통제되지 않은 과도한 물질 사용을 통해서만 발생하는 것은 아니라고 믿는다. 약물 남용에만 초점을 두기보다는 고통스러운 공허감, 실존적 공허, 내부 공극inner void을 개선해야 한다고 보았다.

12단계 프로그램을 사용하는 로고테라피 치료자와 기타 전문가들은 고귀한 인간으로 중독자를 대하며, 중독자가 자신의 삶, 신념, 생각, 행동 등에 대한 개인적 책임을 지게 함으로써 성공적인 회복에 대한 희망을 강조한다(Koster, 1991). 헤인스Haines(1987, 1993)는 가족과 개인이 약물 의존성을 극복할 수 있도록 12단계 회복 프로그램에서 로고테라피 원칙과 상담을 모두 적용한 사례를 보여준다. 그녀는 처음에 회복을 위한 기반을 형성하기 위해 의존자(내담자) 및 상호의존자(가족)와 함께 회복을 위한 기초 단계를 마련한 다음, 치료의 본질을 형성하는 12가지 진실을 통합하도록 내담자를 안내했다. 그녀는 가족 재활의 중요한 초기 단계에서 로고테라피가 큰 가치를 지닐 수 있다고 주장한다. 하지만 그녀는 회의적인 독자를 설득하기 위해 필요한 경험적 검증을 제공하지 못했다.

구디너프Goodenough(1987)는 변호사가 로고테라피적 가치, 통찰력, 접근 방식 등을 사용해 알코올 중독에 직면한 가장 어려운 문제를 처리할 수 있는 강력한 탄원plea을 했다. 그는 변호사들이 알코올을 찾는 많은 설득력 있는 이유를 인용하면서 '심각한 상태'인 알코올 중독 변호사들에 대한 통계 수치를 밝히기도 했다. 그는 이렇게 주장한다. "알코올 중독 치료는 여전히 불모지 상태에 있다. 50개 주에는 약 50가지 접근법이 있다. 재발과 알코올이나 약물로 다시 돌아가는 것을 방지하기 위해서는 프랭클이 제시한, 자신을 초월하는 이유reason와 경험에 대한 공식만이 영적 신경증noogenic neurosis으로 인한 고통을 치유하고 진정시킬 수 있다"(p. 95). 그러나 아쉽게도 이 주장을 뒷받침하는 경험적 수준의 증거는 아직 제공되지 않았다.

헨리온(1987, 1989)은 입원 환자들을 위한 크럼보의 5단계 중재법을 적용하여 교도소 수감자들을 대상으로 그들이 약물 남용으로부터 회복하는 데 도움을 주었다. 크럼보의 공동 저자이자 제자인 그녀는 PIL과 기타 도구들을 이용해 로고테라피의 효과를 비로고테라피적인 도구와 비교해 각각 회복에 미치는 영향을 측정하고자 했다. 그러나 이러한 비교는 아쉽게도 지금까지 실행되지 않았다.

콜맨Coleman, 카플란Kaplan, 다우닝Downing(1986)의 연구는 다른 사회적 배경과 환경에 처한 중독자를 대상으로 조사했는데, 이는 로고테라피에 필요한 비교 연구의 예가 될 수 있다. 이 저자들은 세 집단 – 헤로인 중독자 40명, 정신과 외래 환자 40명, 대학생 31명 – 의 대상을 조사한 결과, 중독자의 영적 공허 상태가 부모의 양육과 관련되어 있음을 발견했다. 그들은 이를 세대간의 행동의 전파, 그리고 죽음의 뚜렷한 지향이라고 불렀다. 중독자들은 다른 사람들보다 더 자살 충동을 느끼고, 조급하며, 불우한 경험을 했다. 중독자들은 유년기에 가족과의 분리가 더 잦았고, 가족과의 불안정한 관계 패턴을 보였다. 이 연구에서 중독 집단은 다른 대상들보다 분명한 삶의 목적이 더 결핍되어 있었다.

가족 치료는 로고테라피에 대한 중재 연구가 절실히 필요한 또 다른 분야이며 돕는 전문직 서비스의 주요 부분이다. 가족 치료는 네 가지 주요 접근법으로 구분된다. 이러한 접근 방식들은 관련 이론에 근거하며, 정신건강 전문가들과 다른 돕는 전문직군에는 해당 분야의 전문가들이 있다. 가족 치료에 대한 네 가지 접근법은 다음과 같다.

1. 정신분석적psychoanalytic 접근 : 치료자가 가족 구성원들로 하여금 숨겨진 감정에 대한 통찰력을 표현하고 개발하도록 돕는다.
2. 상호작용적interactional 접근 : 가족 간 의사소통 패턴의 개선은 가족 치료의 상호작용 접근법의 목표이다.
3. 구조적structural 접근 : 이 접근에서 치료자의 목표는 가족 구성원이 좀 더 안정적이고 덜 혼란스럽고 덜 파괴적인 구조를 만들도록 도움으로써, 부모가 리더십과 방향을 갖도록 돕는 것이다.
4. 실존적existential 혹은 영적noetic 접근 : 이 방식에서 치료자는 가족 구성원들이 일상 생활에서 의미를 발견하도록 돕는다. 이 마지막 접근법은 프랭클 학파 가족 치료(Lantz, 1987)로도 알려져 있다. 즉, 이론적 기반으로 프랭클 학파 로고테라피를 사용한다. 이러한 모든 접근 방식에 공통적인 점은 전반적인 정신건강을 위해 가족 구성원의 언어적 행동과 비언어적 행동의 상호작용이 중요함을 강조한다는 것이다.

위에서 언급한 가족 치료에 대한 4가지 주요 접근법 외에도 생물학적, 수학적, 조직적 모델, 그리고 의미 모델meaning model이 있다(Lantz & Pegram, 1988). 이러한 모델 중 마지막 모델인 의미 모델은 가족을 중요한 소규모의 사회 단위로 보고, 의미를 발견하고 경험하고 창출하는 데 있어 단위의 중요성을 강조한다. 프랭클의 가족 치료에는 직접적 접근법과 간접적 접근법이 있다. 둘 다 의미의 발견을 지향한다. 직접적 접근에서는 공유된 역사와 가족 생활에서 의미를 발견하는 것이 강조되는 반면에, 간접적 접근에서는 행동의 역기능적 패턴을 바꾸는 것이 목표다. 구성원들 간의 의사소통이 개선되면 의미를 더 잘 발견할 수 있다고 가정한다.

가족들은 자기들만의 의식儀式이 있고, 가족의 가장 깊은 가치를 표현하는 데 이 의식을 사용한다. 이러한 의식은 인류학 연구에서 중요한 요소이며, 개인 및 집단의 정체성을 확립하고 유지하는 데 기본 요소로 작용한다. 돕는 전문직과 로고테라피 치료자는 가족 의식을 평가 및 개입(또는 중재)이 필요한 실무에 포함시켜야 한다(Laird, 1984). 의식은 로고테라피의 연구 대상이 될 수도 있다. 특히 중요한 것은 이 의식이 어떻게 가족들이 일상의 가족 생활에서 의미를 발견하도록 돕는지, 갈등과 갈등 해결에 어떻게 사용되는지, 엄격한 의식을 지키는 가족들과 더 유연한 일상을 지내는 가족들 사이에 어떤 차이점이 있는지, 그리고 다른 문화 집단과 사회 계층의 가족에서 가장 중요한 의식은 무엇인지 등에 대한 조사가 이루어질 수 있다. 가족 의식에 대한 연구는 다른 인종 집단에 대한 삶의 만족도와 의미를 탐구하는 연구의 기초가 될 수 있다(Liang, Van-Tran, & Markides, 1988).

로고테라피적 관점에서 세대간 관계와 삶의 의미에 미치는 영향은 여전히 또 다른 연구 주제가 될 수 있다. 레이드Reid와 앤더슨Anderson의 1992년 연구는 프랭클의 이론이 가족 시스템 안에서 비권위적 방법으로 의미를 발견하는 데 어떻게 사용될 수 있는지 심층적으로 조사하도록 로고테라피 치료자를 격려한다.

생물학적, 수학적, 조직적 모델과 반대되는 의미 모델은 변화의 개념에 기초한다. 의미 모델은 성장과 변이를 대가로 가족 항상성과 안정성을 강조하기보다는 의미의 감각을 개발함으로써 가정의 실존적 공허를 채우기 위한 전문가의 개입을 수반한다. 가족의 의미 결핍은 크럼보의 PIL에서 가족 평균점수가 93 미만인 경우에 해당된다. 가족 치료자의 목표는 역할과 상호 의무를 명확히 하고, 적응 가능한 행동의 장려, 그리고 삶의 의미에 대한 가족의 인식 개발을 통해서 가족 내 의미 결핍을 줄이는 것이다. 란츠와 피그램Pegram(1988)은 이러한 의미 모델이 가족 치료 운동에 진화와 성장의 가장 큰 기회를 제공한다고 주장한다. 이 모델은 용기, 자유, 변화, 성장 등에 대한 인간의 잠재력을 지속적으로 강조한다. 그들은 이 모델이 가족 치료자들에게 인기가 없었다고 보고했는데, 그 이유는 다른 모델보다 역기능적 가족 치료의 우월성을 입증할 연구가 충분히 수행되지 못했기 때문이다.

가족 치료에 종사하는 로고테라피 치료자 중 란츠와 동료들의 연구 작업은 특히 주목할 만한 가치가 있다. 란츠(1985)는 지금까지 조현병 환자의 가족, 비만 환자, 비행 청소년(Lantz & Harper, 1988)에서 우울증 감소에 로고테라피의 영향을 평가하는 데 주로 서술적 연구를 사용했다(Lantz & Harper, 1992). 그러나 이러한 연구들은 적은 표본에 의존하고 대조군도 부족하다. 이 규칙의 유일한 예외는 가족 치료에서 영적 치료 요소를 확인하려는 시도이다(Lantz & First, 1987). 이 연구에서는 가족을 돕는 측면에서 가족 치료에 대한 4가지 접근법을 비교하려는 노력이 있었다. 이 접근법들 중에서 연구에 참여한 15세 이상의 가족 구성원에게 가장 도움이 된 치료 요인은 영적 차원이었다. 영적 차원은 총 20가족 81명 중에서 27명이 가장 먼저 선택한 요인이었다. 이 결과에 기초하여, 저자들은 영적 또는 실존주의적 치료의 요소가 4가지 방향 모두에서 중요한 치료 과정이라는 것을 연구에서 분명히 보여주었다고 말한다(Lantz & First, 1987, p. 111). 그러나 연구 설계, 소규모 표본, 대조군의 부적절성, 그리고 가족들에게 익숙하지 않은 치료방법 등에 대해 묻는 과학적으로 타당하지 않는 질문들은, 그들의 연구 결과가 충분한 근거를 제시했다고 보지 못하게 한다.

루카스(1991)는 건전한 정신건강을 추구하는 데 어려움을 겪는 가족과 함께 일하면서 의미 중심적인 방법을 개발했다. 장애물들은 다양한 심인성 질환, 두려움, 혹은 우울증일 수 있다. 이러한 증상들은 전통적인 정신치료의 대상이며, 정신치료는 그 원인을 이해하고 중증도를 줄이려고 노력한다. 반면에 로고테라피는 다른 경로를 이용한다. 로고테라피는 가족이나 가족 구성원이 달성하고자 하는 의미 있는 목표에 중점을 둔다. 로고테라피는 내담자가 장애물을 넘어 의미 있는 목표에 도달하도록 동기를 부여한다. 프랭클의 로고테라피 이론과 철학에 근거해 루카스는 인간을 다음 두 가지 요소로 구성된 존재로 규정함으로써 로고테라피의 메시지를 요약했다.

1. 모든 상황에 존재하는 행동의 자유를 보여준다.

2. 의미 있는, 특정 행동의 목표를 찾는 것이 도움이 된다.

루카스의 의미 중심 가족치료 모델은 경험적 검증을 요구하지만, 로고테라피 치료자들은 중재 연구에 거의 참여하지 않았다. 대신에 그들은 일반적으로 로고테라피의 중요성과 특히 가족과 함께 일하는 것에 대한 서술에만 그치고 있다. 예를 들어 란츠(1989)는 잉마르 베리만Ingmar Bergman의 영화 '결혼의 풍경Scenes From a Marriage'을 분석했다. 이 영화는 부부 사이의 장애물들에 초점을 맞춘다. 이러한 것들 중에는 해결되지 않은 갈등, 마음에 그대로 묻어둔 감정들, 상대방의 필요를 인식할 수 없거나 알려고 하지 않는 것, 실존적 공허로 인한 고통 등이 있다. 이러한 상황의 무의미함은 결국 결혼 생활을 무너뜨린다. 란츠는 부부치료 전문가에게 이 영화의 유용성을 강조한다. 하지만 란츠는 그다음의 단계로 넘어가지 않았다. 그는 이 영화를 통해 돕는 전문직과 이 영화를 시청한 다른 분야의 학생들의 반응을 비교해 인식의 차이를 검증할 수 있었다. 그 차이가 발견되면, 무의미한 삶으로 이끌 수 있는 (로고테라피 개념인) 실존적 공허를 검증하기 위한 과학적 근거가 될 수 있 다.

중재 연구가 필요한 마지막 주요 분야는 가장 넓은 의미에서의 건강 분야이다. 루카스(1992)는 만성 질환 및 말기 환자를 위한 치료 목표와 로고테라피와의 연관성을 제시했고, 스타니크(1992)는 건강 행동 연구의 현재 방향성에 대한 정보를 제공했다. 전자는, 만성 및 말기 환자는 모든 사람의 이익을 위해 삶이 무조건 가치 있다는 것을 증명할 기회를 부여받았다고 주장한다. “건강과 질병, 행복과 욕구 사이에는 아무도 무너뜨릴 수 없는 희미한 벽이 있다. 그것은 만성 및 말기 환자의 삶에 존재하는 특별한 의미이다”(Lukas, 1992, pp. 97-98). 스타니크(1992)는 지난 세기 동안의 건강 개선, 건강 증진, 가치로서의 건강, 개인 건강 및 책임, 그리고 노년의 운동 등의 가치를 인용한다. 그는, 건강 증진자health promoters들은 어려움을 극복하는 환자의 능력을 믿어야 하고 건강의 가치를 알 수 있도록 도와야 한다고 결론을 내린다. 2000년 이후 진행성 암환자를 대상으로 로고테라피 개념에 근거한 의미중심 정신치료가 미국 뉴욕에 있는 메모리얼 슬론 케터링 암센터의 브레이트바트 박사 연구팀에 의해 개발되었다. 의미중심 정신치료meaning-centered group psychotherapy는 개인과 집단을 대상으로 그 효과를 임상 시험을 통해 검증해 연구 논문 및 매뉴얼로 발표되었다. 2014년에 『진행성 암환자를 위한 의미중심 집단정신치료 매뉴얼』이 출판된 후 미국 국립 암 연구소는 종양의학 및 완화의학 영역에서 의미중심 집단정신치료를 ‘근거 기반의 효과적인 치료법’으로 지정하고 승인했다(Breitbart, 2014).

이상과 같은 이론적인 작업과 로고테라피 문헌의 다른 보고들을 볼 때, 다양한 범위의 내담자들을 대상으로 로고테라피의 타당성과 적용 가능성을 강조하는 연구가 필요하다.

그 외에도 요인 분석factor analysis, 다중 회귀 분석multiple regression, 정준 상관 분석canonical correlation과 같은 데이터 분석에 다변수 기법을 사용하는 연구가 수행되었다. 연구 및 통계의 정교함은 최신 연구 방법론 및 통계 분석의 적법한 절차가 요구되는 박사 논문에서 특히 분명하다. 이러한 절차를 사용해 스위곤스키Swigonski(1988)는 대처 행동과 혈액 투석 처방 계획hemodialysis regimen 이행에 영향을 미치는 요인을 조사했고, 삶의 의미가 이행과 유의한 상관성이 있음을 발견했다.

노년기의 만성 질환, 개인적 특성, 그리고 삶의 목적을 다루는 것은 여전히 중재 연구의 또 다른 주제이다(Elliott, 1988). 암환자를 대상으로 한 플로리안Florian(1985)의 연구는 암 외의 다양한 질병으로 고통받는 많은 환자와 정상인에게 확대될 수 있는 중재 연구의 예가 될 수 있다. 하타미(1987)는 로고테라피가 만성 통증이 있는 사람들에게 어떻게 도움이 될 수 있는지 조사했다. 그는 작은 표본조사만을 수행했고, 다른 문헌과 비교한 논의는 없었다. 그가 지적한 바와 같이, 만성 통증이 있는 외래 환자에 대한 정신치료에 대한 보고는 거의 없으며, 1년의 추적관찰 연구는 전혀 없었다. 하타미(1978)는 다음과 같이 언급했다.

"우리의 결과가 만성 통증이 있는 외래 환자에 대한 이 치료 프로그램의 효과를 결정하고, 이 치료 패키지에서 효과적인 요인을 확인하기 위해 추가로 통제된 중재 연구가 필요하다는 것을 제안한다" (p. 90).

사회적 건강은 여전히 로고테라피 연구의 또 다른 분야이다. 알코올과 약물 남용, 흡연 및 도박과 같은 과도한 행동은 개인과 가족에게 헤아릴 수 없는 손상을 초래한다. 그것들은 사회에 막대한 재정적 손실을 일으키기도 한다. 가족에 대한 피해는 전문적인 문헌에 잘 설명되어 있으므로 여기서 반복하지 않겠다. 이 주제에 대한 구트만Guttmann과 코헨Cohen(1993)의 연구는 결정적인 결과를 보여주었다. 과도한 행동 영역 각각에 대해서는 적절한 통제 집단과 다양한 연구 집단에서 무작위로 뽑은 표본을 통해 더욱 정교한 연구가 필요하다.

2000년대 이후부터 로고테라피 기반의 중재 연구가 증가하기 시작했다. 대표적인 연구 방법으로는 중재 연구와 체계적 문헌 고찰, 메타 분석 연구가 있다. 진행성 및 말기 환자를 대상으로 로고테라피에 근거한 의미 중심 중재의 효과를 검증한 체계적 문헌 고찰 연구(Guerrero-Torrelles et al., 2017)와 메타 분석 연구(Kang et al., 2019)가 진행되었고, 의미 중심 치료가 삶의 질과 정신적 스트레스에 미치는 효과를 검증한 메타 분석 연구 결과(Vos & Vitali, 2018) 60편의 논문에서 그 효과가 검증되었으며, 적용 영역은 다음과 같이 매우 다양했다.

1. 진행성 암종, 말기암 환자, 암환아 부모, 호스피스 완화의료 영역의 간호사
2. 만성 통증, 사별 슬픔, 사별 가족
3. 폐경기 여성, 우울증, 청각장애아동 부모, 우울증 이민여성
4. 불임 여성, 외상후장애 증후군
5. 척수 손상, 척추 측만증 환자
6. 알코올 남용, 약물중독 환자, 정신질환자, 알콜중독 환자 아내
7. HIV 환자, 폐결핵 환자, 심혈관 환자
8. 교도소 수감자, 성학대 여성, 결혼 관계, 사회적 불안
9. 노인, 대학생, 청소년, 초등학생

마지막으로, 윤리적 행동에 대한 비교 연구가 필요하다. 돕는 전문직에 대한 윤리와 가치는 모든 수준의 전문 교육과정에서 필수적 요소다. 돕는 전문직종에는 윤리강령을 포함해 자체적으로 규제하는 윤리 시스템이 있지만, 윤리적 의사 결정은 항상 어려운 문제다. 윤리적 관점에서 돕는 전문직과 관련된 윤리적 판단과 행위는 사회와 개인 모두에게 중요하다. 돕는 전문직이 일상의 다양한 상황에서 부딪히는 전문적 행동의 많은 문제와, 특히 개인적인 실무 영역, 즉 공공의 이슈public agenda처럼 세밀하게 조사할 수 없는 개인적이고 전문적인 윤리와 행동 분야는 아직도 탐구되어야 할 필요가 있는 미개발 영역이다. 이는 전문가가 정보에 입각해서 윤리적 입장을 취해야 하는 사회 정의와 관련된 더 큰 문제에도 동일하게 적용된다. 그러므로 이 분야는 연구 주제와 기회가 풍부하다.

예를 들어 호스피스 분야의 돕는 전문직들은 로고테라피 및 프랭클의 철학이 실무에 큰 도움이 된다고 진술한다. 그러나 검증은 '임상 사례'에 근거해야 한다(Gibson et al., 1988). 사람들의 안녕을 돌보는 데 관여하는 윤리적 의무는 총체적이고 인도주의적 접근을 필요로 한다(Lazar, 1988). 의사와 환자, 로고테라피 치료자와 내담자는 상호 신뢰와 존중 및 목표를 기반으로 해야 하는 독특한 파트너십을 형성한다. 그들은 공동의 목표, 공동의 추구를 공유한다. 도움이 필요한 동료 인간을 돌보는 것이 가장 고귀한 행동이다. 이는 '전문적인 의무'일 뿐만 아니라 특권이다. 환자 또는 내담자를 돌볼 때 그들에게 진정한 자기 결정의 기회를 제공하는지, 사전 동의informed consent 여부에 관계없이 윤리적 돌봄을 제공하는지의 여부는 연구를 통해 확인해야 한다. 로고테라피뿐 아니라 의학을 포함한 모든 돕는 전문직은 다양한 영역의 연구를 기반으로 하는 직업calling이다.

에필로그

의미 있는 돕는 전문직 업무를 위한 이 책을 마무리하며, 내가 보기에 고려해야 할 몇 가지 사항을 인용하는 것이 적절할 것 같다. 첫째, 이 책에는 로고테라피에 관한 모든 정보가 포함되어 있지 않다. 몇몇 주제는 심층적으로 다루어지지 않았다. 날이 갈수록 크게 성장하고 있는 로고테라피 문헌은 한 권의 책에 담기에는 너무 풍부하고 다양하다. 그러므로 관심이 있는 독자들은 주요 출처, 특히 빅터 프랭클 교수와 조셉 파브리 박사, 그리고 엘리자베스 루카스의 작업을 확인해보기를 권한다. 주요 학술지뿐만 아니라 많은 분야와 생업에서 헌신한 사람들이 쓴 다른 로고테라피 책들에도 훌륭한 자료가 있다. 내가 선택한 주제는 나의 유명한 멘토인 프랭클 교수에게 정리된 요약본으로 소개되었고, 적극적인 승인을 받았다.

둘째, 정신건강과 돕는 전문직종의 실무자들을 위해, 또한 일반인들을 위해서도 로고테라피의 이론과 철학의 필요성이 우리 시대에서 분명해졌다. 돌봄 수혜자인 내담자와 함께 일하는 사람, 즉 돌봄 제공자들은 자신을 위한 지지의 원천을 찾거나 '소진burnout'에서 발생하는 문제에 직면해야 할 때가 온다는 것을 잘 알고 있다. 돌봄 제공자들은 영혼을 고양시키고 일상의 투쟁에 의미를 부여할 수 있는 철학이 필요하다. 이 책에서 소개된 로고테라피는 이 작업을 위해 완벽히 부응

되는 정신치료이다. 로고테라피를 통해 우리 존재 안의 건강한 요소들을 발견하게 된다. 로고테라피는 직업생활을 포함해 삶의 시험과 시련에 대비해 자신의 영혼을 강화시킬 수 있는 심리학을 제공한다.

셋째, 로고테라피의 주요 원리 중 하나인 개인의 책임에 대한 강조는 앞으로 수십 년 동안 모든 돕는 전문직종에서 공통점이 될 것이다. 오늘날 세상에 널리 퍼져 있는 자유는 개인의 행동에 대한 개인적 책임에 대해 강하게 강조되지 않았기 때문에 혼란과 테러, 파괴로 이어졌다. 돕는 전문직과 유사한 가치, 자기 초월성, 의미 있는 존재에 방해가 되는 장애물을 극복하기 위해 인간 영의 도전적 힘을 적용하는 것에 대한 로고테라피의 주장은 그 어느 때보다 많은 사람에게 공유될 것이다. 기술 발전, 우주 탐사, 의학 및 기타 과학 분야의 과학적 돌파구만을 추구하지 않는다면, 돌봄이 필요한 사람들과의 전문적인 관계에서 인간적 공감, 진정성 있는 돌봄, 인간의 존엄함 등이 존중될 수 있다.

로고테라피는 전문직종이 아니다. 그러나 그것은 모든 돕는 전문직을 보완하고 도와준다. 인류에게 적용되는 많은 프랭클의 아이디어와 방법은 이러한 직종들 중 일부에 매우 깊숙이 뿌리내려져 있어 때때로 사람들에게 그 기원을 상기시켜야 한다. 로고테라피는 인본주의적이며 전체론적이고 건강한 미래의 심리학이다. 프랭클은 정신적 지도자guru가 되기를 원하지 않았고, 로고테라피가 많은 새로운 도움을 주는 직종들과 같은 길을 가는 것도 원하지 않았다. 대신, 로고테라피는 좋은 이론들이 하는 역할을 맡아야 한다. 좋은 이론은 개념들, 아이디어들, 그리고 이런 이상들로 구성된 가정들의 상관성과 적용 가능성을 조사할 기회를 제공해야 한다. 오래된 격언과 마찬가지로 좋은 이론은 전문가가 가질 수 있는 최선의 것이다. 프랭클은 위대한 랍비 힐렐Hillel의 말을 인용하는 것을 선호한다.

> 내가 나를 위해 있지 않다면, 누가 나를 위해 있겠는가?
> 그러나 내가 나를 위해서만 존재한다면, 나는 누구인가?
> 그리고 지금이 아니라면, 언제인가?

이 책에서 소개하고자 한 로고테라피는 자기 자신에 대한 필요성을 부정하지 않지만, 의미 있는 삶을 살기 위한 가장 좋은 방법으로서, 우리는 다른 사람을 돕기 위해 존재할 필요가 있다는 것을 강조한다. 로고테라피가 남을 돕는 모든 직종과 함께 지금 혹은 향후 수십 년 뒤에 영구적인 위치를 차지하게 될지의 여부는 아직 의문이다. 하지만 나는 그것이 언젠가 일어날 것이라고 확신한다.

부록

1.
고통의 의미 도구(MIST I) 한국어판

2.
생의 목적 도구(PIL) 한국어판

고통의 의미 도구

MIST I (The Meaning in Suffering Test)*

1. 나는 고통을 극복하는 데 필요한 영적 도움(꼭 종교적이 아니더라도)을 받을 수 있다고 믿는다.
   I believe I have the spiritual help(not necessarily religious) to overcome the burdens of my suffering.

2. 나는 고통을 통해서 새롭고 좀 더 가치있는 인생의 목표를 발견하게 된다고 믿는다.
   I believe suffering causes a person to find new and more worthwhile life goals.

3. 나는 고통을 경험함으로써 인생에 대해 더 많이 이해할 수 있게 된다고 믿는다.
   I believe I understand life better because of the suffering I have experienced.

4. 나는 고통을 성공적으로 극복하느냐의 문제는 그 상황을 대하는 개인의 태도에 달려있다고 믿는다.
   I believe success in dealing with suffering depends upon a person's attitude about the situation.

5. 나는 고통으로 인해 진정한 자아실현의 기회가 제한된다고 믿는다.
   I believe suffering limits a person' s opportunities for true fulfillment.

6. 나는 모든 사람은 이 세상에 존재해야 할 이유, 즉 삶의 목적을 가지고 있다고 믿는다.
   I believe everyone has a purpose in life: a reason for being on earth.

---

* Kang KA (2000). Measuring Patient's Perception of the Meaning of Suffering: Instrument Reliability and Validity of the Korean Version. Journal of Korean Academy of Nursing, 30(7), 1689-1696.

7. 나는 운명의 희생자이기 때문에 삶이 나에게는 불공평하다고 믿는다.
I believe life has been unfair to me because I am a victim of fate.

8. 나는 고통 중에도 항상 희망은 있다고 믿는다.
I believe there is always hope in suffering.

9. 나는 고통을 통해서 가치 있는 삶의 교훈을 배울 수 있다고 믿는다.
I believe suffering can teach valuable lessons about life.

10. 나에게 고통 경험은 인생을 개선해보려는 내 노력에 상관없이 늘 되풀이되어 나타난다고 믿는다.
I believe my suffering experiences have a pattern which recurs despite my efforts to change my life.

11. 나는 내가 경험하는 고통의 의미를 항상 이해하지는 못하지만 그것은 하나의 거대한 삶의 일부라고 믿는다.
I believe my suffering is part of a grand design even though I may not always understand it.

12. 나는 고통은 죄의 댓가라고 믿는다.
I believe suffering is a punishment for sin.

13. 나는 고통 경험을 통해서 내 인생의 사명을 완수할 기회가 주어졌다고 믿는다.
I believe my suffering experience has given me a chance to complete my mission in life.

14. 나는 어떤 좋은 것들은 고통의 결과로 얻게 된다고 믿는다.
I believe some good things have occurred as a result of my suffering.

15. 나는 사람마다 견딜 수 있는 고통의 정도가 다르다고 믿는다.
I believe people differ in the amount of suffering that they can bear.

16. 나는 사람이 견딜 수 있는 이상의 고통은 주어지지 않는다고 믿는다.
I believe people are not given more suffering than they can bear.

17. 나는 내 고통 때문에 내가 사랑하는 사람들이 좀 더 성숙해지는 기회를 갖게 되었다고 믿는다.

I believe my suffering has given my loved ones a chance to become more fulfilled.

18. 나는 고통은 재수가 없거나 운이 잘 풀리지 못할 때 닥친다고 믿는다.

I believe suffering occurs if a person is unlucky and fate has been unkind.

19. 나는 고통은 인생의 일부로써 모든 사람에게 언젠가는 닥치는 것이라고 믿는다.

I believe suffering is part of the human condition and comes to everyone sooner or later.

20. 나는 고통은 개인의 품성의 강인함을 시험하는 것이라고 믿는다.

I believe suffering tests the strength of a person's character.

1	2	3	4	5	6	7
전혀 그렇지 않다			보통이다			매우 그렇다

7점 척도

생의 목적 도구

PIL(Purpose in Life)*

다음의 문항들은 인생에 대한 당신의 생각을 알아보기 위한 것입니다. 평소 일상생활에서 당신이 느끼고, 생각하고 있는 상태와 가장 비슷하다고 생각되는 숫자에 동그라미를 하십시오.

각 문항들의 지문은 양극단만을 적어 놓았고, "4" 번 항목은 평가를 위해 편의상 기준으로 삼는 항목입니다. 아마 '보통이다' '특별한 문제가 없다' 로 생각될 때 해당될 것입니다.

이 문항들에 대한 정답은 없습니다. 오래 생각하지 말고 즉각적으로 답해 주시기 바랍니다.

본 자료는 연구목적을 위해서만 사용될 것이며, 연구자 이외의 타인에게 절대 유출되지 않을 것입니다. 솔직하게 답해 주시기 바랍니다.

A. 나의 평소 생활은

1 ——— 2 ——— 3 ——— 4 ——— 5 ——— 6 ——— 7

따분하고 지루하다 / 중간 / 열정적이고 활기차다

B. 내가 보기에 인생이란

7 ——— 6 ——— 5 ——— 4 ——— 3 ——— 2 ——— 1

항상 새롭고 흥분되는 것이다 / 중간 / 완전히 정해진 틀에서 벗어나지 못하는 것이다

C. 나는 삶에 대한

1 ——— 2 ——— 3 ——— 4 ——— 5 ——— 6 ——— 7

목표나 목적이 전혀 없다 / 중간 / 매우 명확한 목표와 목적을 가지고 있다

D. 나의 존재는

1 ——— 2 ——— 3 ——— 4 ——— 5 ——— 6 ——— 7

가치 없고 의미도 없다 / 중간 / 매우 중요하고 의미 있다

* Kim HS, Jung SK, Ko Y, Song JW( ). Reliability & Validity of Korean Version of Purpose in Life(PIL) Test Scale.

E. 매일 매일 나의 일상은

7 ——— 6 ——— 5 ——— 4 ——— 3 ——— 2 ——— 1

항상 새롭다 / 중간 / 항상 똑같다

F. 내가 선택할 수 있다면 나는

1 ——— 2 ——— 3 ——— 4 ——— 5 ——— 6 ——— 7

애초에 태어나지도 않았을 것이다 / 중간 / 열 번을 다시 태어나도 지금처럼 살고 싶다

G. 은퇴하고 나면 나는

7 ——— 6 ——— 5 ——— 4 ——— 3 ——— 2 ——— 1

항상 원해왔던 새롭고 신나는 일을 할 것이다 / 중간 / 나머지 인생을 빈둥거리며 놀겠다

H. 인생의 목표를 달성하기 위해서 나는

1 ——— 2 ——— 3 ——— 4 ——— 5 ——— 6 ——— 7

무엇이든 꾸준히 해본 적이 없다 / 중간 / 희망을 잃지 않고 꾸준히 노력해왔다

I. 나의 삶은

1 ——— 2 ——— 3 ——— 4 ——— 5 ——— 6 ——— 7

공허하고 절망뿐이다 / 중간 / 최상의 것들로 가득 차 있다

J. 내가 만약 오늘 죽는다면 나의 삶에 대해 나는

7 ——— 6 ——— 5 ——— 4 ——— 3 ——— 2 ——— 1

매우 가치 있었다고 평가할 것이다 / 중간 / 전혀 가치가 없었다고 평가할 것이다

K. 살아가면서 나는

1 ——— 2 ——— 3 ——— 4 ——— 5 ——— 6 ——— 7

자주 내가 존재하는 이유에 대해 고민한다 / 중간 / 항상 내 존재의 이유에 대해 잘 알고 있다

L. 내 인생에 비추어 볼 때 세상은

1 ——— 2 ——— 3 ——— 4 ——— 5 ——— 6 ——— 7

완전히 모순 덩어리이다 / 중간 / 아름답고 충분한 의미가 있다

M. 나는

1 ——— 2 ——— 3 ——— 4 ——— 5 ——— 6 ——— 7

매우 책임감이 없는 사람이다 / 중간 / 매우 책임감이 강한 사람이다

N. 자신의 인생에 대하여 자신이 선택할 수 있는 자유가 있는가 하는 문제에 대하여 나는

7 ——— 6 ——— 5 ——— 4 ——— 3 ——— 2 ——— 1

절대적으로 자신이 선택할 수 있다고 믿는다	중간	유전적, 환경적 요인에 의해 완전히 지배를 받는다고 믿는다

O. 죽음에 대하여 나는

7 ——— 6 ——— 5 ——— 4 ——— 3 ——— 2 ——— 1

준비가 되어 있고 걱정하지 않는다	중간	전혀 준비가 없고 두렵기만 하다

P. 자살에 대하여 나는

1 ——— 2 ——— 3 ——— 4 ——— 5 ——— 6 ——— 7

그것도 한가지 해결방법이라고 진지하게 생각하고 있다	중간	단 일초도 생각해본 적이 없다

Q. 나는 내 인생에 대한 의미, 목적, 사명을 찾는 능력이

7 ——— 6 ——— 5 ——— 4 ——— 3 ——— 2 ——— 1

매우 뛰어나다고 생각한다	중간	전혀 없다고 생각한다

R. 나의 인생은

7 ——— 6 ——— 5 ——— 4 ——— 3 ——— 2 ——— 1

내 손에 달려 있고 나는 내 인생을 잘 조절하고 있다	중간	나와는 상관없이 다른 요소들에 의해 좌우되고 있다

S. 매일 매일 직면하는 일들이

7 ——— 6 ——— 5 ——— 4 ——— 3 ——— 2 ——— 1

나를 즐겁고 만족스럽게 해준다	중간	고통스럽고 괴롭기만 하다

T. 나는 내 인생의 목적이나 사명감을

1 ——— 2 ——— 3 ——— 4 ——— 5 ——— 6 ——— 7

전혀 찾지 못하고 있다	중간	명확한 목표를 찾았고, 그것에 대해 만족한다

참고문헌

Abramson, J., & Mizrachi, T. (1986, fall). Strategies for enhancing collaboration between social workers and physicians. *Social Work in Health Care*, 12, 1-21.

Addad, M. (1987, spring/summer). Psychogenic neuroticism and noogenic self-strengthening. *The International Forum for Logotherapy Journal of Search for Meaning. 10*, 52-59.

Addad, M., & Leslau, A. (1989, fall). Moral judgment and meaning in life. *The International Forum for Logotherapy Journal of Search for Meaning, 12*, 110-116.

Alperin, R. M., & Neidengard, T. H. (1984, winter). Effects of practitioners' professional affiliation, sex, and warmth on changes in the attitudes of clients. *Social Work Research and Abstracts, 20*, 20-26.

Antonovsky, A. (1980). *Health, stress, and coping.* San Francisco: Jossey-Bass.

Apgar, K., & Coplon, J. K. (1985, March-April). New perspectives on structured life education groups. *Social Work, 30*, 138-143

Aronson, H., & Overall, B. (1966). Treatment expectations of patients in two social classes. *Social Work, 11*, 35-42.

Ascher, L. M. 19781979 Paradoxical intention: A review of preliminary research. *The International Forum for Logotherapy Journal of Search for Meaning, 1*, 18-21.

Bakalinsky, R. (1980, November). People vs. profits: Social work in industry. *Social Work, 25*, 472.

Bandura, A. (1977). A social learning theory. Englewood Cliffs, NJ: Prentice Hall.

Barker, R. L. (1987). *The social work dictionary.* Silver Spring, MD: National Association of Social Workers.

Barnes, R. C. (1993, fall). Finding meaning in unavoidable suffering. *Journal des Viktor-Frankl-Instituts, 1*, 14-21.

Bazzi, T. (1979). Paradoxical intention and autogenic training. *The Internanational Forum for Logotherapy Journal of Search for Meaning, 2*, 35-37.

Black, R. B. (1984). Challenges for social work as a core profession in can cer services. *Social Work in Health Care. 14*, 1-14

Black, W. A. M., & Gregson, R. A. M. (1975). Time perspective, purpose in life, extraversion and neuroticism in New Zealand prisoners. *British Journal of Social and Clinical Psychology. 12*, 50-60.

Blumel, F. (1993, June). Therapeutic relationship and role of the therapist in psychotherapeutic change. *Pszichoterapia*, pp. 83-91.(in Hungarian)

Blythe, B. (1992). Should undergraduate and graduate social work students be taught to conduct empirically based practice? *Journal of Social Work Education, 28*, 260-263

Boschemeyer, U. (1982, spring-summer). Logogeriatrics. *International Forum for Logotherapy Journal of Search for Meaning, 5*, 9-15.

Brill, N. I. (1973). *Working with people: The helping process.* Philadelphia: Lippincott.

Browning, R. (1979). *Robert Browning's poetry* (James F. Loucks, Ed.). New York: Norton.

Buber, M. (1976). *The way of man: According to the teaching of Hasidim.* New York: Pendle Hill Publisher.

Bulka, R. P. (1989). Jewish humor-a logo therapeutic tool for survival. *The Proceedings of the Seventh World Congress of Logotherapy* pp. 50-58. Berkeley: Institute of Logotherapy Press.

Butrym, Z. (1983, summer). A response to: "Training for responsible professional behaviour in psychology and social work." *Clinical Social Work Journal, 11*, 188-190

Callan, D. B. (1989). Hope as a clinical issue in oncology social work. *Journal of Psychosocial Oncology, 7*, (31-46).

Carlson, R., & Newman, B. (Eds.). (1987). *Issues and trends in health.* St. Louis: C.V. Mosby.

Chauncy A. A. (1975). *An international code of ethics for the professional social worker* (p. 2). Washington, DC: National Association of Social Workers.

Cicero, M.T. (1969). *De Senectute.* (E.S. Shuckburgh, Ed.). New York: St. Martin' s Press. (Also published as a Harvard Classic, 1909.)

Clark, M., & Anderson, B.G. (1967). *Culture and aging.* Springfield, IL: Charles G. Thomas.

Clark, S. S., Neuwirth, L., & Bernstein, R. H. (1986, summer). An expanded social work role in a university hospital-based group practice: Service provider, physician educator, and organizational consultant. *Social Work in Health Care, 11*, 1-17.

Coetzer, P. H. (1992, autumn). Gratefulness: A highway to meaning? *The International Forum for Logotherapy Journal of Search for Meaning, 15*, 104-106.

Cousins, N. (1981). *Anatomy of an illness as perceived by the patient.* New York: Bantam.

Coward, D.D. (1990, winter). The lived experience of self-transcendence in women with advanced breast cancer. *Nursing Science Quarterly, 3*, 162-169.

Crumbaugh, J. C. (1981, spring-summer). Logotherapy: New help for problem drinkers. *The International Forum for Logotherapy Journal of Search for Meaning, 4*, 29-34.

Crumbaugh, J. C. (1983, spring-summer). Alcoholic recovery by videotape. *International Forum for Logotherapy Journal of Search for Meaning 6*, 47-49.

Crumbaugh, J. C. (1988). *Everything to gain: A guide to self fulfillment through logoanalysis.* Berkeley: Institute of Logotherapy Press.

Crumbaugh, J. C., & Henrion, R. (1988). PIL Test: Administration, interpretation, uses, theory and critique. *The International Forum for Logotherapy Journal of Search for Meaning, 11*, 76-88.

Crumbaugh, J. C., Wood, W. M., & Wood, C. W. (1980). *Logotherapy: New help for problem drinkers,* Chicago: Nelson-Hall.

Dore, M. M., Epstein, B. N., & Herrerias, C. (1992, fall). Evaluating students' micropractice field performance: Do universal learning object tives exist? *Social Work, 28*, 353-360.

Dostoyevsky, F. M. (1995). *Notes from underground and selected stories: White Nights, Dream of a ridiculous man, House of the dead* (R. MacAndrew, transl). New Providence, NJ: Reed Reference Publishing.

Drolet, J. (1990). Transcending death during early adulthood: Symbolic im mortality, death anxiety, and purpose in life. *Journal of Clinical Psychology, 46*, 148-160

Eisenberg, M. (1985, spring-summer). Rehumanizing university teaching: [Special issue]: Viktor E. Frankl–80 years. *International Forum for Logotherapy Journal of Search for Meaning, 8*, 44-46.

Eisenberg, M. (1989, fall). Exposing prisoners to logotherapy. *The International Forum for Logotherapy Journal of Search for Meaning, 12*, 89-94.

Elliott, S. H. (1988). Handling chronic illness when you're old: Relation ships of purpose in life, emotional sensitivity, anxiety, neuroticism and humor to health care utilization in advanced age. *Dissertation Affiliation, 24*, No. 1138.

Erdelyi, M. H., & Goldberg, B. (1979). Let's not sweep repression under the rug: Toward a cognitive psychology of repression. In J. F. Kihlstrom and F. J. Evans (Eds.), *Functional disorders of memory*. Hillsdale, NJ: Erlbaum.

Erikson, E. (1959). *Identity and the life cycle*. New York: Norton

Erikson, E. H. (1972). *Young man Luther* England: Faber.

Fabry, J. B. 19781979 Aspects and prospects of logotherapy: A dialogue with Viktor Frankl. *The International Forum for Logotherapy Journal of Search for Meaning, 1*, 3-6.

Fabry, J. B. (1979, summer-fall,). The noetic unconscious. *The International Forum for Logotherapy Journal of Search for Meaning, 2*, 8-11.

Fabry. J. B. (1981, spring-summer). The frontiers of logotherapy. *International Forum for Logotherapy Journal of Search for Meaning 4*, 3-11.

Fabry, J. B. (1981). *The pursuit of meaning Viktor Frankl, logotherapy,* and life (2nd ed.). Tel Aviv: Sifriat Poalim. (in Hebrew)

Fabry, J. B. (1988). *Guideposts to meaning: Discovering what really matters*. Oakland, CA: New Harbinger.

Fabry, J. B. (1989). Logotherapeutic dream analysis the royal road to the spiritual unconscious *The Proceedings of the Seventh World Congress of Logotherapy*. Berkeley: Institute of Logotherapy Press (pp. 70-78).

Fine, R. (1981). *The psychoanalytic vision*. New York: Free Press.

Fischer, J. (1973). Is casework effective: A review? *Social Work*, 18, 5-20.

Florian, V. (1985, fall-winter). Meaning in life of cancer patients receiving adjuvant therapy. *The International Forum for Logotherapy Journal of Search for Meaning, 8*, 109-121.

Florian, V. (1990). Meaning and purpose in life of bereaved parents whose son fell during active military service. *Omega: Journal of Death and Dying, 20*, 91-102.

Florian, V., & Kehat, D. (1987, winter) Changing high school students' at attitudes toward disabled people. *Health and Social Work, 12*, 57-63

Forster, E. M. (1962). *The longest journey.* New York: Random House.

Fraillon, J. M. (1982, October). Logotherapy in family practice. *International Journal of Eclectic Psychotherapy. 1*, 11-19.

Franco, V. W. (1983, fall). The hospice: Humane care for the dying. *Journal of Religion and Health. 22*, 241-251

Frankl, V. E. (1952). The pleasure principle and sexual neurosis. *International Journal of Sexology, 5*, 128-130

Frankl, V. E. (1962). *Man's search for meaning: An introduction to logotherapy, a revised and enlarged edition of* From death camp to existentialism (preface by Gordon W. Allport). New York: A Touchstone Book.

Frankl, V. E. (1963). *Man's search for meaning: An introduction to logotherapy.* New York: Washington Square Press.

Frankl, V. E. (1967). *The doctor and the soul: From psychotherapy to logotherapy.* New York: Bantam Books.

Frankl, V. E. (1968). *Psychotherapy and existentialism: Selected papers on logotherapy.* New York: Simon and Schuster.

Frankl, V. E. (1969). *The will to meaning.* New York: The New American Library.

Frankl, V. E. (1978). *The unheard cry for meaning.* New York: Simon and Schuster.

Frankl, V. E. (1980, fall). Psychotherapy on its way to rehumanization. *The International Forum for Logotherapy, Journal of Search for Meaning, 3*, 6.

Frankl, V. E. (1981, fall-winter). The future of logotherapy. *International Forum for Logotherapy Journal of Search for Meaning, 4*, 71-78.

Frankl, V. E. (1982). *The unheard cry for meaning: Psychotherapy and humanism.* Tel-Aviv: Dvir Publisher (in Hebrew)

Frankl, V. E. (1984). *Man's search for meaning* (3rd. ed.). (Originally pub lished in 1946 as *Ein Psycholog erlebt das KZ.)* New York: Simon & Schuster.

Frankl, V. E. (1985a). *The unconscious god.* New York: Washington Square Press.

Frankl, V. E. (1985b). *The will to meaning.* Tel-Aviv: Dvir Publisher (in Hebrew).

Frankl, V. E. (1986a). *The doctor and the soul: From psychotherapy to logotherapy.* New York: Vintage Books.

Frankl, V. E. (1986b). *The doctor and the soul: From psychotherapy to logotherapy* (2nd ed.). New York: Vintage Books.

Frankl, V. E. (1986-1987). Logotherapy and the challenge of suffering. [Special issue].

Review of Existential Psychology and Psychiatry, 20, 63-67.

Frankl, V. E. (1992a, spring). The first published cases of paradoxical in tention. *The International Forum for Logotherapy Journal of Search for Meaning, 15*, 2-6.

Frankl, V. E. (1992b, autumn). Meaning in industrial society. *The Internanational Forum for Logotherapy Journal of Search for Meaning, 15*, 66-70.

Frankl, V. E. (1993, spring). The case for a rehumanization of psychotherapy. *Journal des Viktor-Frankl-Instituts, An International Magazine for Logotherapy and Existential Analysis 1*, 126-137 (in German).

Freud, S. (1940) An outline of psychoanalysis. *International Journal of Psychoanalysis, 21*, pp. 62-63.

Freud, S. (1983). *Komikum, szatira, humor*. Budapest: Kossuth (in Hungary an)

Frick, W. B. (1987, spring-summer). *The symbolic growth experience and the creation of meaning. The International Forum for Logotherapy: Journal of Search for Meaning, 10*, 35-41.

Gardner, D. L., & Perritt, L. J. (1983, summer). Attitude changes toward the elderly: A national staff development program report. *Physical and Occupational Therapy in Geriatrics, 2*, 17-30.

Garfield, C. A. (1973). A psychometric and clinical investigation of Frankl's concept of existential vacuum and of anomia. *Psychiatry, 36*, 396-408.

Geismar, L. L., & Lagay, B. W. (1985). Prevention in social work: A post mortem of an experiment on preventive intervention. *Journal of Applied Behavioral Science. 21*, 329-338.

Germain, C. B., & Gitterman, A. (1980). *The life model of social work practice*. New York: Columbia University Press.

Gibson, E., Forrest, J., McIntire, E., Shannon, M., Stephan, J., & Walker, P. (1988, fall-winter). Logotherapy in hospice social work. *The Internanational Forum for Logotherapy Journal of Search for Meaning, 11*, 111-116.

Giorgi, B. (1982, spring-summer). The Belfast Test: A new psychometric approach to logotherapy. *The International Forum for Logotherapy: Journal of Search for Meaning, 5*, 31-37.

Gochros, H. L. (1988, May-June). Risks of abstinence: Sexual decision making in the AIDS era. *Social Work, 33*, 254-256.

Golan, N. (1987). Crisis intervention. In *Encyclopedia of Social Work* (18th ed., Vol.1, pp. 360-372). Washington, DC: National Association of Social Workers.

Goldberg, A., Kestenbaum, S., & Shebar, V. (1987, June). Jerusalem Arabs and Jews: What can group work offer? *Social Work with Groups, 10*, 73-83.

Goldberg, C. (1986, June). Concerning human suffering. *Psychiatric Journal of the University of Ottawa, 11*, 97-104.

Goodenough, R. (1987, fall-winter). Lawyers, liquor, and logotherapy. *The International Forum for Logotherapy Journal of Search for Meaning, 10*, 92-99.

Gould, W. B. (1988, fall-winter). Comparison of Socrates and Frankl. *The International Forum for Logotherapy Journal of Search for Meaning, 11*, 122-123.

Grassler, W. (1991, fall). Conscience in Eastern Germany. *The International Forum for Logotherapy: Journal of Search for Meaning, 14*, 87-91.

Green, G., et al. (1986, spring). Identifying potential family practice social work opportunities. *Social Work in Health Care 11*, 89-97.

Greenlee, R. W. (1990, spring). The unemployed Appalachian coal miner' s search for meaning. *The International Forum for Logotherapy: Journal of Search for Meaning, 13*, 71-75.

Greenwood, E. (1957). Attributes of a profession. *Social Work, 2*, 45-50.

Gurman, A. S. (1974, June). The efficacy of therapeutic interventions in social work: A critical re-evaluation. *Journal of Health and Social Behavior, 15*, 136-141.

Guttmann, D. (1989). Hasidic teachings and logotherapy for the Jewish aged. *Journal of Aging and Judaism, 3*, 173-186.

Guttmann, D. (1990, spring). Filial responsibility: A logotherapeutic view. *The Journal of Aging and Judaism, 4*, 161-180.

Guttmann, D. (1994). Meaningful aging: Establishing a club for survivors of the Holocaust in Hungary. *Journal des Viktor-Frankl-Instituts, 2*, 67-73.

Guttmann, D., & Cohen, B. Z. (1993, fall). On the relationship between meaning-in-life and excessive behaviors among the active elderly in Israel. *Journal des Viktor Frankl-Instituts, An International Journal for Logotherapy and Existential Analysis. 1*, 38-55.

Guttmann, D., & Lowenstein, A. (1992). Psychosocial problems and the needs of the elderly in mental health. In Francis J. Turner (Ed.), *Mental health and the elderly: A social work perspective.* (pp. 478-502). New York: The Free Press.

Haines, P. E. (1987, fall-winter). Logo Therapeutic intervention for families in early chemical dependency recovery. *The International Forum for Logotherapy Journal of Search for Meaning, 10*, 105-109.

Haines, P. E. (1993, spring). Meaning and life' s trials: An avenue of hope. *The International Forum for Logotherapy Journal of Search for Meaning 16*, 20-24.

Haney, P. (1988, May-June). Providing empowerment to the person with AIDS. *Social Work, 33*, 251-253.

Hanson, S. M., & Sauer, W. J. (1985). Children and their elderly parents. In W.J. Sauer, & R.T. Coward, (Eds.), *Social support networks and the care of the elderly*, (pp. 41-66). New York: Springer.

Harel, Z., Ehrlich, P., & Hubbard, R. (1990). *The vulnerable aged: People, services, and policies.* New York: Springer.

Hartford, M. E. (1985). Understanding normative growth and development in aging. *Journal of Gerontological Social Work, 8*, 37-54.

Henrion, R. (1987, fall-winter). Making logotherapy a reality in treating al coholics. *The*

International Forum for Logotherapy Journal of Search for Meaning, 10, 112-117.

Henrion, R. (1989, fall). Logotherapy for former prisoners. *The International Forum for Logotherapy Journal of Search for Meaning, 12*, 95-96.

Hepworth, D. H., & Larsen, J. A. (1987). Interviewing. *Encyclopedia of social work* (18th ed., pp. 996-1008.) Silver Spring, MD: National Associa tion of Social Workers.

Hertz, R. C. (1990, spring). Reflections on old age. *The Journal of Judaism and Aging, 4*, 191-193.

Holmes, R. M. (1991, spring). Alcoholics Anonymous as group therapy. *The International Forum for Logotherapy: Journal of Search for Meaning 14*, 36-41.

Hungarian Television, "*Friderikusz.*" Budapest: Channel 1.

Humberger, F. E. (1981, spring-summer,) The executive in an age of alienation *International Forum for Logotherapy Journal of Search for Meaning, 4*, 35-44.

Hutzell, R. R. (1986, winter). Meaning and purpose in life: Assessment techniques of logotherapy. *Hospice Journal, 2*, 37-50.

Hutzell, R. R. (1988). A review of the Purpose in Life test. *The International Forum for Logotherapy Journal of Search for Meaning, 11*, 89-101.

Hutzell, R. R. (1989). The use of a logotherapy technique in multiple personality disorder: A case report. Presented at the *World Congress of Logotherapy*, Kansas City, MO.

Hutzell, R. R., & Peterson, T. J. (1985, fall-winter). An MMPI Existential Vacuum Scale. *The International Forum for Logotherapy Journal of Search for Meaning. 8*, 97-100.

Hutzell, R. R., & Peterson, T.J. (1986). Use of Life Purpose Questionnaire with an alcoholic population. *International Journal of the Addictions, 21*, 51-57.

Isquick, M. F. (1981). Training older people in empathy: Effects on empathy, attitudes, and self-exploration. *International Journal of Aging and Human Development, 13*, 1-14.

Jahoda, E. (1985, fall-winter). Can logotherapy help cancer patients? *The International Forum for Logotherapy Journal of Search for Meaning, 8*, 89-93.

Jung, C. G. (1954). *The collected works of C. G. Jung, Vol. 16: The practice of psychotherapy.* London: Routledge and Kegan Paul.

Kang, K. A. (2000). Measuring patient's perception of the meaning of suffering: Instrument reliability and validity of the Korean version. *Journal of Korean Academy of Nursing*, 30(7), 1689-1696.

Kang, K. A., Han, S. J., Lim, Y. S., & Kim, S. J. (2019). Meaning-centered interventions for patients with advanced or terminal cancer: A meta-analysis. *Cancer Nursing*, 42 (4), 332-340.

Katz, A. H. (1984, September). Reflections on an elusive vision: Social work in health. *Journal of Public Health Policy, 5*, 410-422

Kelly, G. A. (1955). *The psychology of personal constructs.* New York: Norton.

Khatami, M. (1987, fall-winter). Logotherapy for chronic pain. *The International Forum for Logotherapy Journal of Search for Meaning, 10,* 85-91.

Khatami, M. (1988, fall/winter). Clinical application of the logochart. *The International Forum for Logotherapy Journal of Search for Meaning, 11,* 67-75.

Kihlstrom, J. F., & Evans, F. J. (Eds.). (1979). *Functional disorders of memory.* Hillsdale, NJ: Erlbaum

Kim, H. S., Jung, S. K., Ko, Y., & Song, J. W. (2001). Reliability & validity of Korean version of 'purpose in life (PIL) test' scale. *Journal of Korean Association of Social Psychiatry,* 6(2), 155-165.

Kimble, M. A., & Ellor, J. W. (1989, spring). Use of meaning with the elderly. *The International Forum for Logotherapy Journal of Search for Meaning, 12,* 59-61.

Kisch, G. B., & Moody, D. R. (1989, spring). Psychopathology and life purpose. *The International Forum for Logotherapy Journal of Search for Meaning, 12,* 40-45.

Klitzke, L. L.(1981, fall-winter). Logotherapy in Tanzania. *The International Forum for Logotherapy Journal of Search for Meaning, 4,* 83-88.

Ko, B.-H. (1981, fall-winter). Applications in Korea. *International Forum for Logotherapy: Journal of Search for Meaning, 4,* 89-93.

Koster, M. J. (1991, fall) A view of logotherapy from the alcoholic field. *The International Forum for Logotherapy Journal of Search for Meaning, 14,* 103-105.

Kovacs, G. (1982, fall). The philosophy of death in Viktor E. Frankl. *Journal of Phenomenological Psychology, 13,* 197-209.

Kovacs, G. (1985, spring-summer). Viktor Frankl's "place" in philosophy: [Special issue]: Viktor E. Frankl ? 80 years. *International Forum for Logotherapy Journal of Search for Meaning, 8,* 17-21.

Kurzman, P. A., & Akabas, S. H. (1981, January). Industrial social work as an arena for practice. *Social Work, 26,* 52-60.

Lakoff, R. T. (1982). The rationale of psychotherapeutic discourse. In J. C. Anchin & D. J. Kiesler (Eds.), *Handbook of interpersonal psychotherapy* (pp. 132-149). New York: Pergamon.

Landron, I. & Oro, O. (1994). *The relationship between clinicians' diagnoses and logotest scores of Argentinians.* Paper sent to Dr. Lukas (mimeo graph).

Lantz, J. (1987, spring-summer). Franklian family therapy. *The International Forum for Logotherapy Journal of Search for Meaning, 10,* 22-28.

Lantz, J.(1989, spring). The existential vacuum in "Scenes from a Marriage." *The International Forum for Logotherapy Journal of Search for Meaning,* 12(1), 57-58.

Lantz, J. E. (1984, spring-summer). Responsibility and meaning in treatment of schizophrenics. *The International Forum for Logotherapy Journal of Search for Meaning, 7,* 26-28.

Lantz, J. E. (1985, fall-winter). Reduction of depression in relatives of schizophrenic clients. *The International Forum for Logotherapy: Journal of Search for Meaning, 8,* 94-96.

Lantz, J. E. (1986, summer). Family logotherapy. *Contemporary Family Therapy: An International Journal. 8,* 124-135.

Lantz, J., & First, R. (1987, fall-winter). Family treatment and the noetic curative factor. *The International Forum for Logotherapy: Journal of Search for Meaning, 10,* 110-111.

Lantz, J., & Harper, K. (1991, spring). Self-transcendence in marital therapy. *The International Forum for Logotherapy: Journal of Search for Meaning, 14,* 50-52.

Lantz, J., & Harper, K. T. (1988, fall-winter). Family therapy for weight reduction. *The International Forum for Logotherapy Journal of Search for Meaning, 11,* 117-121.

Lantz, J., & Harper, K. T. (1992, autumn). Logotherapy in child guidance. *The International Forum for Logotherapy: Journal of Search for Meaning, 15,* 111-115.

Lantz, J., & Pegram, M. (1988, spring-summer). A meaning model in family treatment. *The International Forum for Logotherapy: Journal of Search for Meaning, 11,* 2-4.

Lazar, E. (1988, spring-summer). Logomedicine: A doctor-patient partnership. *The International Forum for Logotherapy: Journal of Search for Meaning, 11,* 13-16.

Leighton, N. (1973, winter). The act of understanding. *British Journal of Social Work, 3,* 509-524.

Leighninger, R. D., Jr., Specht, H., Britt, D., Frost, C., Chaiklin, H., & Lause, T. W. (1987, March). Symposium on professional achievement in social work. *Journal of Sociology and Social Welfare. 14,* 133-167.

Leontiev, D. A. (1992, spring). The meaning crisis in Russia today. *The International Forum for Logotherapy: Journal of Search for Meaning, 15,* 41-45.

Leslie, R. C. (1985). Viktor Frankl's meaning for pastoral counseling. Special Issue: Viktor E. Frankl–80 years. *International Forum for Logotherapy: Journal of Search for Meaning, 8,* 22-27.

Levinson, J. I. (1979). A combination of paradoxical intention and dereflection. *The International Forum for Logotherapy Journal of Search for Meaning, 2,* 40-41.

Levinson, J. I. (1989). Existential vacuum in grieving widows. *The Internanational Forum for Logotherapy: Journal of Search for Meaning, 12,* 101-109.

Levit, R. A. (1992, autumn). Meaning, purpose, and leadership. *The International Forum for Logotherapy: Journal of Search for Meaning, 15,* 71-75.

Lewis, M. R., & Frey, N. C. (1988, April). Changing attitudes toward parents of the chronically mentally ill. *Psychosocial Rehabilitation Journal, 11,* 21-31.

Lieban-Kalmar, V. (1984, January). A way to help the learning disabled help themselves. *Academic Therapy, 19,* 261-268.

Lindsey, D., & Kirk, S. A. (1992). The continuing crisis in social work research: Conundrum or solvable problem? An essay review. *Journal of Social Work Education, 28,* 370-382.

Long, J. E. (1982). A journey into meaning. *The International Forum for Logotherapy Journal of Search for Meaning, 5*, 57-58.

Lopata, H. Z. (1978). The absence of community resources in support systems of urban widows. *The Family Coordinator, 27*, 383-388.

Lorincz, J. (1993). Everyday speech, therapeutic discussion. *Lege Artis Medicinae, 3*, 186-187. (in Hungarian).

Lukas, E. (1980a, fall). The best possible advice. *The International Forum for Logotherapy: Journal of Search for Meaning, 3*, 13-19.

Lukas, E. (1980b, fall). Modification of attitudes. *The International Forum for Logotherapy: Journal of Search for Meaning 3*, 25-34.

Lukas, E. (1981a, spring-summer). New ways for dereflection. *The International Forum for Logotherapy: Journal of Search for Meaning, 4*, (13?28).

Lukas, E. (1981b). Validation of logotherapy. *The International Forum for Logotherapy, 4*, 116-125.

Lukas, E. (1982). Reflections on logotherapy. *Analecta Frankliana: The Proceedings of the First World Congress of Logotherapy, 1980*, (p. 96) Berkeley: Institute of Logotherapy Press.

Lukas, E. (1983, fall-winter). Love and work in Frankl's view of human nature. *International Forum for Logotherapy: Journal of Search for Meaning, 6*, 102-109.

Lukas, E. (1985, spring-summer). The meaning of logotherapy for clinical psychology. *International Forum for Logotherapy Journal of Search for Meaning, 8*, 7-10.

Lukas, E. (1986a). *Meaning in suffering, comfort in crisis through logotherapy.* Translated from German by J. B. Fabry. Berkeley: Institute of Logotherapy Press.

Lukas, E. (1986b). *Meaningful living: A logotherapeutic guide to health.* Fore word by V. E. Frankl. New York: Grove Press/Institute of Logotherapy Press Book.

Lukas, E. (1991, fall). Meaning-centered family therapy. *The International Forum for Logotherapy: Journal of Search for Meaning, 4*, 67-74.

Lukas, E. (1991b). *Psychological ministry.* Translated from the German by W. Schulte; corrected by R. Sonner and T. Pritchard. Freiburg im Breisgau: Herder.

Lukas, E. (1992, autumn). Meaning and goals in the chronically ill. *The International Forum for Logotherapy: Journal of Search for Meaning, 15*, 90-97.

Lukas, E. (1993, spring). Logo Therapeutic crisis intervention: A case history. *The International Forum for Logotherapy: Journal of Search for Meaning, 16*, 51-54.

Makarov, D. (1984, March). The concept of employment in social welfare programs: The need for change in concept and practice. *Journal of Sociology and Social Welfare, 11*, 1-23.

MacDonald D. (1991, November). Hospice social work: A search for identity. Health and *Social Work, 16*, 274-280.

Majer, J. M. (1992, autumn). Assessing the logotherapeutic value of 12-step therapy. *The International Forum for Logotherapy: Journal of Search for Meaning, 15*, 86-89.

Mayers, F. (1976, February). Modifying attitudes and adjustment through social work training in an agency serving the visually handicapped. *New Outlook for the Blind; 70,* 72-77.

Meshoulam, U. (1982). Paradoxical intention, fixed role therapy, and the treatment of stuttering. *Analecta Frankliana: The proceedings of the first world congress of logotherapy* (pp. 179-186.) Berkeley: Institute of Logotherapy Press.

Michelson, L., & Ascher, M. (1984). Paradoxical intention in the treatment of agoraphobia and other anxiety disorders. *Journal of Behavior Therapy and Experimental Psychiatry, 15,* 215-220.

Mizrachi, T., & Abramson, J. (1985, spring). Sources of strain between physicians and social workers: Implications for social workers in health care settings. *Social Work in Health Care, 10,* 33-51.

Morales A., & Sheafor, B. W. (1986) *Social work: A profession of many faces.* (4th ed.). Boston: Allyn & Bacon.

Morokoff, P.J. (1985). Effects of sex, guilt, repression, sexual "arousability," and sexual experience on female sexual arousal during erotica and fantasy. *Journal of Personality and Social Psychology, 49,* 177-187.

Neikrug, S. M. (1982, March). Meaning in work: Toward a clinical approach to work dissatisfaction. *Journal of Sociology and Social Welfare, 9,* 134-145.

Newman, A. M. (1991). The effects of arthritis self-help course on arthritis self efficacy, perceived social support, purpose and meaning in life, and arthritis impact in people with arthritis. *Dissertation Abstracts In ternational, 52,* 2995B.

Nicholson, M. A. (1991, spring). Meaning in women's lives. *The International Forum for Logotherapy Journal of Search for Meaning, 14,* 22-25.

Olive, K. W. (1990, fall). Meaning in drug treatment. *The International Forum for Logotherapy: Journal of Search for Meaning, 13,* 131-132.

Osgood, N.J., & McIntosh, J. L. (1990). The vulnerable suicidal elderly. In Z. Harel, P. Ehrlich, & R. Hubbard (Eds.), *The vulnerable aged: People, services and policies* (pp. 167-188) New York: Springer.

O'Regan, B. (1987). Healing: Synergies of mind, body, and spirit. In R. Carlson & B. Newman (Eds)., *Issues and trends in health.* St. Louis: C. V. Mosby.

Ozawa, M. N. (1980, November). Development of social services in industry: Why and how? *Social Work, 25,* 464.

Pais, I. (1993). *Ancient philosophers, thoughts, aphorisms.* Budapest: Akademia Press. (author's publication; in Hungarian)

Pecora, P. J., Delawski, C.H., Booth, C., Haaplala, D., & Kinney, J. (1985, September-October). Home-based, family-centered services: The impact of training on worker attitudes. *Child Welfare, 64,* 529-540.

Pegram, M. H. (1989, spring). Support group for mothers of handicapped children. *The International Forum for Logotherapy: Journal of Search for Meaning, 12,* 23-27.

Pervin, L. A. (1989). *Personality theory and research* (5th ed.). New York: Wiley.

Pierce, D. (1989). *Social work and society: An introduction.* New York: Longman.

Preble, J. M. (1986). *The logo test: Norming extensions. Doctoral dissertation,* University of Nevada, Reno.

Ramon, S. (1988, summer). Skills for normalisation work. *Practice* (UK), 2, 139-149.

Reamer, F. G. (1992). From the editor. *Journal of Social Work Education, 28,* 257-259.

Reeser, L. C., & Epstein, I. (1987, December). Social workers' attitudes to ward poverty and social action: 1968-1984 *Social Service Review, 61,* 610-622.

Reid, J. K., & Anderson, W. T. (1992, June). The relationship between per sonal authority in the family system and discovery of meaning in life. *Contemporary Family Therapy, 14,* 225-240.

Reid, W.J. (1987). Research in social work. *Encyclopedia of social work* (18th ed.), Vol. 2, 474-487. Silver Spring, MD: The National Association of Social Workers.

Rife, J. C. (1990, fall). Life meaning and the older unemployed worker. *In international Forum for Logotherapy: Journal of Search for Meaning, 13,* 119-124.

Ripple, L., Alexander, E., & Polemis, B. (1964). *Motivation, capacity and op portunity. Chicago*: University of Chicago Press.

Robinson, E. A., Bronson, D. E., & Blythe, B.J. (1988, June). An analysis of the implementation of single case evaluation by practitioners. *Social Service Review, 62,* 285-301.

Rogers, C. R. (1961). *On becoming a person.* Boston: Houghton Mifflin.

Rogers, C. R. (1966). Client-centered therapy. In S. Arieti (Ed.), *American handbook of psychiatry* (pp. 183-200). New York: Basic Books.

Rogers, C. R. (1970). *On encounter groups.* New York: Harper & Row.

Rosenbaum, M., & Hadari, D. (1985). Personal efficacy, external locus of control, and perceived contingency of parental reinforcement among depressed, paranoid, and normal subjects. *Journal of Personality and So social Psychology, 49,* 539-547.

Saint Exupery, A. De (1991). *The little prince.* London: Mammoth.

Salk, J. (1987). Preface. *Issues and trends in health* (p. vii), St. Louis: C. V. Mosby.

Schinke, S. P., Botvin, G. J., & Orlandi, M. A. (1991). Substance abuse in children and adolescents: Evaluation and Intervention. Newbury Park, CA: Sage Publications,

Schorr, A. (1988, spring). Social work and social policy: A perspective. *Jewish Social Work Forum, 24,* 1-9.

Schweitzer, A. (1974). *Ma vie et ma pensee.* (Hungarian translation). Budapest: Kossuth.

Seeman, M., & Seeman, T. E. (1983). Health behavior and personal autonomy: A longitudinal study of the sense of control in illness. *Jour nal of Health and Social Behavior, 24,* 144-160.

Segal, S. P. (1972). Research on the outcomes of social work therapeutic interventions: A review of the literature. *Journal of Health and Social Behavior, 13,* 3-17.

Sheafor, B. W., Horejsi, C. R., & Horejsi, G. A. (1988). *Techniques and guide lines for social work practice.* Boston: Allyn & Bacon, Inc.

Shek, D.T.L. (1993, spring). The Chinese Purpose in Life Test and psychological well-being in Chinese college students. *The International Forum for Logotherapy: Journal of Search for Meaning, 16,* 35-41.

Sheldon, B. (1986). Social work effectiveness experiments: Review and implications. *British Journal of Social Work, 16,* 223-242.

Sheppard, M. (1986, August). Primary health care workers' views about social work. *British Journal of Social Work, 16,* 459-468.

Siegel, D. H. (1984). Defining empirically based practice. Social Work, 29, 325-331. Simmons, L. W. (1946). Attitudes toward aging and the aged: Primitive societies. *Journal of Gerontology, 1,* 72-95.

Simons, R. L. (1982, May). Strategies for exercising influence. *Social Work, 27,* 268-274.

Siporin, M. (1985). Current social work perspectives on clinical practice. *Clinical Social Work. 13,* 198-217.

Smaldino, A. (1975, June). The importance of hope in the casework relationship. *Social Casework, 56,* 328-333.

Solveig C. B. (1991, fall). Coping strategies in the death camps. *The International Forum for Logotherapy: Journal of Search for Meaning, 14,* 92-96.

Solyom, 1., Garza-Perez, J., Ledwidge, B. L., & Solyom, C. (1972). Paradoxical intention in the treatment of obsessive thoughts: A pilot study. *Comprehensive Psychiatry, 13,* 291-297.

Stanich, J. E. (1992, autumn). The value of health: Current direction of health-behavior research. *The International Forum for Logotherapy: Journal of Search for Meaning, 15,* 99-103.

Stanich, J., & Ortengren, I. (1990). An investigation of the logotest in Sweden. *The International Forum for Logotherapy Journal of Search for Meaning, 13,* 54-60.

Starck, P. L. (1981). Rehabilitative nursing logotherapy. *The International Forum for Logotherapy Journal of Search for Meaning, 4,* 101-109.

Starck, P. L. (1983, fall/winter). Patients' perceptions of the meaning of suffering. *The International Forum for Logotherapy Journal of Search for Meaning, 6,* 110-116.

Starck, P. L. (1985, spring-summer). Logotherapy: A critical component of modern nursing. Viktor E. Frankl–80 years, [Special issue]. *Interna national Forum for Logotherapy: Journal of Search for Meaning, 8,* 41-43.

Starck, P. L.(1993). Logotherapy: Application to nursing. *Journal des Viktor Frankl-Instituts: An International Magazine for Logotherapy and Existential Analysis, 1,* 94-98.

Stecker, R. E. (1981). The existential vacuum in Eastern Europe. *The Inter national Forum for Logotherapy: Journal of Search for Meaning, 4,* 79-82.

Steidl, B. (1985). New life through logotherapy. *International Forum for Logotherapy: Journal of Search for Meaning, 8,* 86-88.

Sternig, P. J. (1984. spring-summer). Finding meaning through existential guilt. *International Forum for Logotherapy: Journal of Search for Meaning, 7*, 46-49.

Stevenson, S. L. M. (1989). The sense of meaning and purpose of hospice family members during the grief process. *Dissertation Abstracts International tional, 50*, 3679B.

Stones, C. R. (1983, spring-summer). Paradise lost? Betwixt and between. *International Forum for Logotherapy:Journal of Search for Meaning, 6*, 22-27.

Strean, H. S.(1986, fall). Why therapists lose clients. *Journal of Independent Social Work. 1*, 7-17.

Swigonski, M. E. (1988). Bio-psycho-social factors affecting coping and compliance with the hemodialysis regimen. *Dissertation Affiliation, 24*, No. 1690.

Takashima, H. (1982). The importance of the four dimensions of human nature. *Analecta Frankliana.* (pp. 97-104) Berkeley: Institute of Logotherapy Press.

Takashima, H. (1985, spring-summer). Logotherapy and Buddhistic thought. Viktor E. Frankl-80 years. [Special Issue] *International Forum for Logotherapy: Journal of Search for Meaning, 8*, 54-56.

Takashima, H. (1990). *Humanistic psychosomatic medicine* (p. 88). Tel-Aviv: Dvir. (in Hebrew)

Taylor, E. J. (1993, October). Factors associated with meaning in life among people with recurrent cancer. *Oncology Nursing Forum, 20*, 1399-1405.

Thomlison, R. J. (1984). Something works: Evidence from practice effecttiveness studies. *Social Work, 29*, 51-56.

Toren, N. (1974, October). The structure of social casework and behavioral change. *Journal of Social Policy 3*, 341-352.

Torrelles, M. G., Royo, C. M., Prat, A. R., Sales, J. P., & Balaguer, A. (2017). Understanding meaning in life interventions in patients with advanced disease: A systematic review and realist systhesis. *Palliative Medicine*, 31 (9), 798-813.

Vesely, F. 1. (1993, spring). Newsletter. *Journal des Viktor-Frankl-Instituts, 1*, 137-144.

Vos, J., & Vitali, D. (2018). The effects of psychological meaning-centered therapies on quality of life and psychological stress: A metaanalysis. *Palliative and Supportive Care*, 16, 608-632.

Wadsworth, T. M. (1992, spring). Logotherapy and 12-step programs in substance abuse. *The International Forum for Logotherapy: Journal of Search for Meaning, 15*, 13-21.

Walter, B. (1941). *Gustav Mahler*. New York: Greystone.

Weiss, A. O. (1982, December). Dealing with the process of change. *Social Casework, 63*, 607-614.

Westermann, A. G. (1993, spring). The logoanchor technique. *The International Forum for Logotherapy: Journal of Search for Meaning. 16*, 26-30.

Whiddon, M. F.(1983, spring-summer). Logotherapy in prison. *International Forum for*

Logotherapy: Journal of Search for Meaning, 6, 34-39.

Whiddon, M. F. (1985, winter). New hope for people in chronic pain. *The International Forum for Logotherapy: Journal of Search for Meaning, 8*, 80.

Williams, D. A., & Patrick, S.(1984, February). Therapy for the age of narcissism. *Studies in Formative Spirituality, 5*, 95-103.

Wilson, J., Harel, Z., & Kahana, B. (1988). *Human adaptation to extreme stress: From the Holocaust to Vietnam.* New York: Plenum.

Wirth, A. G. (1985, spring-summer). Education for a synthetic planet: Logotherapy and learning for responsibility. Viktor E. Frankl-80 years. [Special issue] *International Forum for Logotherapy: Journal of Search for Meaning, 8*, 34-40.

Wishinski, S. R. (1990). The relationship between perception of purpose in life and drug use in the college student. *Masters Abstracts International tional, 28*, 585.

Witkin, S. L. (1992). Should empirically-based practice be taught in BSW and MSW programs? No! *Journal of Social Work Education, 28*, 265-269.

Wolf, A. (1990). Thoughts on growing older. *Journal of Aging and Judaism, 4*, 215-219.

Wolicki, M. (1987, spring-summer). Despair: An "absolutization" of values. *The International Forum for Logotherapy: Journal of Search for Meaning, 10*, 50-51.

Wood, F. E. (1982, spring-summer). Report from U-One-South-Nine. *International Forum for Logotherapy: Journal of Search for Meaning, 5*, 53-56.

Yalom, I. E. (1980). *Existential psychotherapy.* New York: Basic Books.

Yoder, J. D. (1989a, fall). Logotherapy as homecoming. *The International Forum for Logotherapy: Journal of Search for Meaning, 12*, 74-81.

Yoder, J. D. (1985). Conscience in logo therapeutic counseling. *The International Forum for Logotherapy: Journal of Search for Meaning, 8*, 101-108.

Yoder, J. D. (1989b, spring). Meaning and intimacy. *The International Forum for Logotherapy: Journal of Search for Meaning, 12*, 28-39.

Zaltman, G. (1983). Theory in use among change agents. In E. Seidman (Ed.), *Handbook of social intervention* (pp. 289-312), Beverly Hills: Sage.

색인

ㅇ